Christoph Halbig
Theodizee

Grundthemen Philosophie

Herausgegeben von
Dieter Birnbacher
Pirmin Stekeler-Weithofer
Holm Tetens

Christoph Halbig
Theodizee

DE GRUYTER

ISBN 978-3-11-914793-4
e-ISBN (PDF) 978-3-11-220517-4
e-ISBN (EPUB) 978-3-11-220538-9
ISSN 1862-1244

Library of Congress Control Number: 2025942315

Bibliografische Information der Deutschen Nationalbibliothek
Die Deutsche Nationalbibliothek verzeichnet diese Publikation in der Deutschen Nationalbibliografie; detaillierte bibliografische Daten sind im Internet über http://dnb.dnb.de abrufbar.

© 2026 Walter de Gruyter GmbH, Berlin/Boston, Genthiner Straße 13, 10785 Berlin
Coverabbildung: Martin Zech

www.degruyterbrill.com
Fragen zur allgemeinen Produktsicherheit:
productsafety@degruyterbrill.com

„Ein Traum kam. Er war auf einer Seereise.
Im grauen Wasser entstand eine Bewegung,
und eine Stimme sagte: ‚Einen gibt es, der ist gut.
Einen gibt es, der kann alles sehen, ohne zu hassen.'"

(Tranströmer, Tomas (2013): „Im Nildelta", in: Ders., *In meinem Schatten werde ich getragen. Gesammelte Gedichte*, Frankfurt a. M.: S. Fischer Verlage, 71)

Inhalt

1 Das Problem — 1
1.1 Zwei Lesarten des Theodizeeproblems: Atheistisch und aporetisch — **6**
1.2 Die Prämissen des Theodizeeproblems — **8**
1.3 Die Struktur des Theodizeeproblems — **17**
1.4 Für wen stellt sich das Theodizeeproblem? — **18**
1.5 Überlegungen zur Metatheodizee — **21**

2 Vermeidungsstrategien — 25
2.1 Kein (theoretisches) Problem! — **26**
2.2 Gott existiert! — **39**
2.3 Gott ist anders! — **48**
2.4 Gar nicht so übel! — **62**

3 Problembewältigungen — 68
3.1 Einleitung: Das logische und das evidentielle Problem — **68**
3.1.1 Das logische Problem — **70**
3.1.2 Das evidentielle Problem — **75**
3.2 Der skeptische Theismus — **78**
3.3 Ist die beste Welt gerade gut genug? — **89**
3.4 Größere Güter, größere Übel — **95**
3.4.1 Axiologische Grundlagen — **95**
3.4.2 Der Wert der Freiheit — **103**
3.4.3 Religiöse Werte — **117**
3.4.4 Furchtbare Übel — **120**
3.4.5 Natürliche Übel — **127**
3.5 Gottes Pflichten — **137**
3.5.1 Deontologische und konsequentialistische Normativität — **137**
3.5.2 Gottes Pflichten: Herausforderungen für die Bewältigung des Theodizeeproblems — **141**
3.5.3 Gottes Pflichten: Chancen für die Bewältigung des Theodizeeproblems — **157**

Literatur — 165

Personenregister — 173

Sachregister — 175

1 Das Problem

Das Theodizeeproblem stellt die Frage nach der Vereinbarkeit der Existenz eines allmächtigen, allgütigen und allwissenden Gottes mit Existenz, Arten, Ausmaß und Verteilung des Übels in der Welt. Ein zentrales Ziel dieses Buches besteht darin zu klären, was genau dieses Problem beinhaltet. Schon auf den ersten Blick ist aber klar, dass sich das Theodizeeproblem fundamental von anderen Grundthemen der Philosophie unterscheidet und damit die Frage aufwirft, ob es selbst überhaupt zu diesen Grundthemen zu rechnen ist: Was es bedeutet, eine Person zu sein, was ein gutes Leben ausmacht, welchen Ort Werte und Normen in der Wirklichkeit haben, sind Fragen, die sich für jeden Menschen stellen – nicht in dem Sinne, dass jeder Mensch das Bedürfnis verspürt, diesen Fragen nachzugehen, aber doch in dem Sinne, dass die Antworten auf diese Fragen für jeden Menschen gültig sind, insofern er eben ein personales Leben führt, sich um ein gutes Leben bemüht und sein Handeln an Normen und Werten ausrichtet.

In diesem Sinne ist das Übel selbst ohne Zweifel ein Grundthema der Philosophie. Es betrifft jeden Menschen und wird sogar (anders als z. B. die eigene Personalität, die im Lauf eines personalen Lebens nie fraglich werden mag) für jeden Menschen zum Problem – allerdings zunächst zu einem praktischen Problem in Form der Frage nach seiner Bewältigung: Wer an Zahnschmerzen leidet, wird versuchen, sich von ihnen zu befreien. Das theoretische Verständnis dessen, was solche Schmerzen sind, welche Ursachen sie haben etc., ist demgegenüber sekundär.

Noch nachrangiger erscheint die philosophische Thematisierung des Übels: So kann auf einer allgemeinen, klassifikatorischen Ebene versucht werden, zwischen unterschiedlichen Arten des Übels zu unterscheiden. Im Rahmen einer Ontologie kann weiter erkundet werden, ob sich eine allgemeine Theorie des Übels formulieren lässt, die dieses z. B. als bloßen Mangel am Guten auffasst. Die Frage jedoch, warum es überhaupt Übel gibt, und zumal die existentielle Frage, warum es gerade eine bestimmte Person in besonders hohem Masse trifft, scheinen kaum sinnvolle Antworten zuzulassen. Die Gegenfrage liegt auf der Hand: Wieso sollte es *kein* Übel geben? Erstaunlich und staunenswert wäre es doch, wenn endliche Lebewesen in einer durch Naturgesetze bestimmten Umwelt, die auf sie keine Rücksicht nehmen, ein Leben frei von Übeln führen könnten. Und wenn es Übel gibt und sie mehr oder weniger zufällig mehr oder weniger stark jeden betreffen, warum sollte es dann eine philosophische Antwort auf die Frage geben, warum es diesen oder jenen mehr oder wenig stark trifft? Für die Abweisung solchen Fragens hält der Volksmund einen Anglizismus bereit: *shit happens.* Die drängenden Fragen, die sich hier stellen, sind wiederum praktischer Natur: Wie kann das Übel, das jemand erleidet, bewältigt werden?

Für eine Theistin stellt sich die Problemlage jedoch fundamental anders dar. Als Theistin betrachtet sie die gesamte nicht-göttliche Wirklichkeit als Schöpfung eines personal aufgefassten Gottes. Und diesem Gott kommen die Attribute der Allmacht, der Allgüte und der Allwissenheit zu. Er will das Gute für seine Geschöpfe und verfügt über die Macht und das Wissen, dieses Gute auch herbeizuführen. Aus dieser Perspektive werden Übel in einer Weise zum Problem, wie das für Nicht-Theisten nicht der Fall ist. Sie geben Anlass zur Rückfrage an Gott: Der Gottesbegriff des Theisten lässt nämlich, so scheint es, in der Tat erwarten, dass es eben keine Übel gibt – oder zumindest nicht so furchtbare Arten von Übel sowie ein solches Ausmaß an Übeln, die noch dazu in hohem Maße ungerecht verteilt sind. Sieht man von der wenig aussichtsreichen Strategie ab, zu bestreiten, dass es Übel gibt, bleibt dann nur das Nachdenken über Gott: Muss Gott vielleicht anders verstanden werden – als weniger mächtig, gut, oder wissend als angenommen? Oder könnte es gute Gründe geben, die selbst einen uneingeschränkt mächtigen, guten und wissenden Gott darin rechtfertigen, das Übel in der Welt zuzulassen?

Zu beachten bleibt freilich, dass das Problem des Übels nicht bloß Theisten vor Herausforderungen stellt. Auch andere religiöse oder metaphysische Positionen sehen sich mit dem konfrontiert, was Yujin Nagasawa als das „Problem of Axiological Expectation Mismatch" (vgl. dazu Nagasawa 2024: Kap. 2.3, hier 40) bezeichnet hat. Das Missverhältnis resultiert dabei jeweils aus dem „apparent mismatch between our expectation that there is no evil in the actual world and our observation of the reality that there is evil" (ebd.: 41). Ein bescheidener metaphysischer Optimist (vgl. zu dieser Position ebd.: Kap. 7.2) etwa nimmt an, dass die Wirklichkeit, in der wir leben, insgesamt zumindest nicht schlecht ist. Auf diese metaphysische Grundüberzeugung gründet der Optimist dann verbreitete existentielle Haltungen wie die einer existentiellen Dankbarkeit für unsere eigene Existenz innerhalb einer solchen Wirklichkeit. Überzeugung wie Haltung kollidieren nun aber offenkundig, wenn nicht schon mit der Existenz von Übel überhaupt, so doch zumindest mit seinem Ausmaß, seiner Verteilung und vielen seiner Arten. Das systemische Leid, dem im Zuge des Prozesses der Evolution über viele Millionen Jahre unzählige Lebewesen ausgesetzt waren und sind, stellt die Position selbst des bescheidenen Optimisten ohne Zweifel in Frage. Nun kann sich der Optimismus auf theistische Annahmen stützen, muss dies aber keineswegs: Es existieren auch atheistische oder nicht-theistische Varianten des Optimismus. Ein solcher Optimismus bildet wiederum seinerseits nur ein Beispiel für eine nicht-theistische Position, die das Problem des axiologischen Missverhältnisses zu bewältigen hat. Ihm lassen sich eine Reihe weiterer philosophischer wie religiöser Positionen und Traditionen an die Seite stellen. Das Theodizeeproblem lässt sich in dieser Perspektive mithin als eine Variante eines generischen Problems, nämlich eben das des axiologischen Missverhältnisses, verstehen, wie es sich eben für eine bestimmte Position bzw. religiöse Tradition, nämlich die des Theismus, stellt.

Das vorliegende Buch wird sich allein auf das Theodizeeproblem beschränken, auch wenn es sich lohnen würde, dessen Implikationen für das generische Problem des Missverhältnisses weiter nachzugehen. Hier muss der Hinweis genügen, dass gerade die Theistin etwa durch den metaphysisch komplexen Gottesbegriff, auf den sie sich stützt, über weitaus reichere Ressourcen zur Bewältigung dieses Problems zu verfügen scheint als etwa ein atheistischer Optimist. Wer eine naturalistische Metaphysik mit einer pessimistischen Haltung zur Wirklichkeit verbindet und die eigene Existenz für eine Zumutung hält, vermeidet das Problem natürlich von vornherein. Wer aber auf existentielle Haltungen wie die der Dankbarkeit nicht verzichten möchte, für den könnte der Theismus die relativ aussichtsreichste Option zu ihrer rationalen Begründung darstellen.

Beim Theodizeeproblem, wie es im Folgenden verstanden werden soll, handelt es sich *prima facie* um ein theoretisches Problem, das die Vereinbarkeit von Propositionen betrifft:

(i) Gott existiert
(ii) Gott ist allmächtig, allgütig und allwissend
(iii) das Übel existiert (in bestimmten Arten, in bestimmtem Ausmaß und in bestimmter Verteilung)

Die Propositionen (i) und (ii) einerseits, (iii) andererseits erscheinen als miteinander unvereinbar. Dieses theoretische Problem mag sich für eine gläubige Theistin mit existentieller Dringlichkeit stellen: Das Übel lässt sie vielleicht irre werden an ihrem Gott. Das biblische Buch *Hiob* stellt in unüberbietbarer Eindringlichkeit genau eine solche Situation dar. Und es bietet im Übrigen gerade keine Antwort auf das theoretische Problem. Die Versöhnung Hiobs mit Gott erfolgt nicht durch eine ausgearbeitete Theodizee, die die Vereinbarkeit der genannten Propositionen verständlich machen würde, sondern durch eine überwältigende Theophanie, die angesichts der Herrlichkeit Gottes die Frage der Theodizee zum Schweigen bringt (vgl. Hiob 38,1–42,17).

Das Theodizeeproblem stellt sich mithin anders als das Problem des axiologischen Missverhältnisses in der Tat nur im epistemischen Horizont von Theisten, die den genannten Gottesbegriff teilen und annehmen, dass es einen solchen Gott gibt. Und es stellt sich nicht einmal für jeden Theisten in gleicher Dringlichkeit: Wer etwa, wie Hiob, durch eine alle Zweifel aufhebende Erfahrung, oder etwa geleitet durch einen schlüssigen Gottesbeweis zu der Überzeugung kommt, er wisse, dass ein theistisch verstandener Gott existiert, der kann beruhigt darauf vertrauen, dass sich die Existenz Gottes und die Existenz des Übels (im Folgenden, sofern nicht ausdrücklich anders gekennzeichnet, als Kurzformel verwendet, die auch die Dimension der Arten, das Ausmaßes und der Verteilung des Übels einschließt) miteinander vereinbaren lassen – auch wenn er selbst nicht einzusehen vermag, wie das gelingen kann.

Doch warum sollte dieses Problem dann im Sinne eines Grundthemas der Philosophie für Nicht-Theisten überhaupt von Interesse sein? Zu dieser Gruppe gehört immerhin der größte Teil der Menschheit: Sie umfasst Atheisten, Agnostiker ebenso wie religiöse Menschen mit einem nicht-theistischen Gottesbegriff. Odo Marquard hat das Theodizeeproblem treffend einen ‚Theoriegenerator' (Marquard 1990: 89) genannt. Aus den genannten Gründen hat es diese Rolle nur innerhalb theistischer Traditionen, also in vom Christentum, dem Judentum oder dem Islam geprägten Kulturen, erfüllt.[1] Und dennoch wurden im Rahmen der Debatten um das Theodizeeproblem Argumente ausgearbeitet, begriffliche Instrumentarien entwickelt und Positionen bezogen, deren Bedeutung weit über die Selbstverständigung innerhalb theistischer Traditionen hinausgeht. So wurde etwa die Rolle des Menschen aus seinem Verhältnis zu Gott heraus neu bestimmt: Inwiefern hat er ein Recht darauf, von Gott in einer bestimmten Weise behandelt zu werden? Und inwiefern hat er zudem ein Recht darauf, dass ihm die Gründe Gottes angemessen zugänglich gemacht werden? Umgekehrt haben sich aus dem Theodizeeproblem heraus Änderungen in der Gotteskonzeption ergeben: Auch wenn Gott weiterhin als Person aufgefasst werden mag, legt doch eine einflussreiche Strategie der Bewältigung des Theodizeeproblems nahe, seine Allmachtsprädikate abzuschwächen – Gottes Macht wird etwa nicht als ewiger Besitz verstanden, sondern als Ergebnis einer noch andauernden Entwicklung, die auf den Menschen als Kooperationspartner angewiesen sein mag. Und schließlich hat das Theodizeeproblem zu wichtigen Klärungen in der Theorie des Übels geführt: Welche Arten von ihnen gibt es? Ist jedes Übel *ipso facto* schlecht oder gibt es gute Übel – z. B. das Übel, das im Zuge einer verdienten Strafe erfahren wird? Wie lassen sich Übel bewältigen – nur dadurch, dass sie durch größere Güter auf- bzw. überwogen werden? Oder lassen sich Übel so transformieren, dass sie ihrerseits zu guten, konstitutiven Bestandteilen eines guten Ganzen werden? Zudem gibt die Debatte über das Theodizeeproblem Aufschlüsse darüber, welche Fragen der Mensch überhaupt sinnvoll mit Blick auf sein Leid stellen kann und welche eben nicht. Dass der Theismus angesichts des Leids Fragen unabweisbar macht, die etwa ein naturalistischer Atheist nur als sinnlos verwerfen kann, könnte sich in der Perspektive

---

[1] Zur Theodizee innerhalb nicht-christlicher Formen des Theismus wie Judentum und Islam vgl. Mobini (2013), Shatz (2013), Stosch (2018: Kap. 8); Goodman (2017), Winter (2017).

des Umgangs mit dem existentiellen Problem des Übels als Stärke und nicht etwa als Schwäche des Theismus erweisen (vgl. dazu die Diskussion in Nagasawa (2024)).

All diesen Fragen soll im Rahmen dieses Buches aus systematischer Perspektive nachgegangen werden. Das Problem des Übels bildet (etwa in der großangelegten Studie von Susan Neiman (2002), die anhand dieses Problems eine originelle Relektüre der neuzeitlichen Ideengeschichte entwickelt) ebenso wie das Theodizeeproblem im oben definierten Sinne den Gegenstand einer reichen Literatur.[2] Im Folgenden sollen auf der Grundlage dieser Literatur innerhalb der Geschichte der Philosophie entwickelte Argumente und Positionen jedoch in einem systematischen Rahmen vergegenwärtigt und geprüft werden, ohne aber, sofern erforderlich, von ihrem jeweiligen Kontext abzusehen. Das Theodizeeproblem hat seine Kraft als ‚Theoriegenerator' nicht zuletzt darin erwiesen, selbstverständlich scheinende Hintergrundannahmen und Begriffsbildungen immer wieder in produktiver Weise in Frage zu stellen.

Das Ziel dieses ersten Kapitels besteht darin, ein adäquates Verständnis des Theodizeeproblems als Problem zu erreichen. Dies wird in fünf Schritten geschehen: Zunächst soll zwischen einer atheistischen Lesart des Theodizeeproblems einerseits, einer aporetischen andererseits unterschieden werden und der Begriff der Theodizee selbst als Antwort auf die durch das Problem gestellte Herausforderung geklärt werden. Zweitens gilt es, den Inhalt der Propositionen, die zusammen das Problem generieren, näher zu bestimmen. Im Zentrum steht hier das Verständnis Gottes und seiner Attribute einerseits, des Übels andererseits. Auf dieser Grundlage kann dann in einem dritten Schritt nach der Struktur des Problems selbst gefragt werden: Erzeugen die Propositionen einen logischen Widerspruch, kann die Existenz Gottes mit der Existenz des Übels also in keiner möglichen Welt vereinbart werden? Oder trägt die Existenz des Übels lediglich dazu bei, die Überzeugung von der Existenz Gottes unplausibler werden zu lassen (ohne sie logisch auszuschließen)? Oder stellt sich das Problem als existentielles in einer Weise, die nicht auf logische Widersprüche oder Wahrscheinlichkeitserwägungen reduziert werden kann? In einem vierten Schritt soll dann geklärt werden, für wen sich das Theodizeeproblem unter welchen epistemischen Bedingungen überhaupt stellt. In einem fünften Schritt schließlich sollen einige metaphilosophische Überlegungen angestellt werden, aus denen sich wichtige methodische Leitlinien für die Exposition und Diskussion des Theodizeeproblems und der verschiedenen Strategien zu seiner Bewältigung in den folgenden Kapiteln ableiten lassen werden.

---

2 Zur Geschichte des Theodizeeproblems in der Neuzeit vgl. Janssen (1993).

1.1 Zwei Lesarten des Theodizeeproblems: Atheistisch und aporetisch

Das Theodizeeproblem lässt sich zunächst (für diese Unterscheidung vgl. Adams/ Adams 1990a: 2f.) in zwei unterschiedlichen Weisen auffassen, die sich aus den mit seiner Diskussion verfolgten Erkenntnisinteressen und Beweiszielen ergeben: Zum einen *atheistisch* als Nachweis der Nichtexistenz Gottes oder zumindest als Beleg für die geringe Wahrscheinlichkeit der Annahme seiner Existenz, zum anderen *aporetisch* als Herausforderung, die Anlass gibt, über die Natur Gottes, sein Verhältnis zur Schöpfung und die Stellung des Übels in dieser Schöpfung vertieft nachzudenken. Die atheistische Auffassung stellt ohne Zweifel die sowohl in der Öffentlichkeit wie in der philosophischen Diskussion verbreitere dar. Sie ergibt sich aber keineswegs selbstverständlich aus der Struktur des Theodizeeproblems. Als Problem der Unvereinbarkeit von Propositionen lässt es ja offen, *welche* dieser Propositionen aufgegeben oder modifiziert werden müssen, um die Vereinbarkeit zwischen ihnen sicherzustellen. Dass es sich dabei um die Annahme der Existenz Gottes handeln muss, ist keineswegs selbstverständlich und sollte durch eine sorgfältige Reflexion über die Struktur des Problems und die verschiedenen Strategien zu seiner Bewältigung zumindest ausreichend motiviert werden. Ob diese Reflexion dann dazu führt, aus dem Theodizeeproblem atheistische Konsequenzen zu ziehen, ist ebenso wenig ausgemacht. Neben atheistischen Argumenten, die auf dem Übel in der Welt basieren, stehen nämlich theistische Argumente, die genau umgekehrt solches Übel als Beleg *für* die Existenz Gottes sehen: Moralisch verwerfliches Handeln etwa als eine Form des Übels setze die Existenz von Moralität als System von Normen voraus, das wiederum (wie etwa Elizabeth Anscombe zumindest für eine deontologische Form der Ethik annimmt, vgl. Anscombe (1958)) an die Instanz eines Gesetzgebers gebunden sein könnte, der – anders als endliche Gesetzgeber mit beschränktem Wissen, beschränkter Macht und beschränkter Güte – allwissend, allmächtig und allgütig ist, eben Gott im theistischen Sinne. Moralisches Übel wird also durch Gott allererst ermöglicht – der damit selbst die notwendige Grundlage dafür liefert, im Namen eben dieses Übels atheistisch in Frage gestellt zu werden.[3]

Terminologisch gilt es zusätzlich zu beachten, dass der Begriff der Theodizee im Unterschied zu dem des Theodizeeproblems selbst seit den 70er Jahren des 20. Jahrhunderts eine deutliche Verengung in der innerphilosophischen Debatte erfahren hat. Zuvor wurde er im Anschluss an die Begriffsprägung von Gottfried Wilhelm Leibniz als Oberbegriff für *alle* Versuche verwendet, das Theodizeepro-

---

[3] Zu theistischen Argumenten aus dem Übel Dougherty/ Walls (2013: 376–381).

blem theoretisch zu bewältigen, also die Vereinbarkeit zwischen einem theistisch verstanden Gott und dem Übel verständlich zu machen (Leibniz eigener Versuch bildet dabei einen unter vielen und kann keineswegs paradigmatische Geltung für sich beanspruchen). In seinem Buch *God, Freedom and Evil* (Plantinga (1974)) hat Alvin Plantinga demgegenüber vorgeschlagen, zwischen einer Verteidigung (*defense*) Gottes angesichts des Übels einerseits, einer Theodizee (*theodicy*) andererseits zu unterscheiden (vgl. ebd.: 27f.):[4] Eine Verteidigung beschränkt sich dabei darauf, durch geeignete Brückenannahmen die logische Vereinbarkeit zwischen Gott und dem Übel aufzuzeigen. Gegenüber einer atheistischen Lesart des Theodizeeproblems bedarf es in der Tat nicht mehr als einer solchen Verteidigung: Die Beweislast liegt hier ja beim Atheisten, der nachweisen muss, dass der Theist in der Tat dazu genötigt ist, eine miteinander inkonsistente Reihe von Propositionen zu akzeptieren. Wird im Zuge der Verteidigung gezeigt, dass eine solche Inkonsistenz gar nicht vorliegt, ist die atheistische Kritik erfolgreich abgewiesen. Entscheidend ist, dass die Frage, wie (wenig) plausibel die Brückenannahmen eigentlich sind, auf die sich der Theist beruft, um dem Einwand der Unvereinbarkeit zu entgehen, für die Zwecke der Verteidigung offenbleiben kann. Eine Theodizee im Sinne von Plantingas Unterscheidung beansprucht demgegenüber zusätzlich, plausible Brückenannahmen zu liefern, die gute Gründe erkennen lassen, aus denen auch ein allmächtiger, allgütiger und allwissender Gott das Übel in der Welt zugelassen haben könnte. Der genaue Status dieser Gründe, wie sie im Rahmen einer Theodizee benannt werden, kann dabei seinerseits in unterschiedlich starker Weise bestimmt werden. So lässt sich etwa fragen, ob die im Rahmen einer solchen Theodizee benannten guten Gründe für Gott tatsächlich auch die Gründe sind, die ihn faktisch motiviert haben, das Übel zuzulassen. Unabhängig davon sind die Anforderungen an eine Theodizee jedenfalls höher als die an eine Verteidigung: Nicht jede Brückenannahme, die die Konsistenz des theistischen Überzeugungssystems absichert, lässt einen guten Grund erkennen, warum Gott das Übel zulässt. Umgekehrt hingegen gilt, dass jede Theodizee im Sinne Plantingas *ipso facto* auch eine erfolgreiche Verteidigung darstellt. Viele Philosophinnen (vgl. etwa Stump 2012: 18ff., 451ff.) halten vor diesem Hintergrund den Status ihrer Überlegungen bewusst in der Schwebe zwischen Verteidigung und Theodizee: Die von ihnen benannten Gründe für Gott, das Übel zuzulassen, sollen geeignet sein, dem Problem der Unvereinbarkeit zu begegnen, zusätzlich aber auch inhaltlich zumindest so plausibel erscheinen, dass sie überzeugende Kandidaten für die guten Gründe Gottes, das Übel zuzulassen, darstellen und sich damit als Bestandteile einer

---

4 Zum Verhältnis von Theodizee und Verteidigung vgl. a. van Inwagen (2001: 209ff.).

Theodizee im Sinne Plantingas qualifizieren, ohne dass jedoch diese selbst ausgearbeitet werden würde.

Obwohl es terminologisch naheliegender erscheint, den Begriff Theodizee für jeden Versuch zu verwenden, das Theodizeeproblem theoretisch zu bewältigen (im Unterschied zu den im zweiten Kapitel zu diskutierenden Strategien, das Problem von vornherein zu vermeiden), wird im Folgenden dieser Begriff in dem von Plantinga vorgeschlagenen engeren Sinne verstanden. Damit eröffnet sich dann z. B. die Möglichkeit, dass das Theodizeeproblem, sofern es als Problem der logischen Vereinbarkeit von Propositionen aufgefasst wird, auch ganz ohne Theodizee (in Plantingas Sinne) bewältigt werden kann – nämlich durch eine erfolgreiche Verteidigung.

1.2 Die Prämissen des Theodizeeproblems

Welche Annahmen sind es jedoch, die zusammengenommen das Theodizeeproblem konstituieren – ganz unabhängig davon, ob es aporetisch oder atheistisch aufgefasst wird? Es handelt sich um zwei Arten von Annahmen mit jeweils ganz unterschiedlichem Status und Inhalt: Die erste Art betrifft Gott, die zweite das Übel.

Mit Blick auf die Annahmen in Bezug auf Gott gilt es zunächst, drei Unterscheidungen zu treffen, die für das Verständnis des Theodizeeproblems grundlegend sind, nämlich erstens:

U_1: theistische vs. nicht-theistische Konzeptionen Gottes

Für nicht-theistische Konzeptionen Gottes stellt sich das Theodizeeproblem von vornherein nicht (sie mögen aber durchaus mit anderen Formen des oben diskutierten Problems des axiologischen Missverhältnisses konfrontiert bleiben). Das Theodizeeproblem setzt nämlich minimal voraus, dass Gott als ein personales Wesen aufgefasst wird, dem bestimmte Attribute zukommen, aus denen sich dann allererst eine Spannung zur Existenz des Übels ergeben kann. Nur ein personales Wesen, nicht aber etwa ein übersinnliches Prinzip, als das eine nicht-theistische Konzeption Gott auffassen mag, bildet eine geeignete Instanz der Anklage und Rechtfertigung angesichts des Übels in der Welt: Wenn die Geltung eines Prinzips zu Übeln führt, ist dies nicht dem Prinzip anzulasten – als solches ist es kategorial ungeeignet, Verantwortung zu übernehmen, sich an Gründen zu orientieren etc. und damit zu einem geeigneten Adressaten von moralischen Einstellungen zu werden. Gott als ein personal verstandener Akteur hingegen stellt ohne Zweifel einen solchen geeigneten Adressaten dar.

1.2 Die Prämissen des Theodizeeproblems — 9

Innerhalb von theistischen Konzeptionen Gottes, wie sie vor allem durch die drei großen Religionen Christentum, Islam und Judentum repräsentiert werden, gilt es dann eine zweite Unterscheidung zu treffen:

U$_2$: orthodoxe vs. nicht-orthodoxe theistische Konzeptionen Gottes

Der Begriff der Orthodoxie soll hier nicht im Sinne religiöser Rechtgläubigkeit verstanden werden, sondern dient zur Kennzeichnung von Konzeptionen, die in einem weit gefassten Sinne (der viele interne Differenzen und Konfliktlinien zwischen den und innerhalb der genannten Religionen übergreift) das Gottesverständnis des Theismus, wie es der religiösen Praxis zugrundliegt und den Bezugspunkt für theologische Reflexion bildet, adäquat einfangen. Eine Konzeption Gottes, die diesem etwa einen moralisch zweideutigen Charakter zuschreiben würde, der sowohl Laster wie Tugenden umfasst, die in unberechenbarer Weise abwechselnd sein Verhalten zu den Menschen bestimmen, kann in diesem Sinne nicht als orthodoxe Konzeption gelten, weil ein solcher Gott kein geeignetes Objekt der Verehrung mehr wäre, Lob nur in sorgfältig qualifiziertem Sinne verdienen würde etc. Wie sich im zweiten Kapitel zeigen wird, sieht sich die orthodoxe Theistin an dieser Stelle einem Dilemma ausgesetzt. Eine Reihe von Strategien in der Debatte um das Theodizeeproblem beruhen nämlich auf tiefgreifenden Korrekturen im Gottesbild, insbesondere in Form der Abschwächung der ihm zugeschriebenen All-Attribute (z. B. wird Gott nicht länger als allmächtig aufgefasst). In dem Maße, in dem diese Korrekturen geeignet sind, das Theodizeeproblem zum Verschwinden zu bringen, verlassen sie aber gleichzeitig den Raum einer orthodox theistischen Konzeption Gottes. Damit stellt sich das folgende Dilemma:

Entweder die orthodoxe Konzeption Gottes wird bewahrt und das Theodizeeproblem bleibt unbewältigt.

Oder aber es wird in der Tat bewältigt, aber auf der Grundlage einer Konzeption Gottes, die den Kontakt zur religiösen Praxis und zur theologischen Tradition revisionär aufgekündigt hat.

Drittens schließlich gilt es innerhalb der orthodoxen theistischen Konzeption Gottes zwischen basalen und elaborierten Formen dieser Konzeption zu unterscheiden:

U$_3$: Generische vs. elaborierte Formen einer orthodoxen theistischen Konzeption Gottes

Generische Formen bilden in der Regel als solche keinen Bestandteil der religiösen Praxis selbst, sondern stellen ein „Destillat" dar, wie es sich aus theologischer bzw.

philosophischer Reflexion auf die von dieser Praxis vorausgesetzte, generische Grundstruktur ergibt. Zu den generischen Merkmalen einer orthodox theistischen Konzeption Gottes zählen insbesondere seine Attribute, also etwa Allmacht, Allgüte und Allwissenheit, aber auch das bereits genannte, für den Gottesbegriff des Theismus insgesamt entscheidende Merkmal der Personalität. Nicht zu diesen basalen Formen gehören demgegenüber Auffassungen wie die der Inkarnation Gottes in Jesus Christus und dessen erlösendes Leiden am Kreuz. Auffassungen wie diese finden sich eben nur im Christentum, werden aber von Judentum und Islam zurückgewiesen. Gleichzeitig bilden sie jedoch für einen Christen keineswegs einen bloßen Zusatz zu einer generischen Konzeption Gottes: Die Weise, wie sich Gott als allmächtig und allgütig erweist, besteht aus seiner Sicht gerade in seinem erlösenden Handeln in Menschwerdung und Leiden für die Menschheit. Für die Bewältigung des Theodizeeproblems spielt es nun aber eine entscheidende Rolle, ob sie sich auf die Grundlage einer generischen Form einer orthodox theistischen Konzeption Gottes beschränken muss, oder ob sie auf die Ressourcen einer elaborierten Form zurückgreifen darf. Das göttliche Erlösungshandeln und die eschatologische Aussicht auf Gemeinschaft mit Gott als höchster Form eines glücklichen Lebens[5] etwa sind offensichtlich von hoher Relevanz für das Theodizeeproblem, gehen aber natürlich über eine generische Form des orthodoxen Theismus weit hinaus.

Von atheistischer Seite wurde in der Tat geltend gemacht, dass der Theist sich den Rückgriff auf eine elaborierte Form verbieten müsse: Der Verweis auf das Jenseits etwa (vgl. etwa Hoerster 2017: 20), in der eine beseligende Gemeinschaft mit Gott das im diesseitigen Leben erlittene Leid kompensiere oder ganz aufhebe, stelle eine typische *ad hoc*-Annahme dar, für die nichts anderes spreche als der von ihr erhoffte Beitrag zur Bewältigung des Theodizeeproblems. Der Theist müsse sich auch bei der Bewältigung des Theodizeeproblems allein auf die generische Form des Theismus beschränken, wie sie das Problem selbst beinhaltet (also die Existenz eines personalen Gottes mit All-Attributen). Für diese methodische Forderung des Atheisten gibt es jedoch keinerlei gute Gründe: Das Theodizeeproblem stellt ja ein Konsistenzproblem dar. Es geht daher bei seiner Diskussion nicht darum, den Theismus insgesamt oder einzelne seiner Annahmen plausibel zu machen, überzeugende Belege für ihn beizubringen etc. Deshalb steht es dem Theisten selbstverständlich frei, sich auf eine elaborierte Form der eigenen Konzeption Gottes zu berufen, um die Vereinbarkeit der scheinbar miteinander unvereinbaren Annah-

---

5 Eben darauf richtet etwa Paulus in Röm 8,17f. seine Erwartung: „Ich bin überzeugt, dass die Leiden der gegenwärtigen Zeit nichts bedeuten im Vergleich zu der Herrlichkeit, die an uns offenbar werden soll."

men, die das Problem generieren, darzulegen. Eben diese elaborierte Form bildet ja auch den Inhalt der theistischen Religionen: Gott ist Gegenstand der Verehrung nicht in Form einer basalen, generischen Version (die für theologische und philosophische Zwecke unabdingbar sein mag), sondern eben als der lebendige Gott, in biblischer Sprache der Gott Abrahams, Isaaks und Jakobs, wie er sich den Menschen in einer gemeinsamen Geschichte (etwa die biblische von Bundesschlüssen, deren Scheitern und Neuanknüpfen durch das Heilshandeln Gottes etc.) erschließt und dann natürlich auch zum Gegenstand theologischer und philosophischer Reflexion wird.

Damit ist nicht behauptet, dass die Frage, ob sich die Annahme der Existenz eines solchen Gottes überzeugend begründen lässt, keine Auswirkungen auf die Rationalität des religiösen Glaubens im Allgemeinen und auf das Theodizeeproblem im Besonderen hätte. Das hat sie natürlich – wie in Kap. 2.2 gezeigt werden wird, würde etwa der erfolgreich geführte Beweis der Existenz Gottes auch das Theodizeeproblem zwar nicht lösen, aber in seiner existentiellen Dringlichkeit entschärfen: Wenn wir wissen, dass es Gott gibt, dann muss er eben gute Gründe haben, das Übel, von dem wir ebenfalls wissen, dass es existiert, zuzulassen. Dass uns diese Gründe nicht zugänglich sind, stellt dann aber das, was wir wissen, nämlich dass Gott existiert, in keiner Weise in Frage. Für die Bewältigung des Theodizeeproblems genügt es aber, durch geeignete Brückenannahmen die Vereinbarkeit der es erzeugenden Annahmen aufzuzeigen. Es wäre erstaunlich, wenn dies mit den Mitteln einer bloß generischen Form des Theismus gelingen könnte – gerade ein Attribut wie das der Allgüte lässt ja geradezu erwarten, dass ein allgütiger Gott die Menschen nicht ihrem Schicksal überlässt, sondern selber in geeigneter Weise (etwa durch Inkarnation) die Initiative zu deren Erlösung ergreift.[6] Die Attribute Gottes der generischen Form des Theismus zuzuschlagen, sein Erlösungshandeln hingegen der elaborierten, um letztere dann methodisch von der Theodizeedebatte auszuschließen, spielt gegeneinander aus, was zusammengehört.[7] Pointiert formuliert: Der Gott, dessen Existenz beim Theodizeeproblem in

---

6 In diesem Sinne sieht etwa Spaemann (1977: 128) innerhalb einer solchen Heilsökonomie den „Sinn des Leidens" darin, die „Flucht des Leidenden zu Gott zu bewirken, indem ihm alle anderen Befriedigungsmöglichkeiten genommen werden." Leiden hält Spaemann so für instrumentell gerechtfertigt als notwendiges Mittel, das „den Menschen in die Lage versetzt, das Brauchen Gottes auch subjektiv zu empfinden" (ebd.: 129).
7 Dieser Zusammenhang wird exemplarisch deutlich in den für die neueren Debatten maßgeblichen Studien von Marilyn McCord Adams (1999) und Eleonore Stump (2012), die beide die Ressourcen einer christlichen Gotteslehre, Anthropologie, Soteriologie und Eschatologie für die Diskussion des Theodizeeproblems fruchtbar machen. Vgl. a. die methodologischen Überlegungen in Stump (1985: 397) sowie in Adams (1992: 174–176).

Frage steht, ist von vornherein kein generischer, sondern eben der Gott, den Christen, Moslems und Juden verehren.

Die Annahmen in Bezug auf Gott, wie sie das Theodizeeproblem konstituieren, explizieren nun die Kernmerkmale einer orthodox theistischen Konzeption Gottes zusammen mit der Annahme, dass es diesen Gott (in einem nicht bloß generischen Sinne) tatsächlich gibt. Sie lassen sich wie folgt in der Annahme G zusammenfassen:

> G: Ein allmächtiger, allgütiger und allwissender, personaler Gott existiert.

Gerade die drei in G enthaltenen All-Attribute Gottes erweisen sich als der entscheidende Ansatzpunkt für eine atheistische Lesart des Theodizeeproblems. Schon vor der philosophischen Diskussion der theistischen Konzeption Gottes, wie sie die Weltreligionen Judentum, Christentum und Islam beinhalten, wurden in der Antike die sich hier ergebenden Schwierigkeiten klar benannt:

> Entweder will Gott die Übel beseitigen und kann es nicht, oder er kann es und will es nicht, oder er kann es nicht und will es nicht, oder er kann es und will es. Wenn er nun will und nicht kann, so ist er schwach, was auf Gott nicht zutrifft. Wenn er kann und nicht will, dann ist er missgünstig, was ebenfalls Gott fremd ist. Wenn er nicht will und nicht kann, dann ist er sowohl missgünstig wie auch schwach und dann auch nicht Gott. Wenn er aber will und kann, was allein sich für Gott ziemt, woher kommen dann die Übel und warum nimmt er sie nicht weg? (Laktanz, De ira dei 13,19 = Epikur frg. 374 Usener (Übersetzung O. Gigon))

Diese Schwierigkeiten verschärfen sich nun noch zusätzlich, wenn Güte, Macht und Wissen im Sinne einer naiv-wörtlichen Lesart der All-Attribute gefasst werden – genau diese Lesart glaubt man aus Gründen der gebotenen Ehrfurcht dem Gott der theistischen Religionen aber (anders als vielleicht einem Gott der Philosophen) unbedingt schuldig zu sein: Gott weiß schlechthin alles, alles steht in seiner Macht und seine Güte kennt keine Grenzen. Bei näherem Hinsehen laufen jedoch all diese vermeintlichen Komplimente Gefahr, das Gottesbild des Theismus zu unterlaufen, anstatt es adäquat zu explizieren. Dies kann im Folgenden nur exemplarisch aufgezeigt werden, um auf die Spannungen aufmerksam zu machen, die sich hier zwischen den Inhalten eines orthodoxen, elaborierten Theismus einerseits und den Versuchen ihrer theologischen und philosophischen Thematisierung und begrifflichen Fixierung andererseits ergeben. Auf diese Spannungen wird unten in Kapitel 2.3 bei der Diskussion von Vermeidungsstrategien des Theodizeeproblems, die bei der Abschwächung oder Leugnung einzelner oder mehrerer der göttlichen Attribute ansetzen, zurückzukommen sein.

Offensichtlich ist, dass die Attribute Gottes in jedem Fall stark genug aufgefasst werden müssen, um überhaupt das Theodizeeproblem entstehen zu lassen. Ein

Gott, dem es an Macht, Wissen und Güte mangelt, um dem Übel entgegentreten zu können oder es auch nur zu wollen, ist mit der Existenz des Übels unproblematisch vereinbar. Gleichzeitig dürfen die Attribute aber auch nicht zu stark aufgefasst werden, wie namentlich am Beispiel des Attributs der Allmacht deutlich wird. Radikale Strömungen im mittelalterlichen Nominalismus und im Anschluss an ihn auch René Descartes etwa sehen die Souveränität Gottes nur dann als hinreichend gesichert an, wenn er über schlechthin alles verfügen kann, einschließlich der Gesetze der Logik (vgl. dazu Stewart 1993: 24). Wenn Gott aber dafür sorgen kann, dass eine Zahl gleichzeitig gerade und ungerade ist, warum soll er nicht dafür sorgen können, dass eine Anzahl von Annahmen gleichzeitig vereinbar und unvereinbar sein kann? Mit den Gesetzen der Logik sind auch einem Konsistenzproblem wie dem Theodizeeproblem die Grundlagen entzogen. Die Konsequenzen aus einer solchen hypertrophen Konzeption göttlicher Allmacht gehen sogar noch weiter und richten sich gegen Gott selbst, und zwar gegen ein anderes seiner All-Attribute, nämlich seine Allgüte: Wenn Gott über alles verfügen kann, dann auch über moralische Normativität. In welchem Sinne kann er dann aber überhaupt für moralisch gut erklärt werden, wenn alles, was er tut, schon deshalb moralisch gut ist, weil er will, dass es so ist und es dann eben genau das, nämlich gut, wird?

Die Attribute der Allmacht und des Allwissens bedürfen also einer Deutung, die ihren Inhalt angemessen expliziert (was nicht schon mit einer versteckten Abschwächung gleichzusetzen ist): Dass Gott das logisch Unmögliche nicht ermöglichen kann und dass er das, was sich nicht wissen lässt (z.B. wie sich Wesen mit einem libertarianisch aufgefassten Willen in der Zukunft frei entscheiden werden), nicht weiß, schränkt Gott in keiner Weise ein. Zu starke Lesarten dieser beiden All-Attribute verfehlen überdies bereits den Sinn religiöser Praxis: Auf die Macht Gottes zu vertrauen bedeutet nicht, das logisch Unmögliche zu erwarten. Eine Ausnahme macht hier freilich das Attribut der Allgüte: Von Gott darf in der Tat erwartet werden, dass er nicht etwa bloß den Anforderungen der Moral z.B. im Sinne einer Variante konsequentialistischer Ethik genügt, die eine Handlung schon dann als moralisch richtig betrachtet, wenn sie unter den zur Verfügung stehenden Optionen nur hinreichend gut ist. Und erst recht darf von Gott erwartet werden, dass er nicht nur nicht gegen Pflichten verstößt, die er gegenüber seinen Geschöpfen haben mag (wobei umstritten ist, ob es solche Pflichten überhaupt geben kann, vgl. dazu unten Kap. 3.5), sondern eben mehr tut, als bloß seinen Pflichten zu genügen – aber was genau kann das in Bezug auf Gott überhaupt heißen? Die traditionelle Lehre der göttlichen Vollkommenheiten bietet für die Klärung dieser Fragen einen weit besseren Ausgangspunkt als eine wörtliche Hermeneutik von All-Aussagen. Sie fällt allerdings in den Bereich der philosophischen und theologischen Gotteslehre und kann im Folgenden nur insoweit in Betracht kommen, wie dies für die Behandlung des Theodizeeproblems erforderlich ist.

Deutlich weniger klärungsbedürftig als die dem Theodizeeproblem zugrundeliegenden Annahmen über das Wesen Gottes erscheint *prima facie* die Annahme über die Existenz des Übels. Nun lässt sich in der Tat dessen Existenz nicht bestreiten. Damit ist aber weder geklärt, in welchem Sinne hier von Übel die Rede ist und auch nicht, inwiefern das Übel überhaupt geeignet ist, ein Theodizeeproblem aufzuwerfen. Zunächst könnte $Ü_1$ so verstanden werden, dass es nicht mehr beinhaltet als die Existenz eines konkreten Falls irgendeiner Art von Übel:

$Ü_1$: Irgendein Fall irgendeiner Art von Übel existiert.

$Ü_1$ wäre aber ungeeignet, auch nur in die Nähe des Theodizeeproblems zu führen. Nimmt man etwa mit Leibniz an, dass das *malum metaphysicum* eine Art von Übel bildet und dass dieses schon in der Tatsache endlicher Kreatürlichkeit selbst besteht, die jedes Geschöpf von Gott als seinem Schöpfer unterscheidet, dann müsste von jemandem, der das Theodizeeproblem im atheistischen Sinne auffasst und sich dabei auf das *malum metaphysicum* beruft, gezeigt werden, dass die Tatsache der Schöpfung unvereinbar ist mit der Annahme Gottes im theistischen Sinne. Dies wird aber niemand ernstlich behaupten wollen. Es bedarf also einer näheren Erläuterung, was genau mit dem Übel in $Ü_1$ gemeint ist:

$Ü_2$: Bestimmte – näher zu bestimmende – Arten von Übeln existieren.

Oder reicht die bloße Existenz dieser Arten von Übeln in dem Sinne, dass sie in zumindest einem Fall in der aktuellen Welt instanziiert sein müssen, nicht aus, um auf das Theodizeeproblem zu führen? Dann bedarf er einer weiteren Ergänzung von $Ü_2$, etwa im Sinne von

$Ü_3$: Bestimmte – näher zu bestimmende – Arten von Übeln existieren in einem hinreichend großen Ausmaß.

Oder ist nicht das bloße Ausmaß das Problem, sondern die Tatsache, dass das Übel in einer bestimmten Weise verteilt ist, nämlich z. B. *ungerecht?* Dass ein böser Mensch leidet und zwar sogar in großem Ausmaß mag unter bestimmten Voraussetzungen (etwa einer retributiven Auffassung von Strafe) unproblematisch mit der Annahme eines allmächtigen, allgütigen und allwissenden Gottes vereinbar sein, nicht aber, dass dieselbe Art und Menge an Übeln von guten wie von bösen Menschen gleichermaßen erlitten wird, ohne jeden ersichtlichen Bezug auf die Frage, ob sie es verdient haben oder nicht. Dann müsste auch $Ü_3$ weiter ergänzt werden, etwa im Sinne von

Ü₄: Bestimmte – näher zu bestimmende – Arten von Übeln existieren in einem hinreichend großen Ausmaß und in einer fragwürdigen (z. B. ungerechten) Verteilung.

Im Rahmen dieses Buches kann kein Versuch einer umfassenden Taxonomie von Arten von Übeln unternommen werden, geschweige denn der Versuch, ihre faktische Verbreitung und die Art ihrer Verteilung einzuschätzen. Bewährt hat sich aber die grundlegende Unterscheidung zwischen metaphysischen Übeln (die aus den gerade genannten Gründen im Folgenden außer Betracht bleiben), den moralischen Übeln und den natürlichen Übeln. Moralische Übel sind dabei als solche zu definieren, die sich auf Einstellungen und Handlungen freier, verantwortlicher Wesen zurückführen lassen, natürliche Übel sind Übel, die innerhalb der Schöpfung auftreten, aber nicht auf solche Einstellungen und Handlungen zurückgeführt werden können.

Moralische Übel nun sind damit *per definitionem* an die Freiheit gebunden, die vielfach ihrerseits als ein hohes Gut verstanden wird: Die Ausübung dieser Freiheit mag im konkreten Fall etwa einer unmoralischen Handlung ein Übel darstellen, sie selbst aber bleibt ein Gut, das wiederum der Grund sein mag für Gott, das Risiko ihres Missbrauchs einzugehen. Auf diese sog. Verteidigung aus dem freien Willen wird weiter unten zurückzukommen sein. Problematischer für den Theisten als die moralischen Übel erscheinen indes die natürlichen Übel:[8] An dem qualvollen Verenden eines Hirsches, der in einen von einem Blitzeinschlag ausgelösten Waldbrand geraten ist, scheint nichts gut zu sein – warum wird es dann von einem allmächtigen, allgütigen, allwissenden Gott nicht verhindert?

Anhand dieses Beispiels wird eine weitere Unterscheidung mit Blick auf den Begriff des Übels sichtbar, die quer steht zu der genannten Unterscheidung zwischen metaphysischen, natürlichen und moralischen Übeln, nämlich die zwischen sinnlosen und sinnvollen Übeln. Das verstörende Potential des qualvoll verendenden Hirsches liegt ja nicht schon in dem Umstand, dass hier ein Fall von natürlichem Übel realisiert ist. Schmerzen als eine andere Art von physischen Übeln etwa haben als solche eine wichtige Signalfunktion: Der leichte Schmerz an meinem Arm signalisiert mir, dass ich mich einer heißen Oberfläche nähere und veranlasst mich, Abstand von der Gefahrenquelle zu nehmen. Die Schmerzen im konkreten Fall des verendenden Hirsches hingegen können die mit ihnen verbundene instrumentelle Funktion für die Sicherung wichtiger Güter wie Leben und Gesundheit gerade nicht erfüllen: Sie sind in dem Sinne sinnlos, dass der Hirsch

---

8 Odo Marquard sieht die Diskussion des Theodizeeproblems in der Neuzeit dadurch geprägt, dass die natürlichen und die metaphysischen Übel im Gegensatz zu den moralischen zu den „Leitübeln" werden: „Modern werden gerade nicht die Übel, die wir tun, sondern die Übel, die uns zustoßen, die Leitübel." (Marquard 1990: 89)

ihre Signalfunktion nicht in ein rettendes Handeln übersetzen kann. Aus dem Waldbrand gibt es kein Entkommen. Die Schmerzen tun daher nur weh, ohne sich in irgendeinen übergreifenden Sinnzusammenhang zu fügen – sie sind eben sinnlos, insofern sie weder einen instrumentellen noch einen konstitutiven Beitrag leisten für ein höheres Gut, das den negativen Wert solcher Übel vielleicht aufwiegen könnte.[9] Ausgehend von dieser Intuition eröffnet sich die Möglichkeit einer Präzisierung von $Ü_2$, die gar nicht auf zusätzliche Annahmen über Ausmaß und Verteilung von Übeln zurückgreifen muss, nämlich:

$Ü_5$: Sinnloses Übel existiert.

Könnte ein allgütiger Gott zu Recht Übel zulassen, das – egal wie geringfügig es sein mag – schlicht sinnlos ist, also etwa nicht dazu dient, ein anderes, größeres Gut zu ermöglichen oder ein größeres Übel zu vermeiden?

Selbst wenn diese Frage aus weiter unten zu diskutierenden Gründen bejaht wird, bleibt eine letzte Kategorie von Übeln zu berücksichtigen:

$Ü_6$: Furchtbares Übel existiert.

Die Kategorie des furchtbaren Übels wurde von Marilyn McCord Adams in die Theodizeedebatte eingebracht und wird von ihr folgendermaßen definiert:

> [E]vils the participation in which (that is, the doing or suffering of which) constitutes prima facie reason to doubt whether the participant's life could (given their inclusion in it) be a great good to him/her on the whole. (Adams 1999: 26)

Als Beispiele denkt Adams an persönlichkeitszerstörende Folter, traumatisierende Handlungen von Vergewaltigung und Verstümmlung, den Verrat von Familienangehörigen und Schutzbefohlenen etc. Sogar dann, wenn das furchtbare Übel keine Spezies des sinnlosen Übels bilden würde, sondern es im Dienst der Ermöglichung größerer Güter oder der Vermeidung größerer Übel stehen würde, scheint es für einen allgütigen Gott keine Rechtfertigung zu geben, es zuzulassen – und dies wiederum völlig unabhängig von seinem Ausmaß oder seiner Verteilung.

---

9 Während „Übel" den Gegenbegriff zu „Güter" bezeichnet, fehlt ein solcher Gegenbegriff für „Wert". Der Begriff „Unwert" ist außerhalb technischer Kontexte ungebräuchlich. Sofern notwendig wird daher im Folgenden der Begriff „Wert" durch die Adjektive „positiv" bzw. „negativ" disambiguiert. Güter bzw. Übel als Träger von Werten werden dabei im Anschluss an W.D. Ross mit Lemos (1994: Kap. 2) metaphysisch als Tatsachen, nämlich als bestehende Sachverhalte, aufgefasst. Zum Verhältnis von Werten und Gütern vgl. a. Scheler (1980: 35–37).

Bereits die gerade getroffenen Unterscheidungen sowohl hinsichtlich der Annahmen in Bezug auf Gott wie auf das Übel zeigen, dass das Theodizeeproblem zwar über einen klaren Kern verfügt, der in der Spannung zwischen einer theistischen Konzeption Gottes und der Erfahrung des Übels in seiner Schöpfung zu suchen ist. In dem Maße, wie dieser Kern jedoch auf theoretischer Ebene als Problem expliziert wird, ergeben sich durchaus unterschiedliche, keineswegs äquivalente Varianten des Theodizeeproblems, die jeweils spezifischere Strategien zu seiner Bewältigung erforderlich machen. Der Versuch einer umfassenden Typologie solcher Varianten erscheint von vornherein als zum Scheitern verurteilt. Es empfiehlt sich daher von der Frage auszugehen, wie das Theodizeeproblem seiner Struktur nach aufgefasst wird.

1.3 Die Struktur des Theodizeeproblems

Das Theodizeeproblem artikuliert, was existentiell als Spannung erfahren wird, in Form von Propositionen, die ebenfalls in einem Spannungsverhältnis zueinanderstehen. Dieses Spannungsverhältnis kann jedoch in zumindest drei distinkten Weisen artikuliert werden:

S_1: Die Annahmen, die das Theodizeeproblem konstituieren, bilden zusammengenommen eine widersprüchliche Menge. (= logisches Problem des Übels)

S_2: Die Annahmen, die das Theodizeeproblem konstituieren, sind zwar miteinander vereinbar, stellen einander aber in einer anderen Form als der des logischen Widerspruchs in Frage. (= evidentielles Problem des Übels)

S_3: Das Übel (insbesondere in Form von $Ü_6$) stellt die Annahme eines theistisch aufgefassten Gottes direkt in Frage. (= existentielles Problem des Übels)

Der Versuch etwa, das Theodizeeproblem als negativen Gottesbeweis zu formulieren, also als Beweis der Nicht-Existenz Gottes, setzt S_1 voraus: Einander widersprechende Annahmen sind in keiner möglichen Welt zusammen wahr – und wenn die Existenz des Übels nicht in Frage steht, muss eben die Annahme der Existenz Gottes verworfen werden. S_2 hingegen betrachtet das Übel lediglich als Beleg gegen die Annahme der Existenz Gottes. Für S_3 schließlich stellt das Übel die Existenz Gottes direkt in Frage, die sich weder auf logische Widersprüchlichkeit noch auf die Kraft von Belegen reduzieren lässt.

Je nachdem, ob das Theodizeeproblem als logisches, evidentielles oder existentielles aufgefasst wird, ergeben sich ganz unterschiedliche Anforderungen an die Strategien zu seiner Bewältigung. Um das logische Problem zu lösen, genügt es etwa, Brückenannahmen zu benennen, die die Vereinbarkeit der das Problem konstituierenden Annahmen sicherstellen. Entscheidend ist hier, dass die bloße Existenz von Brückenannahmen, die eben dies leisten, ausreicht – ob diese Theisten, Atheisten und Agnostikern gleichermaßen einleuchten, ob sie wahr sind etc., kann dahingestellt bleiben. Der atheistische Vertreter des Theodizeeproblems in seiner logischen Form wirft dem Theisten ja vor, über eine inkonsistente Menge von Überzeugungen zu verfügen. Existieren Brückenannahmen, die die genannte Bedingung erfüllen, erweist sich der Vorwurf als unberechtigt. In Bezug auf das evidentielle Problem hingegen wird der Theist eine doppelte Strategie verfolgen: Zum einen kann er versuchen, S_2 direkt zu unterlaufen, indem er etwa plausibel macht, dass die Existenz des Übels auch in der Schöpfung eines allmächtigen, allgütigen und allwissenden Gottes durchaus zu erwarten ist und vielleicht sogar befriedigender erklärt werden kann als etwa im Rahmen einer naturalistischen Metaphysik. Zum anderen kann der Theist versuchen, Belege anderer Art beizubringen, die eben *für* die Annahme der Existenz Gottes sprechen und geeignet sind, die Belege, die sich gegen diese Annahme aus dem Übel ableiten lassen, zu überwiegen. In Bezug auf das existentielle Problem schließlich, das eine ganze Reihe von für es spezifischen Fragen aufwirft und daher im Folgenden außer Betracht bleiben muss, kann der Theist etwa die Frage aufwerfen, ob nicht die existentielle Wucht der Anklage Gottes aus der Erfahrung des Übels heraus performativ Einstellungen zum Leben und Sinnansprüche impliziert, die sich ihrerseits nur unter theistischen Vorzeichen rechtfertigen lassen. Träfe dies zu, würde sich die Anklage gegen Gott im Maße ihres Erfolgs selbst *ad absurdum* führen.

1.4 Für wen stellt sich das Theodizeeproblem?

Im Lichte der im letzten Abschnitt getroffenen Klärung der Struktur des Theodizeeproblems selbst gilt es nun, auf die eingangs bereits berührte Frage zurückzukommen, für wen sich dieses Problem überhaupt stellt. Die naheliegende Antwort lautet: Für jede, die die das Problem konstituierenden Annahmen teilt. Während die Annahme der Existenz des Übels von niemandem bestritten werden dürfte, haben sich die Annahmen über Gott und dessen Attribute als erläuterungsbedürftig und voraussetzungsreich erwiesen. Dieser Umstand darf aber nicht übersehen lassen, dass sie lediglich auf einer reflexiven Ebene zum Thema machen, was bereits Implikat der religiösen Praxis der theistischen Weltreligionen ist. Natürlich kann es dabei zu Spannungen kommen, wenn etwa die biblische Vorstellung eines machtvollen Gottes mit den Mitteln der griechischen Metaphysik in eine Lehre von der göttlichen Allmacht überführt wird. Darauf wird in Kap. 2.3 zurückzukommen sein. Solche Spannungen gilt es zu benennen und auf ihre Implikationen für das Theodizeeproblem hin zu befragen. Dies ändert aber nichts an dem grundsätzlichen Kontinuitätsverhältnis zwischen der Erfahrung des Übels im Rahmen theistischer Religiosität und dem Theodizeeproblem. Darauf weist etwa der katholische Theologe Thomas Pröpper in aller Klarheit hin, wenn er festhält, dass die Theologie verpflichtet sei, das Theodizeeproblem zu bedenken,

> weil ja gerade der Glaube die Prämissen ins Spiel bringt und wachhält, die diese Frage konstituieren und in ihrer Schärfe dann unausweichlich machen. Schon der Glaube tut dies, nicht erst die Theologie. Die Theodizeefrage gibt es, weil Menschen, die glauben wollen, in der Bedrängnis von Leid und Unrecht sie stellen [...]. (Pröpper 1993: 66)

Die Selbstzeugnisse von Theisten, die Erfahrungen mit dem Übel machen, vom biblischen Hiob bis in die Gegenwart sprechen hier in der Tat eine eindeutige Sprache. Dass jemand, der selbst furchtbarem Übel ausgesetzt ist oder auch nur zum Zeugen solchen Übels wird, seine theistischen Überzeugungen aufgibt oder zumindest in Frage stellt, bildet diesseits jeder philosophischen Reflexion eine für seine Umwelt schon religiös unmittelbar verständliche Reaktion, die wiederum bereits in der religiösen Praxis nach Antworten verlangt, wie sie etwa die Freunde Hiobs in entlarvend unbeholfener Selbstgewissheit zu geben versuchen (vgl. Hiob 3,1–31,40).

Wer hingegen auf der Ebene philosophischer Reflexion zu wissen meint, dass es Gott gibt oder dass es ihn nicht gibt, für den verliert das Theodizeeproblem entscheidend an Relevanz (es sei denn natürlich, der Atheismus gründet sich selbst auf einen aus dem Theodizeeproblem abgeleiteten negativen Gottesbeweis). Der Theist, der etwa über einen Beweis für die Existenz Gottes zu verfügen glaubt, darf unterstellen, dass zwei Tatsachen, um die er gleichermaßen weiß, nämlich dass Gott existiert und dass das Übel existiert, miteinander vereinbar sein müssen. Wissen impliziert Wahrheit und zwei Wahrheiten können einander nicht widersprechen. Für den Atheisten hingegen verschwindet mit den Annahmen der Existenz Gottes auch das Theodizeeproblem selbst. Atheistische Anklagen Gottes im Namen des Übels enden deshalb ebenso folgerichtig wie unbefriedigend mit dem Hinweis, dass die Anklagebank nie besetzt war (vgl. Gesang 1997: 180). Prozesse gegen nicht existierende Personen werden aus guten Gründen gar nicht erst geführt.

Das Theodizeeproblem stellt sich mithin in voller Dringlichkeit einer Theistin, die sowohl die eigenen religiösen Überzeugungen wie die Realität des Übels ernst nimmt und letztere als Herausforderung für erstere begreift. Diese Herausforderung ist keine *bloß* theoretische, wie in Kap. 2.1 gezeigt werden wird, sie ist *auch* eine theoretische. Theologen wie Philosophen versuchen, die begrifflichen und argumentativen Mittel bereitzustellen, die es erlauben, diese Herausforderung in ihrer Komplexität adäquat zu bestimmen und Strategien für ihre Bewältigung zu identifizieren und zu bewerten. In welchem Maße sich theologische bzw. philosophische Reflexion über das Theodizeeproblem dann auch als geeignet für dessen existentielle Bewältigung in Glaube und Leben erweist, muss dabei offen bleiben und wird sowohl vom kulturellen, religiösen und epistemischen Umfeld, in dem das Problem jeweils gestellt wird, wie von individuellen Unterschieden in den genannten Hinsichten abhängen.

Vor diesem Hintergrund muss die von Hermann Lübbe pointiert vertretene und seither immer wieder aufgegriffene These, beim Theodizeeproblem handele es sich um ein Problem ohne jeden Bezug auf die religiöse Praxis, verwundern:

> In der Tat ist das Theodizee-Problem nicht ein Problem religiösen Lebens. Es ist exklusiv ein Seminar-Problem, ein Problem nämlich der Vereinbarkeit gewisser Prädikatoren in der Gottesbegriffsbildung [...]. (Lübbe 1986a: 416)

Mit gleichem Recht ließe sich das Problem eines Kindes, das seinen gewalttätigen Vater als mächtig, aber kaum als gütig erfahren kann, dies aber doch weiter will, als exklusives Seminar-Problem bezeichnen – obwohl es das genaue Gegenteil ist. Lübbes Zugang zum Theodizeeproblem erweist sich seinerseits als abhängig von dessen funktionalistischem Religionsverständnis: Lübbe zufolge wird das Prädikat *religiös* „verwendet zur Kennzeichnung eines Lebens- und Wirklichkeitsverhältnisses konditionsfreier Annahme unverfügbarer und in Handlungssinn nicht transformierbarer Daseinskontingenz" (ebd.: 424). Bedingungslose Akzeptanz stipulativ zum Definitionsmerkmal von Religion zu machen, hat trivialerweise zur Konsequenz, dass jeder Versuch eines Protests gegen oder einer innerreligiösen Bewältigung von Kontingenz, namentlich in Form von Erfahrungen von Übel, nicht länger zur religiösen Praxis gerechnet werden kann. Lübbe sieht die Funktion von Religion in ihrer Rolle als Instanz der Akzeptanz von Kontingenz. Die Infragestellung von Kontingenz, wie sie etwa im Rahmen des Theodizeeproblems geschieht, bezeichnet er hingegen in selbst religiöser Sprache als „ketzerisch" (ebd.: 414), weil sie die funktionale Grundlage der Existenz von Religion mit religiösen Mitteln unterlaufe. All das ist in sich konsequent, stellt aber lediglich eine unfreiwillige *reductio* von Lübbes Religionsbegriff dar.[10] Religionen stellen aber *pace* Lübbe gerade die Mittel bereit, Spannungen zwischen Akzeptanz des Widerfahrenen und Auflehnung dagegen rituell zu fassen und theoretisch wie praktisch produktiv zu machen. Und solche Spannungen reflektieren sich dann natürlich auch im jeweiligen Gottesverständnis, zumal unter theistischen Vorzeichen. Das Theodizeeproblem stellt also nur in dem Sinne ein Seminarproblem dar wie die das Problem der

---

[10] Zu Lübbes eigener Verhältnisbestimmung zu und Auseinandersetzung mit funktionalistischen Theorien von Religion vgl. aber Lübbe (1986b: Kap. 4).

deontologischen Beschränkungen für konsequentialistische Überlegungen in der Ethik (vgl. für Beispiele dazu u. Kap. 3.5): In beiden Fällen wird versucht, ein Problem aus der – religiösen bzw. moralischen – Praxis auf den philosophischen Begriff zu bringen und argumentativ zu bewältigen, ein Versuch, der dann wiederum nicht folgenlos bleiben wird für die Praxis innerhalb und außerhalb des Seminars.

1.5 Überlegungen zur Metatheodizee

Das Theodizeeproblem, so wie es in diesem Kapitel rekonstruiert wurde, zeichnet sich selbst unter den Grundthemen der Philosophie durch eine ungewöhnlich große Komplexität aus. Seine Diskussion bezieht nahezu alle Kernbereiche der theoretischen wie der praktischen Philosophie und sogar die philosophische Ästhetik und die Metaphilosophie mit ein: Metaphysik, Erkenntnistheorie, Wahrscheinlichkeitstheorie, Sprachphilosophie, Werttheorie, Metaethik, normative Ethik, Handlungstheorie und Ästhetik erschöpfen nicht einmal die für dieses Problem relevanten philosophischen Problemfelder. Um eine konsistente und überzeugende Position mit Blick auf das Theodizeeproblem zu entwickeln, erweist es sich als erforderlich, in Bezug auf alle diese Felder mehr oder minder stark ausgearbeitete Positionen zu vertreten, die natürlich jeweils auch der unabhängigen Begründung bedürfen. In Kapitel 3.5 wird sich etwa zeigen, dass derjenige, der das Verhältnis Gottes zu seinen Geschöpfen durch deontologische Kategorien wie Pflichten und Rechte gekennzeichnet sieht, eben eine allgemeine Theorie solcher Kategorien zugrunde legen muss, die es dann auf den Sonderfall des Verhältnisses von Schöpfer und Geschöpf anzuwenden und ggf. zu modifizieren gilt. Zudem stellt sich die Aufgabe, die Positionierungen in den einzelnen Problemfeldern zu einer überzeugenden Gesamttheorie zusammenzuführen.

Angesichts der Herausforderungen, vor die eine solche singuläre Komplexität stellt, mag es überraschen, wenn abschließend die These vertreten werden soll, dass die jüngere, insbesondere mit den Mitteln der analytischen Philosophie geführte Diskussion des Theodizeeproblems, die sich ihrem eigenen Anspruch nach von der Bindung an für das Problem nicht unmittelbar relevante metaphysische, werttheoretische und religiöse Vorgaben zu emanzipieren versucht hat, in fünf Hinsichten an einer Verarmung krankt, die sich teilweise dem Übersehen von relevanten Unterscheidungen und Optionen verdankt, teilweise aber auch bewusst herbeigeführt wurde, um einen vermeintlich zwischen Theisten und Nicht-Theisten neutralen Boden für die Debatte zu gewinnen. Nicht nur aber hat sich die Verheißung eines solchen neutralen Bodens als illusionär erwiesen, vielmehr hat die hier konstatierte Verarmung *beiden* Seiten der Debatte, sowohl den Theisten wie ihren Kritikern, geschadet: Die letzteren haben sich damit um die Möglichkeit gebracht, das Theodizeeproblem in seiner ganzen Schärfe und seinen kritischen Potentialen gegenüber dem Theismus angemessen in den Blick zu nehmen; die ersteren haben sich ohne Not entscheidender argumentative Ressourcen begeben, auf die sie zu einer Bewältigung des Problems zwingend angewiesen sind.

Erstens stand mit Blick auf das Übel dessen schiere Existenz und allenfalls dessen Ausmaß auf Kosten einer angemessenen Berücksichtigung der Herausforderungen, die sich aus besonderen Arten von Übeln ergeben, im Zentrum der Debatte, namentlich in der Phase, in der das Theodizeeproblem vor allem als logisches aufgefasst wurde (vgl. dazu u. Kap. 3.1). Während aber die schiere Existenz des Übels sich als unproblematisch vereinbar mit dem Theismus erweist und die Frage nach seinem Ausmaß schnell an epistemische Grenzen führt, erlauben es spezifische Arten von Übel wie etwa furchtbare Übel, die es demjenigen, der sie erleidet, unmöglich machen, ein insgesamt für ihn gutes Leben zu führen, spezifische Bedingungen zu formulieren, die erfüllt sein müssen, wenn verständlich bleiben soll, warum ein allgütiger Gott solche Arten von Übel zulässt. Die Vielfalt an Arten von Übel hat aber eben nicht die ihr gebührende Aufmerksamkeit erfahren.[11]

Zweitens standen mit Blick auf die axiologischen Grundlagen der Formulierung des Theodizeeproblems wie dessen Bewältigung moralische Werte gegenüber anderen Arten von Werten einseitig im Vordergrund.[12]

Drittens wurde normativ-ethisch die Frage nach der Rechtfertigung Gottes angesichts des Übels durch eine ihrerseits konsequentialistisch verengte Auffassung von Moral dominiert.[13]

Die beiden letztgenannten Verarmungen führten zusammengenommen dazu, dass die einzig mögliche Rechtfertigung Gottes in dem Nachweis gesucht wurde, dass er Übel nur zur Vermeidung größerer Übel oder zu Ermöglichung eines größeren Gutes zulässt.

Viertens wurde wiederrum die Aggregation von Gütern und Übeln in der Regel atomistisch gefasst, also so, dass sich der Gesamtwert eines Weltzustandes aus der Addition der ihn konstituierenden Übel und Güter ergibt, ohne dass diese Übel und Güter durch die Kontexte, in denen sie stehen, entweder in ihrem eigenen evaluativen Vorzeichen (nämlich ein positives im Fall eines Gutes, ein negatives im Fall

---

[11] Diese Situation hat sich erst seit dem Ende des 20 Jahrhunderts insbesondere durch die bahnbrechenden Arbeiten von Marilyn McCord Adams geändert, vgl. Adams (1990b); (1999). Einen Überblick über die Vielfalt von „good goals of creation" bietet Swinburne (1998: Part II).
[12] Zur Kritik an dieser Dominanz moralischer Werte gegenüber anderen Wertarten vgl. Adams (1999: 129–131; 192).
[13] Für eine kritische Analyse dieser Verengung und deren Folgen für die Debatte um das Theodizeeproblem vgl. Reitan (2000).

eines Übels) oder in dem Beitrag, den sie zum Gesamtwert solcher Kontexte leisten, verändert werden können. Aber könnte nicht ein Leid, das Mitleid hervorruft, einen evaluativen Komplex darstellen, der insgesamt sogar besser wäre als das Ausbleiben von Leid und damit auch von Mitleid[14] – und zwar deshalb, weil Leid, das sich als Mitleid auf das Leid eines anderen bezieht, nicht einfach zu diesem Leid addiert würde, sondern weil es selbst als Mitleid positiven Wert erhält, der größer sein könnte als der negative Wert des Leids, auf das es sich richtet, oder zumindest zu einem insgesamt guten Komplex, nämlich einem Leiden, das eben Mitleiden hervorruft und damit Güter wie Empathie und Solidarität statt kalter Indifferenz ermöglicht, konstitutiv beiträgt? Darauf wird in Kap. 3.4 zurückzukommen sein.

Die drei letztgenannten Verarmungen führen sowohl zu einer unzulässigen Verharmlosung des Theodizeeproblems wie zu einer unnötigen Erschwerung seiner Bewältigung:

Verharmlost wird es etwa deshalb, weil seine deontologische Dimension so aus dem Blick gerät. Wenn Gott etwa einer Person furchtbares Leid zufügt, insofern dies das notwendige Mittel dafür darstellt, seine Schöpfung insgesamt erheblich zu verbessern, stellt sich immer noch die Frage, ob er nicht dennoch dieser Person gegenüber verpflichtet wäre, auf eine solche Verbesserung im Dienste des großen Ganzen zu verzichten. Für die Frage wiederum, was Gott seinen Geschöpfen zumuten darf, werden nicht-moralische Wertarten wie etwa die prudentiellen Wertes als dem Wert, den ein Leben für das Lebewesen, das dieses Leben führt, unter dem Gesichtspunkt von dessen Wohlergehen besitzt, entscheidend.

Erschwert wird es, weil so Ressourcen für eine Rechtfertigung Gottes aus dem Blick geraten: Dazu gehören etwa erstens nicht-moralische Werte wie solche der Ästhetik oder die gleich zu diskutierenden religiösen Güter, zweitens innerhalb der Moral deontologische Kategorien wie die des Respekts auch vor dem Missbrauch menschlicher Freiheit und der dadurch entstehenden Übel, drittens schließlich die Kontexte, die Gott bereitstellt, um Übel konstitutiv (und also nicht bloß instrumentell durch ihre Folgen) zu Teilen von ihrerseits insgesamt positiv zu bewertenden Komplexen zu machen.

Fünftens schließlich sind innerhalb der Axiologie, auf die sich die Diskussion des Theodizeeproblems stützen sollte, auch religiöse Güter, aber auch religiöse Übel zu berücksichtigen. Die liebende Gemeinschaft mit Gott selbst stellt etwa ein solches religiöses Gut dar (insofern es konstitutiv auf Gott angewiesen ist), das gleichzeitig aber auch aus Sicht des Theisten das größte prudentielle Gut darstellt, insofern es das Wohlergehen eines zu einer solchen Gemeinschaft befähigten

---

[14] Eben dies wird etwa von Swinburne (1996: 247) vertreten.

Wesens in einer Weise fördert, wie dies etwa bloß hedonische Werte nicht vermögen. Wie bereits erwähnt ähnelt der aus einem falsch verstandenen Bemühen um eine zwischen den Parteien neutrale Bestimmung des Problems und der zu seiner Bewältigung zulässigen Ressourcen gespeiste Ausschluss von solchen religiösen Gütern und Übeln dem Versuch, die Frage, ob der Hexameter ein geeignetes Metrum für Dichtung darstellt, nicht für eine bestimmte Sprache, sondern für Sprache überhaupt zu stellen. Auf dieser Ebene lässt sich eine solche Frage aber gar nicht sinnvoll diskutieren: Der Hexameter eignet sich etwa, wie die homerischen Epen zeigen, hervorragend für eine Sprache wie das Griechische, nicht aber für eine ganz anders strukturierte wie das Deutsche – wie die zumeist unbefriedigenden Versuche einer hexametrischen Übersetzung Homers ins Deutsche belegen. Analog verteidigt auch der Theist nicht einen generischen Gottesbegriff gegen das Theodizeeproblem, sondern die Konzeption eines allmächtigen, allgütigen, und allwissenden Gottes, der sich etwa (nach jüdischer Auffassung) um einen Bund mit seinem Volk bemüht, und der (nach christlicher Auffassung) sogar selbst Mensch geworden ist, um durch sein sühnendes Leiden der ganzen Menschheit eine Beziehung zu sich zu ermöglichen, die nicht nur das höchste Gut für jeden Menschen darstellt, sondern ihn auch dazu befähigen könnte, jedem ihm von Gott zugefügten oder von Gott zugelassenen Übel im Lichte dieses Gutes wenigstens rückblickend zuzustimmen.

Die These einer solchen fünffachen Verarmung wird sich im Zuge des weiteren Verlaufs dieses Buches zu bewähren haben – dies aber nicht bloß durch eine kritische Diagnose von Engführungen der Debatte, sondern vor allem dadurch, dass der Versuch unternommen wird, eben diese Verarmung zu vermeiden und sowohl das Problem wie die argumentativen Ressourcen zu seiner Bewältigung in der ihnen angemessenen Komplexität in den Blick zu nehmen. Auch hier gilt: „the proof of the pudding is in the eating".

2 Vermeidungsstrategien

Gegenstand dieses Kapitels sind verschiedene Strategien, das Theodizeeproblem nicht etwa zu bewältigen, sondern es von vornherein zu vermeiden. Dies ist nicht im Sinne einer impliziten Kritik zu verstehen, etwa als würden solche Strategien versuchen, einem Problem, das ohne Zweifel existiert, auszuweichen oder es zu verdecken. Im Gegenteil gilt, dass, wenn diese Strategien erfolgreich wären, das Theodizeeproblem sich in der Tat gar nicht erst stellen würde oder aber es sich als unzulässig erweisen würde, das Theodizeeproblem als theoretisches Problem, selbst dann, wenn es sich stellen sollte, überhaupt zum Thema zu machen.

Im Folgenden sollen vier Typen solcher Vermeidungsstrategien unterschieden und diskutiert werden. Eine erste Strategie weist das Theodizeeproblem nicht *in toto*, sondern lediglich als theoretisches Problem zurück. Ihr zufolge stellt sich das Problem entweder von vornherein nur als praktisches Problem und wirft daher auch keine theoretischen Probleme etwa für die Konsistenz des Theismus auf, oder aber es mag zwar ein theoretisches Problem darstellen, das aber wiederum aus praktischen, und hier namentlich moralischen, Gründen nicht als solches thematisiert werden darf. Eine zweite Strategie hingegen hält in einem Sinne zwar an den das Theodizeeproblem konstituierenden Annahmen fest, bringt es aber als Problem zum Verschwinden: Wenn nämlich, wie oben bereits erwähnt, die Existenz Gottes im Sinne des Theismus bewiesen werden kann, dann *müssen* Gott und Übel miteinander vereinbar sein. Diese Tatsache mag nicht ausreichend sein, um die Neugier auf die Gründe, die diese Vereinbarkeit verständlich machen, oder gar die Verzweiflung darüber, dass sich diese Gründe unserem Verständnis so hartnäckig entziehen, abzumildern, sie genügt aber, um eine Infragestellung des Theismus und der entsprechenden religiösen Praktiken durch das Theodizeeproblem auszuschließen. Eine dritte Strategie setzt bei den Annahmen über Gott an: Da weder die Personalität noch die Existenz Gottes aufgegeben werden kann, ohne den Theismus insgesamt aufzugeben, setzt diese Strategie bei den All-Eigenschaften Gottes, seiner Allmacht, Allgüte und Allwissenheit, an und versucht diese in einer Weise zu reformulieren, die es erlaubt, das Theodizeeproblem zu bewältigen – freilich eben nicht in seiner ursprünglichen, sondern in der entsprechend modifizierten Form. Diese dritte Strategie sieht sich strukturell durch ein Dilemma bedroht: Erweist sich ihre Reformulierung der All-Eigenschaften Gottes als entschieden genug, um das Theodizeeproblem in eine Form zu überführen, die seine Lösung ermöglicht, könnte dies um den Preis erkauft sein, dass die Grenzen zumindest eines orthodoxen Theismus überschritten werden und damit zwar eine Lösung gefunden ist, die aber den Kontakt zur religiösen Praxis der Weltreligionen verloren hat. Oder aber die Reformulierung erfolgt innerhalb der Grenzen eines im weiten Sinne orthodoxen Theismus, erweist sich dann aber als unzureichend für die Bewältigung des Theodizeeproblems. Eine vierte Strategie schließlich setzt bei der Annahme zur Existenz des Übels an und versucht, das Übel in einer Weise zu deuten, die sein Potential für eine Infragestellung des Theismus entschärft. Auch hier droht wiederum ein Dilemma: Erweist sich nämlich die angebotene Deutung des Übels als geeignet dafür, das Theodizeeproblem gar nicht erst aufkommen zu lassen, könnte dies um den Preis erkauft sein, dass das Übel als solches durch diese Neudeutung schlicht stipulativ zum Verschwinden oder in inakzeptabler Weise verharmlost wird. Oder aber das Übel bleibt auch in der vorgeschlagenen Deutung soweit erkennbar, dass es als solches hinreichend anerkannt wird, dann und im selben Maße erhebt aber auch das Theodizeeproblem wiederum sein bedrohliches Haupt.

2.1 Kein (theoretisches) Problem!

Ob und auf welchem Wege sich das Theodizeeproblem als theoretisches Problem der Vereinbarkeit von Annahmen, die sich zu widersprechen oder zumindest in Spannung zueinander zu stehen scheinen, lösen lässt, bleibt umstritten. Selbst wer es für nicht befriedigend lösbar hält, erkennt damit aber zumindest seine Berechtigung an und lässt sich mit dieser Einschätzung trotz ihres negativen Charakters natürlich auch selbst auf das Problem ein. Bereits dies halten vielen Theologen und Philosophen für fragwürdig – ihr Unbehagen richtet sich auf das Problem selbst. Sie betrachten es in einer Weise als problematisch, die es aus ihrer Sicht verbieten sollte, das Problem als theoretisches überhaupt erst zu stellen und sich argumentativ mit ihm auseinanderzusetzen. Das in solchen Positionen artikulierte Unbehagen erscheint als ebenso verbreitet wie nachvollziehbar – und zugleich fällt es bei näherer Prüfung ausgesprochen schwer zu klären, worauf sich das Unbehagen eigentlich richtet, geschweige denn, ob es überhaupt gute Gründe liefert, das Theodizeeproblem zumindest als theoretisches Problem zurückzuweisen.

Ein Konsistenzproblem scheint nämlich als solches schon kategorial ein ungeeignetes Objekt für die Einstellung des Unbehagens zu bilden: Wenn eine Menge von Propositionen auf einen Widerspruch führt, mag dies Unbehagen auslösen – aber eben als Indikator dafür, dass epistemisch etwas im Argen liegt: Nicht alle Angehörigen dieser Menge können wahr sein und entsprechend verbietet es sich, alle zusammen für wahr zu halten. Dieses Unbehagen zieht aber die Konsequenz aus dem aufgedeckten Problem für das epistemische Ziel, wahre Überzeugungen zu bilden bzw. falsche zu vermeiden, und richtet sich nicht von vornherein ablehnend gegen das Problem selbst. Ein so fundamentales Unbehagen würde es ja gerade verhindern, sich dem Problem zu stellen und daraus die geeigneten epistemischen Konsequenzen zu ziehen, also etwa eine der Propositionen, die auf den Widerspruch führen, aufzugeben o. ä.

Theoretische Probleme als solche verdienen weder Zustimmung noch Kritik – sondern sie bestehen einfach oder auch nicht. Was tatsächlich Zustimmung oder Kritik verdienen kann ist aber, ein theoretisches Problem zu stellen, Zeit auf es zu verwenden, es öffentlich zu diskutieren o. ä. Diese Zustimmung oder Kritik kann selbst wieder epistemisch begründet sein: Ein Problem mag sich als zu wenig fruchtbar erweisen, um die Forschung in einem bestimmten Feld weiterzuführen. Es wäre also besser, es auf sich beruhen zu lassen, keine Ressourcen auf es zu verschwenden und es vielleicht zu einem künftigen Zeitpunkt wieder aufzugreifen. Die Zustimmung oder Kritik kann aber auch praktisch motiviert sein, etwa durch prudentielle Gründe: Es mag für eine Person schlecht sein, also ihr Wohlergehen beeinträchtigen, wenn sie sich mit einem Problem obsessiv immer wieder auseinandersetzt, wichtige andere Belange zu seinen Gunsten vernachlässigt etc. Im Zentrum des Unbehagens am Theodizeeproblem stehen aber zumeist praktische Gründe einer anderen, nämlich moralischen Art. Als moralisch kritikwürdig erscheint dabei nicht das theoretische Problem selbst, sondern der Umgang damit, und das bedeutet aus Sicht vieler Kritiker zunächst einmal schon, es überhaupt aufzuwerfen. Was aber sollte daran für sich genommen moralisch fragwürdig sein?

Vertreter einer sog. Antitheodizee[15] berufen sich hier auf eine verwirrende Vielfalt von Gesichtspunkten, die weder hinreichend voneinander abgegrenzt noch in ihrem Verhältnis zueinander klar bestimmt werden. Dennoch lassen sich drei grundlegende Ansatzpunkte für eine moralische Kritik am Theodizeeproblem (im Sinne einer Auseinandersetzung mit ihm als theoretischem Problem) unterscheiden:

1. Das Theodizeeproblem verfehlt seinen Gegenstand, die Partikularität des konkret erfahrenen Leidens, und trivialisiert es damit in moralisch fragwürdiger Weise.
2. Das Theodizeeproblem missachtet das erstpersönliche Privileg des Leidenden: Das Leid kann adäquat nur vom Leidenden selbst zum Thema gemacht werden. Wer ohne selbst zu leiden das Theodizeeproblem diskutiert, missachtet dieses Privileg des Leidenden und bringt ihn in moralisch fragwürdiger Weise zum Schweigen.

---

15 Vgl. insbesondere die Arbeiten von Phillips (1977), (2001), (2004); Tilley (1991) und Surin (1983), (1986) sowie die Diskussion bei Trakakis (2013), (2017).

3. Wer eine Theodizee ausarbeitet und zur Diskussion stellt, verhält sich damit *ipso facto* moralisch fragwürdig: Er bringt lasterhafte Merkmale seines Charakters zum Ausdruck, verstößt gegen Rechte anderer und/oder ist für insgesamt negative Folgen verantwortlich, die aus seinen entsprechenden Handlungen resultieren.

Die erste Kritiklinie stützt sich auf die Annahme, dass sich Theodizee als theoretisches Projekt auf einer Ebene von Allgemeinheit bewegt, die sie darin hindere, das je besondere Übel, etwa das konkrete Ereignis eines furchtbaren Leids, das jemandem widerfährt, angemessen zur Kenntnis zu nehmen. Dieses besondere Übel komme in der Theodizee allenfalls als eine beliebige Instanz für allgemeine Begründungsmuster in den Blick: Gott hat etwa guten Grund, das Übel auch in seiner furchtbaren Form zuzulassen, und dies gilt dann eben für jede Instanz eines solchen Übels. Insofern das Übel damit aber in seiner Besonderheit verfehlt werde, erfahre es eine Trivialisierung, die moralisch fragwürdig sei.

Gegenüber dieser Kritik ist zunächst daran zu erinnern, dass es eine *Erfolgs*bedingung für eine Theodizee darstellt, dem Übel als Übel angemessen Rechnung zu tragen. Versuche einer Bonisierung, Depotenzierung oder eben Trivialisierung des Übels werden weiter unten in diesem Kapitel in den Blick kommen als Strategien der Vermeidung des Theodizeeproblems, nicht seiner Lösung. Die Herausforderung des Theodizeeproblems besteht ja darin, verständlich zu machen, wie ein theistisch verstandener Gott und das Übel miteinander vereinbart werden können. Dazu muss das Übel als solches angemessen gewürdigt werden. Leichtfertige Trivialisierungen unterlaufen also das Anliegen der Theodizee selbst. Zweitens ist aber zu fragen, ob das Verfolgen einer Theodizee als theoretisches Projekt schon als solches zu einer Trivialisierung zwingt. Hier gilt es zu beachten, dass es eine *innerhalb* der theoretischen Diskussion um das Theodizeeproblem strittige Frage ist, ob und wenn ja aus welchen Gründen Gott auch Instanzen furchtbarer oder sinnloser Übel zulassen kann. Wenn Gott solche Übel zulässt, dann gilt es diesem Umstand im Rahmen einer theoretischen Bewältigung des Theodizeeproblems Rechnung zu tragen und die Probleme, die sich aus solchen Arten von Übeln ergeben, nicht durch eine bloß generische Beschäftigung mit dem Übel zum Verschwinden zu bringen. Unabhängig davon, wie diese Frage entschieden wird, geht die Kritik aber schon in der Annahme fehl, dass die im Lichte theoretischer Interessen erfolgte Distanzierung von konkreten Instanzen des Übels in ihrer je eigenen Besonderheit selbst schon deren Trivialisierung impliziert. Die Dichotomie zwischen theoretischer Distanznahme und praktischem Sich-Einlassen auf das konkrete Übel erweist sich als ebenso simplistisch wie irreführend. Wer sich etwa darum bemüht, die degenerative Erkrankung eines Menschen, mit dem er zusammenlebt, besser zu verstehen und dazu auf die medizinische Literatur zurückgreift, die natürlich den konkreten Fall der Erkrankung, der zu ihrer Konsultation Anlass gibt, nicht berücksichtigt, tut dies gerade im Dienste einer angemessenen Würdigung des erkrankten Menschen und seiner spezifischen Bedürfnisse. Seine Erkrankung ist eben ein – wenn auch je besonderer – Fall der entsprechenden Krankheit. Nur wenn diese in ihren allgemeinen Merkmalen verstanden ist, kann etwa zwischen Symptomen der Krankheit und irrelevantem Hintergrundgeräuschen, Anzeichen für andere Erkrankungen etc. unterschieden werden. Zu verlangen, von einer theoretischen Beschäftigung mit der Erkrankung abzusehen, wäre gerade im Lichte der Anliegen der konkreten, erkrankten Person eine unsinnige Forderung. Dass jede Krankheitsgeschichte eine ganz besondere Krankheitsgeschichte ist, trifft zu – stellt aber selbst eine Trivialität dar, aus der sich die vorgeschlagenen Konsequenzen keineswegs ableiten lassen.

Aber selbst zugestanden, dass eine theoretische Auseinandersetzung mit dem Leiden im Rahmen des Theodizeeproblems legitim wäre, sollte, so die zweite Kritiklinie, das Leiden nicht zumindest vom Leidenden selbst und nicht von einem vom ihm Verschonten im Lehnstuhl theoretischer Distanziertheit thematisiert werden? Gilt es nicht ein erstpersönliches Privileg des Leidenden zu respektieren? Hier stellt sich jedoch die Frage, worauf sich ein solches Privileg eigentlich bezieht und welche Konsequenzen daraus für die Diskussion des Theodizeeproblems zu ziehen sind. Für Schmerzen als eine prominente Form des Übels etwa gilt das *esse est percipi*: Wer Schmerzen empfindet, hat auch welche, egal, ob aus objektivierender Perspektive im Zuge medizinischer Untersuchungen eine entsprechende Störung, Erkrankung etc. festgestellt werden kann oder nicht. Und auch die Phänomenologie dieser Schmerzen erschließt sich angemessen nur in der erstpersönlichen Perspektive des Leidenden und kann auch nur unvollständig und potentiell verzerrend an Dritte kommuniziert werden. Ähnliches gilt für viele psychische Vorgänge: Für die Beantwortung der Frage, ob jemand etwa an physischem Leiden in seiner Persönlichkeit gewachsen oder eher daran zerbrochen ist, bietet die Selbstwahrnehmung der entsprechenden Person wichtige Anhaltspunkte, die nicht außer Acht bleiben dürfen. Bereits hier gilt aber kein *esse est percipi* mehr: Die eigene Persönlichkeit, etwa Merkmale des Charakters wie Tugenden und Laster, gehen keineswegs in dem auf, was die jeweilige Person über sie denkt. Sie kann sich täuschen und durch Dritte wertvolle Kritik erhalten, die sie vor Selbstmissverständnissen, Rationalisierungen und Wunschdenken bewahrt.

Es gibt nun ohne Zweifel Arten des Übels, die durch subjektive Einstellungen und Empfindungen partiell oder vollständig (wie Schmerzen) konstituiert sind. Dem gilt es in einer Lehre von den Übeln, wie sie im ersten Kapitel nur in ihren groben Linien skizziert werden konnte, Rechnung zu tragen. Aus dieser ontologischen Tatsache folgt als epistemologische Konsequenz, dass die Subjekte dieser Einstellungen und Empfindungen in der Tat auch für Aussagen über solche Übel ein (je nach Gegenstandsbereich unterschiedlich starkes) epistemisches Privileg für sich in Anspruch nehmen können. Dieses Privileg begründet allerdings in keiner Weise ein Monopol, in dem Sinne, dass nur die ein Recht hätten, über solche Übel zu sprechen, die ihnen ausgesetzt sind. Denn zum einen stellt die subjektive Perspektive auf solche Übel nicht die einzige Perspektive dar: Ein objektiver, drittpersönlicher Zugang zu ihnen ist gleichermaßen legitim wie notwendig. Selbst das *esse est percipi* von Schmerzen macht die objektivierende Perspektive der Schmerztherapeutin nicht überflüssig, sondern bildet die Grundlage für ihre Arbeit. Zum anderen ergeben sich gerade im Fall der Übel aus deren subjektiven Dimension auch starke Argumente *gegen* einen Monopolanspruch der Leidenden auf Artikulation in eigener Sache: Wer etwa starken Schmerzen ausgesetzt ist, empfindet in der Tat etwas, was kein anderer angemessen nachempfinden kann, ist aber eben deshalb häufig daran gehindert, Auskunft zu geben über das, was ihm widerfährt. Dies gilt zumal für psychische Erkrankungen. Eine Persönlichkeitsstörung zeichnet sich häufig dadurch aus, dass sie nicht erstpersönlich zugänglich ist. Wer an Verfolgungswahn leidet, sieht sich verfolgt, nicht im Wahn befangen.

Argumente wie die gerade formulierten stützen nun aber gerade nicht die Konsequenzen, die Vertreter einer Antitheodizee aus dem erstpersönlichen Privileg in Bezug auf bestimmte Arten von Übeln für das Theodizeeproblem ziehen möchten. Eine Theodizee, die die subjektive Perspektive der Leidenden ausblenden würde, wäre in der Tat von vornherein diskreditiert, allerdings nicht erst aus moralischen, sondern schon allein aus epistemischen Gründen, weil sie nämlich auf einer unzureichenden Theorie der Übel basieren und damit ihren Gegenstand verfehlen würde. Eine für diese subjektive Perspektive sensible Theodizee bleibt aber selbstverständlich auch offen für einen drittpersönlichen Zugang außerhalb der Binnenwahrnehmung des Erleidens von Übeln: Gerade so kann deren Überwie auch Unterschätzung (*being in denial*, Rationalisierung etc.) vermieden werden. Dass darin schon gar keine moralisch fragwürdige Verletzung epistemischer Rechte von anderen liegt, wird bereits daran deutlich, dass es häufig ein und dieselbe Person ist, die beide Perspektiven einnimmt, nur eben zu unterschiedlichen Zeitpunkten: Das selbst erlittene Übel kann mit zeitlichem Abstand zum Gegenstand objektivierender Reflexion werden (was zum Zeitpunkt des Erleidens vielleicht gar nicht möglich gewesen wäre). Es besteht ebenso wenig Anlass, dass sich jemand diese unterschiedlichen Perspektiven selbst verbietet wie dazu, sie anderen zu verbieten.

Die dritte Kritiklinie schließlich setzt bei der Person an, die die Theodizee als theoretisches Projekt verfolgt: Sich also etwa mit ihm auseinandersetzt (indem sie etwa eine Recherche der Forschungslage betreibt, Zeit aufwendet, um über das Problem nachzudenken) und dann auch öffentlich (wie etwa in diesem Buch) dazu Stellung bezieht. Dabei handelt es sich um Handlungen, die selber moralisch bewertet werden können. Nicht Probleme selbst sind moralisch falsch oder richtig, wohl aber möglicherweise die Art und Weise, wie theoretisch und praktisch mit ihnen umgegangen wird. Die normative Ethik unterscheidet zwischen drei grundlegenden Ansätzen, die Frage zu beantworten, was den deontischen Status von Handlungen festlegt, sie also moralisch betrachtet verboten, erlaubt oder geboten macht. Der Konsequentialismus setzt hier bei den Folgen der Handlung an, die deontologische Ethik bei den Pflichten, die die handelnde Person zu beachten hat, die Tugendethik bei den Charaktermerkmalen, die sich in einer Handlung manifestieren. Robert M. Simpson (2009: 7ff.) hat unter diesen drei Gesichtspunkten die im Rahmen der Antitheodizee geltend gemachten moralischen Einwände gegen die Theodizee übersichtlich zusammengefasst (die Einwände schließen einander dabei nicht aus, sondern ergänzen sich aus Sicht derjenigen, die sie erheben, wechselseitig); seine Taxonomie soll hier zum Ausgangspunkt für eine kritische Auseinandersetzung mit diesen Einwänden genommen werden.

Erstens wird in deontologischer Sicht denjenigen, die sich um eine theoretische Lösung des Theodizeeproblems bemühen, vorgehalten, dass sie nicht bloß die epistemischen Rechte derjenigen, die Übel erleiden, verletzen, sondern auch ihre moralischen Rechte. Wer schweres Leid ertragen muss hat zumindest Anspruch darauf, dass dieses Leiden (i) als solches zur Kenntnis genommen (also nicht etwa verharmlost, heruntergespielt wird etc.) und dass ihm (ii) die schuldige Achtung entgegengebracht wird. Die Freunde Hiobs im Alten Testament missachten diesen Anspruch in beiden Hinsichten eklatant: Sie sehen über den schieren Schrecken von Hiobs Leid hinweg und nehmen es lediglich zum Anlass, um sich selbst eines beruhigenden Zusammenhangs von bösem Handeln und verdientem Leid zu versichern. Dass sie damit Hiob implizit (und dann auch ganz ausdrücklich) moralisch diskreditieren, nehmen sie bedenkenlos in Kauf.

Zweitens wird in tugendethischer Sicht denjenigen, die sich um eine theoretische Lösung des Theodizeeproblems bemühen, vorgehalten, dass sie damit lasterhafte Charaktermerkmale an den Tag legen, nämlich insbesondere kognitive wie emotionale Distanziertheit, ja sogar Teilnahmslosigkeit gegenüber dem Übel. Diese moralisch fragwürdigen Charaktermerkmale bilden sogar, so der Einwand, gerade die Voraussetzung für eine erfolgreiche Ausarbeitung einer Theodizee. Sie ermöglichen es allererst, das konkrete Übel in den globalen Zusammenhang von Gründen einzuordnen, die Gott darin rechtfertigen können, es zuzulassen. Ein empathisches Sich-Einlassen auf das Übel, ein Mitleiden daran und eine Teilhabe am Protest dagegen würden demgegenüber zu irreführenden Einschätzungen seines Gewichts, seiner Rolle im globalen Zusammenhang etc. führen. Und doch erwarten wir genau dies von einer tugendhaften Person, die sich mit solchem Übel konfrontiert sieht.

Drittens schließlich wird in konsequentialistischer Sicht geltend gemacht, dass die Verfolgung des Projekts einer theoretischen Theodizee selbst im Vergleich zu einem Verzicht darauf deutlich schlechtere Konsequenzen nach sich zieht und deshalb als moralisch fragwürdig gelten muss. Diese negativen Folgen ergeben sich zum einen aus dem Verbrauch an Ressourcen, also aus der schieren Zeit, intellektuellen Energie etc., die auf das Theodizeeproblem verwendet werden. Würden diese Ressourcen statt für die theoretische Reflexion über das Übel auf dessen Bekämpfung aufgewendet, würde dies ganz unabhängig vom Erfolg der Theodizee zu einer insgesamt besseren Welt führen als eine, in der das Übel im Rahmen des Theodizeeproblems reflektiert, ansonsten aber unangetastet gelassen würde. Noch schwerer als das Problem der Fehlallokation von knappen Ressourcen wiegen jedoch aus Sicht der konsequentialistischen Kritik an der Theodizee die psychologischen Folgen einer (aus Sicht ihrer Vertreter) erfolgreichen Theodizee: Sie bewirke eine quietistische Grundhaltung, die etwa soziale und politische Ungerechtigkeiten, Ausbeutungsverhältnisse etc. als solche hinnimmt und Initiativen zu ihrer Bekämpfung und Beseitigung entmutige. (So etwa Tilley (1991: 244– 247)) Erweisen sich Gott und die bestehenden Übel in globaler Perspektive als vereinbar, entfielen die Gründe zu ihrer konkret-lokalen Bekämpfung.

Keine der drei genannten Kritiklinien, die das Handeln der Person, die sich der Aufgabe der Ausarbeitung und Diskussion einer theoretischen Bewältigung des Theodizeeproblems stellt, für moralisch fragwürdig erklären, kann jedoch bei näherer Prüfung auch nur ansatzweise überzeugen[16] – oder kann dies nur, wenn die im Rahmen dieses Problems strittigen Fragen zugunsten des Atheismus präjudiziert werden.

Der Verteidiger der moralischen Zulässigkeit einer Beschäftigung mit dem Theodizeeproblem muss nämlich keineswegs bestreiten, dass die Beschäftigung mit ihm und selbst seine erfolgreiche Lösung in einer Weise erfolgen kann, die grundlegende Rechte der am Übel Leidenden verletzt. Das ist schon dann der Fall, wenn jemand es unterlässt, ein akutes Leiden einer anderen Person zu lindern, das nur er mit vertretbaren Mitteln und zumutbarem Einsatz zu lindern vermag – einfach deshalb, weil er seine Zeit lieber auf das Theodizeeproblem verwendet. Und es kann auch dann der Fall sein, wenn dessen (vermeintliche) Lösung einem Leidenden präsentiert wird, der durch dessen schiere physische und psychische Wucht weder in der Lage ist, diese Lösung nachzuvollziehen noch sie in fruchtbarer Weise auf die eigene Situation zu beziehen. Dasselbe gilt aber etwa auch für medizinische Grundlagenforschung: Auch derjenige, der im Labor die Mechanis-

---

[16] Zur kritischen Auseinandersetzung mit moralischen Einwänden gegen die Theodizee vgl. insbesondere Sovik (2008) und (2015) sowie O'Connor (1988).

men der Atemnot erforscht, darf vor seinem Fenster niemanden ertrinken lassen, den er zumutbar retten könnte; und auch er hat die Pflicht, Personen, die an akuter Atemnot leiden, denen er aber nicht zu helfen vermag, nicht stattdessen die eigene innovative Theorie eben dieser Erkrankung aufzudrängen (es sei denn als Anhaltspunkt für die Hoffnung auf daraus abzuleitende Therapien). Niemand würde aus solchen moralischen Tatsachen jedoch folgern, dass die medizinische Grundlagenforschung als solche schon fragwürdig wäre, weil sie aufgrund ihrer intrinsischen Merkmale zur Verletzung von moralischen Rechten zwänge. Das ist nicht der Fall – ganz im Gegenteil würde die Unterlassung dieser Praxis selbst grundlegende Rechte verletzen, nämlich das (wenn auch unvollkommene) Recht darauf, wirksame Hilfe zu erfahren. Dies kann aber nur dann sichergestellt werden, wenn die konkrete Praxis der Hilfeleistung sich auf umfassende Informationen über die Funktionsweise des menschlichen Organismus und seiner Interaktion mit der Umwelt stützt. Ebenso wenig verletzt aber die Bearbeitung des Theodizeeproblems schon als solche, also unabhängig von Gesichtspunkten des falschen Zeitpunkts, der Art der Kommunikation ihrer Ergebnisse etc. die Rechte anderer. Man könnte sogar analog zum Fall der medizinischen Grundlagenforschung den Spieß herumdrehen und sich die Frage stellen, ob nicht auch mit Blick auf das Theodizeeproblem im Sinne epistemischer Arbeitsteilung eine Verpflichtung besteht, das Übel nicht nur *ad hoc* zu bewältigen oder auf seine innerweltlichen Ursachen hin zu untersuchen, sondern es in einen globalen Zusammenhang einzuordnen, der aus theistischer Sicht eben auch und gerade Gott einbegreift.

Aber selbst wenn die Person, die sich dem theoretischen Theodizeeproblem widmet, dadurch keine Rechte anderer verletzt – erweist sie sich, so die Grundidee der zweiten Kritikstrategie, nicht schon dadurch, dass sie dies tut, als lasterhaft etwa im Sinne fragwürdiger Distanziertheit gegenüber dem konkreten Leid? Auch diese Frage kann nur negativ beantwortet werden. Oben wurde bereits gezeigt, dass eine solche Person keineswegs notwendig epistemische Pflichten verletzt (wobei wiederum gilt, dass sie dies kontingenterweise durchaus tun kann, etwa wenn sie die besonderen Rechte der erstpersönlichen Perspektive des Leidenden und deren epistemologische Konsequenzen leichtfertig ignoriert, aber dies eben nicht schon deshalb tun muss, nur weil sie sich dem Theodizeeproblem widmet) oder epistemische Laster aufweist. Gleiches gilt für die Frage nach der moralischen Bewertung des Charakters dieser Person: Dem Verteidiger der theoretischen Theodizee stehen hier mindestens drei Optionen offen, um die genannte Kritikstrategie abzuweisen (zur ersten und dritten Option vgl. auch Simpson 2009: 14 f.):

Erstens kann er konzedieren, dass die theoretische Auseinandersetzung mit dem Theodizeeproblem tatsächliche moralische Laster wie etwa Distanziertheit etc. implizieren mag, und dies sogar im konstitutiven Sinne, insofern sie etwa verlangt, einen Gottesgesichtspunkt einzunehmen – und was wäre distanzierter als eine solche Perspektive auf die Wirklichkeit im Ganzen? Selbst wenn dies der Fall wäre, könnte es aber andere Tugenden geben, die jemanden zu einer solchen Auseinandersetzung veranlassen, etwa die der Wohltätigkeit: Wenn eine Person etwa der Überzeugung ist, dass eine erfolgreiche Theodizee einen wichtigen Beitrag zum Wohlergehen auch des Leidenden selbst (wenn auch vielleicht nicht im Moment des stärksten Leidens, so doch vielleicht in der Rückschau oder bei dem Versuch, chronisches Leid zu bewältigen) zu leisten vermag, weil sie es ihm z. B. ermöglich, das eigene Leid nicht als sinnlos zu erfahren, es in einen größeren Zusammenhang einzuordnen etc., dann wird diese Person, insofern sie über die Tugend der Wohltätigkeit verfügt, gerade diese Tugend dadurch zum Ausdruck bringen, dass sie sich eben mit dem Theodizeeproblem beschäftigt. Wenn diese Beschäftigung dann ihrerseits aufgrund ihrer Struktur die Ausübung eines moralischen Lasters wie das der Distanziertheit beinhalten würde, ergäbe sich ein Konflikt zwischen Tugend und Laster, dessen normativer Ausgang zumindest offen ist: Es könnte der Fall sein, dass es gerade die moralischen Tugenden sind, die so stark für die Bearbeitung des Theodizeeproblems sprechen, dass sie die Inkaufnahme selbst von lasterhaftem Handeln bei dieser Bearbeitung erlauben oder sogar verlangen.

Zweitens kann der Verteidiger der theoretischen Theodizee auf die antike Lehre von der Einheit der Tugenden (*antakolouthia/connexio virtutum*) zurückgreifen, die annimmt, dass alle Tugenden sich wechselseitig implizieren. (Vgl. zur Diskussion des Problems der Einheit der Tugenden Halbig (2013a: Kap. 4)) Schon das Vorliegen von einem moralischen Laster wie eben dem der Distanziertheit würde es also unmöglich machen, der Person, die über dieses Laster verfügt, überhaupt irgendeine andere Tugend wie etwa die der Wohltätigkeit zuzuschreiben. Da kaum bezweifelt werden kann, dass jemand sich durch Wohltätigkeit als Tugend veranlasst fühlen mag, dem Theodizeeproblem nachzugehen, könnte freilich umgekehrt bestritten werden, dass es sich bei Distanziertheit überhaupt um ein Laster handelt:[17] *Zu* große Distanz zu einer anderen Person und ihrem Leiden stellt sicher ein Laster dar – aber zu große Nähe tut dies nicht minder, insofern sie es etwa verhindert, konstruktive Kritik zu üben, eine unabhängige Perspektive in das Gespräch einzubringen etc. Ein Problem von buchstäblich kosmischer Reichweite wie das Theodizeeproblem mit der Bereitschaft anzugehen, auch ein hohes Maß von Abstraktion und Distanznahme zum konkreten Übel als methodisch gefordert in Kauf zu nehmen, wäre dann moralisch keineswegs fragwürdig, sondern kontextuell schlicht angemessen. Träfe diese Vermutung zu und

---

[17] Zur Diskussion von *detachment* als möglicher intellektuelle Pflicht oder als wohltätige existentielle Haltung vgl. Shearn 2013: 446–448.

ließen sich die Laster, die die Bearbeitung des Theodizeeproblems angeblich impliziert, in analoger Weise als missverstandene oder vereinseitigte Tugenden erweisen, wäre es sogar möglich, dass eine solche Bearbeitung Ausdruck eines ausschließlich und vollumfänglich tugendhaften Charakters wäre.

Drittens schließlich kann sich der Verteidiger der theoretischen Theodizee auf die Struktur epistemischer sowie moralischer Arbeitsteilung berufen: Für jemanden, der eine bestimmte Rolle wahrnimmt, z. B. die des medizinischen Grundlagenforschers oder eben die des Religionsphilosophen, kann ein Charaktermerkmal wie das der Distanziertheit bei der Wahrnehmung dieser Rolle zu einer Tugend werden, selbst wenn es sich dabei auf einer rollenunabhängigen Ebene um ein Laster handeln würde. Von einem Chirurgen bei einem diffizilen Eingriff in das menschliche Gehirn erwarten wir alle kühle, professionelle Distanz und gerade keine empathische Identifikation mit dem Leiden des Tumorkranken. Von einer Pflegerin hingegen darf erwartet werden, dass sie eben diese Empathie – wenn auch im Rahmen der Wahrnehmung ihrer Berufspflichten – in hinreichendem Maße aufbringt. Das Ziel ist eben eine möglichst gute Versorgung des Patienten, die nur durch eine geeignete Arbeitsteilung zwischen Personen, die jeweils unterschiedliche Kompetenzen kultivieren und je spezifische Tugenden in besonderem Maße zur Ausprägung bringen, sichergestellt werden kann. Gleiches lässt sich aber auch für den Umgang mit dem Übel geltend machen: Auch hier gibt es Spielraum und vermutlich sogar die Notwendigkeit für die Differenzierung unterschiedlicher Rollen, um dem Übel in seiner schieren Komplexität, aber auch in seiner existentiellen Wucht gerecht zu werden. Die theoretische Bearbeitung des Theodizeeproblems könnte dazu einen ebenso spezifischen wie legitimen Beitrag leisten. Wie dieser Beitrag in seinem Verhältnis zu anderen theoretischen und praktischen Zugängen zu gewichten ist, muss hier offenbleiben. Entscheidend ist, dass, was unabhängig von der Rollenperspektive als moralisches oder epistemisches Laster erscheinen mag, aus dieser Perspektive heraus durchaus als Tugend gewürdigt werden kann. Damit verliert die tugendethische Kritik an der Bearbeitung des theoretischen Theodizeeproblems aber ihre Grundlage.

Die dritte Kritikstrategie schließlich setzt bei den negativen Folgen an, die sich aus der Verfolgung einer theoretischen Theodizee ergeben. Diese werden zum einen in dem Ressourcenverbrauch gesehen, der in der Verfolgung selbst liegt: Warum nicht Zeit und Mittel statt für theoretische Reflexion für die Bekämpfung des Übels selbst einsetzen? Dieser Kritikpunkt ist aber nicht spezifisch genug: Er richtet sich nicht gegen die Verfolgung theoretischer Theodizee als solcher, sondern gegen jede Form von Grundlagenforschung. Wer die Physik ferner Galaxien erforscht, sieht sich demselben Einwand ausgesetzt. Überdies stellt der Wunsch, sich der eigenen Stellung im Gesamtzusammenhang der Wirklichkeit forschend zu vergewissern, ein elementares menschliches Bedürfnis dar. Dieses Bedürfnis unerfüllt zu lassen stellt selbst – ganz unabhängig von den daraus erwachsenden Folgen – eine im Sinne des Konsequentialismus negative Folge eines moralisch motivierten Verzichts auf Grundlagenforschung dar. Viel schwerer als die Bedenken aus den Opportunitätskosten von Forschung wiegt aber der in der Tat spezifische Vorwurf an eine theoretische Theodizee, dass sie zu einer quietistischen Einwilligung in die vorhandenen Übel ermutige: Warum sollte ein Übel bekämpft werden, wenn gleichzeitig unterstellt wird, dass ein theistisch verstandener Gott gute Gründe haben muss, es zuzulassen? Ein solcher Einwand übersieht aber die fundamentalen Unterschiede zwischen Gott und Mensch, die jede theistische Religion zu beachten verlangt: Die Aufgabe des Menschen besteht gerade nicht darin, sich selbst einen Gottesstandpunkt anzumaßen und sein Handeln daran auszurichten. Einer prägnanten Formel des Thomas von Aquin zufolge soll der Mensch keineswegs das wollen, was Gott will – er soll vielmehr das wollen, „wovon Gott will, dass wir es wollen" (S.Th. I.–II. q.19 a.10 corpus). Und Gott verlangt aus theistischer Sicht, wie sowohl das über die bloße Vernunft zugängliche Naturrecht wie auch die positive Offenbarung klar erkennen lassen, dass der Mensch sich die Bekämpfung des Übels zur Aufgabe macht. Warum die Verfolgung einer theoretischen Theodizee diesem gerade aus theistischer Sicht geforderten Engagement entgegenstehen sollte, ist nicht zu sehen. Eher wäre zu erwarten, dass dieses Engagement dadurch gestärkt wird, dass der Theist nicht allein auf das eigene Handeln vertrauen muss, sondern darauf hoffen darf, dass sowohl das Übel wie seine Bekämpfung desselben unabhängig von dessen Erfolg aufgehoben sind in einem Heilshandeln Gottes, das ihn von Überforderung oder zynischer Resignation entlastet und gerade so neue Energie für den Kampf gegen das Übel freisetzt. Wie in Kapitel 3.4.3 gezeigt werden wird, könnte eine überzeugende theoretische Theodizee zugleich zusätzliche Perspektiven für eine Bekämpfung des Übels eröffnen, über die etwa ein atheistischer Naturalismus nicht verfügt, etwa die heilende Integration von Leiderfahrungen in die Geschichte einer personalen Beziehung zwischen Mensch und Gott. Wenn es solche spezifisch theistischen Güter, verstanden als solche, die einen theistisch verstandenen Gott konstitutiv beinhalten, tatsächlich gibt, gilt es aus konsequentialistischer Sicht, sie nicht weniger in Betracht zu ziehen als mundane Güter wie die Lusterfahrung beim Eisessen oder der erfolgreiche Abschluss eines mit Herzblut verfolgten Projekts.

Weder entlang deontologischer noch entlang tugendethischer noch entlang konsequentialistischer Auffassungen von Ethik lassen sich also ausschlaggebende moralische Gründe gegen die Verfolgung einer theoretischen Theodizee identifizieren. Nicht nur können viele der Einwände entlang dieser drei Dimensionen entkräftet werden, ihnen stehen auch gewichtige moralische Gründe entgegen, die *für* ein solches Projekt sprechen. Seine Unterlassung, nicht seine Verfolgung wäre *all things considered* moralisch fragwürdig. Auch die Berücksichtigung anderer

Arten von Gründen neben den moralischen, etwa prudentiellen, epistemischen und ästhetischen führt zum selben Ergebnis: Prudentiell trägt die theoretische Theodizee, wie vorhin bereits erwähnt, zur Erfüllung des menschlichen Grundbedürfnisses nach Verständigung über den eigenen Ort im Gesamtzusammenhang der Wirklichkeit bei; zugleich könnte sie Güter sichtbar machen, die bei der Bewältigung eigenen Leides helfen oder auch unabhängig davon z. B. durch die Eröffnung neuer Arten interpersonaler Beziehungen (nicht nur zwischen Menschen, sondern auch zwischen Mensch und Gott) zum eigenen Wohlergehen beitragen. Epistemisch betrachtet stellt sich die theoretische Theodizee ja gerade der Herausforderung, die Konsistenz bzw. Plausibilität der eigenen Überzeugungen gegenüber Einwänden zu verteidigen und auch ihren internen Zusammenhang besser zu verstehen. Eine solche Bemühung erscheint nicht bloß als epistemisch zulässig, sondern zumindest im epistemischen Kontext moderner Gesellschaften selbst für überzeugte Theisten mit unerschütterlichem Glauben geradezu als epistemisch verpflichtend. Und selbst ästhetisch könnten einer erfolgreichen theoretischen Theodizee Eigenschaften wie Eleganz, Ökonomie der Mittel, ausgewogene Spannungsverhältnisse zukommen, aus denen sich ästhetische Gründe zu ihren Gunsten ableiten lassen – freilich mit der erheblichen Gefahr des ästhetischen Absturzes in die Lächerlichkeit, wie sie Voltaires *Candide* mit selbst ästhetisch fragwürdiger, ermüdender Redundanz gegenüber der Theodizee Leibnizens deutlich gemacht hat. Berücksichtigt man alle genannten Arten von Gründen, ergibt sich das Fazit, dass die theoretische Theodizee rational *all things considered* zumindest erlaubt, wenn nicht sogar geboten ist.

Doch selbst einmal zugestanden, es würden sich starke Gründe gegen das Projekt einer theoretischen Theodizee formulieren lassen – was wäre dann die Alternative zu ihr? Die Antwort auf diese Frage scheint trivial zu sein: Der Verzicht auf sie und damit ein rein praktischer Umgang mit dem Übel. Eine solche Antwort kann aber offensichtlich nicht überzeugen. Gerade im Dienste der praktischen Bewältigung des Übels bedarf es selbstverständlich auch einer theoretischen Beschäftigung mit ihm und seinen Ursachen wie etwa die medizinische Grundlagenforschung, Klimaforschung etc. belegen. Verzichtet werden müsste also lediglich auf eine bestimmte Art des theoretischen Umgangs mit dem Übel, eben die einer Theodizee. Ein solcher Verzicht erscheint ohne weitere Begründung als ebenso willkürlich wie fahrlässig.

Nun schlagen einige Kritiker der theoretischen Theodizee bemerkenswerterweise vor, die Theodizee fortzuführen, aber selbst als praktisches Projekt. An die Stelle einer theistischen Erklärung oder Rechtfertigung des Übels soll hier eine selbst religiöse Praxis des Sich-Einlassens (*to engage with*) mit ihm treten, und zwar nicht auf einer abstrakten Ebene, sondern in Form der Auseinandersetzung mit seinen konkreten Instanziierungen.[18] Gleichzeitig soll diese Auseinandersetzung aber selbst eine genuin religiöse im theistischen Sinne bleiben. Ihr Spezifikum wird insbesondere darin gesehen, dass sie das Leid selbst zum Anlass nicht bloß seiner Bekämpfung, sondern etwa einer „renewed expression of faith" (Scott 1996: 12) nimmt und sich dabei zudem auf die Konzeption eines personalen Gottes beruft, der sich selbst (etwa in Inkarnation und Erlösungshandeln Christi am Kreuz) dem Leiden aussetzt.[19]

Die theologischen Voraussetzungen und Implikationen eines solchen Ansatzes können hier nicht weiter diskutiert werden.[20] Es mag genügen, auf ein fundamentales Dilemma aufmerksam zu machen, dem sich die Vertreter einer solchen praktischen Theodizee ausgesetzt sehen. Um Platz für eine praktische Theodizee zu schaffen, muss nämlich eine doppelte Abgrenzung sowohl gegenüber nicht-religiösen Ansätzen einer praktischen Bekämpfung des Übels wie auch gegenüber einer theoretischen Theodizee gelingen. Beide Abgrenzungen lassen sich aber kaum miteinander vereinbaren: Wenn nämlich, so das erste Horn des Dilemmas, konsequent auf theoretische Hintergrundannahmen verzichtet wird (wobei dann aber auch Glaubensbekenntnisse, insofern sie ontologische Verpflichtungen beinhalten wie etwa die Annahme eines leidenden Gottes, ihrerseits unter diesen Verzicht fallen müssten – letztere ist ontologisch eher noch voraussetzungsreicher als ein allem Leiden entzogener Gott der Philosophen), dann kollabiert die praktische Theodizee in nicht-religiöse Ansätze einer praktischen Bekämpfung des Übels (die allenfalls durch letztlich nicht-kognitive Sprechakte oder durch fiktionalistisches Festhalten an Traditionsbeständen um ihrer heilenden oder inspirierenden Wirkung willen angereichert werden). Oder aber, so das zweite Horn des Dilemmas, die eigenen ontologischen Verpflichtungen werden explizit gemacht, dann erweist sich die praktische Theodizee nicht länger als Alternative zur theoretischen Theodizee, sondern als deren – auch aus Sicht der theoretischen Theodizee – sinnvolles und notwendiges Komplement. Ob es gelingen kann, das Projekt einer praktischen Theodizee gegen dieses Dilemma zu verteidigen, kann hier offenbleiben. Es besteht für den Theisten, so das Ergebnis dieses Abschnitts, jedoch von vornherein kein Anlass, nach einer Alternative oder nach einem funktionalen Substitut für die Verfolgung des Projekts einer theoretischen Theodizee zu suchen.

---

18 Vgl. Surin (1986) sowie Surin (1983: §§ 2–4) unter Berufung auf Theologen wie Dorothee Sölle oder Jürgen Moltmann, vgl. a. Scott (1996: 10–13).
19 Für eine Deutung des Kreuzes als „Symbol für di[e] Verknüpfung von Heil und Leid" vgl. Kutschera (2000: 338).
20 Zur Diskussion des theologischen Beitrags, den die Konzeption eines selbst leidenden Gottes zum Theodizeeproblem leistet, vgl. a. Stosch (2018: Kap. 1.4).

2.2 Gott existiert!

Wird anerkannt, dass es sich beim Theodizeeproblem zumindest auch um ein genuin theoretisches Problem handelt und dass es keinerlei gute theoretische oder praktische Gründe gegen die Beschäftigung mit ihm gibt, sondern es vielmehr unvermeidlich aus der religiösen Praxis theistischer Religionen erwächst – wie kann dann überhaupt noch die Möglichkeit einer Vermeidung des Versuchs ernsthaft erwogen werden, das Problem entweder konstruktiv durch eine materiale Theodizee, die die Vereinbarkeit von einem theistischen Gott und dem Übel verständlich macht, oder durch eine Zurückweisung oder Abschwächung einer oder mehrerer der es konstituierenden Annahmen zu bewältigen?

Gottfried Wilhelm Leibniz mit seinen *Essais de théodicée sur la bonté de Dieu, la liberté de l'homme et l'origine du mal* (1710) gilt weithin als paradigmatischer Vertreter einer maximal anspruchsvollen Theodizee, die mit unerschütterlicher Gewissheit für jedes Übel eine im theistischen Rahmen plausible Rechtfertigung bereithält. Dieser Anspruch wird heute zumeist nicht bloß als überzogen zurückgewiesen, er gilt geradezu als lächerlich. Dazu hat sicher Voltaire mit seinem *Candide* beigetragen. Pangloss, seines Zeichens „professeur de métaphysico-théologo-cosmolo-nigologie", als ein Protagonist dieser Satire lässt sich angesichts der furchtbaren Übel, deren Zeuge er wird, nicht von der leibnizschen Auffassung abbringen, in der besten aller möglichen Welt zu leben. So spendet er den Überlebenden des desaströsen Erdbebens von Lissabon den folgenden Trost:

> Er versicherte, daß die Sachen nicht anders sein könnten. „Denn", sprach er, „dies Alles ist so gut, daß kein besserer Zustand denkbar ist; denn wenn es zu *Lissabon* einen Vulkan giebt, so kann er nicht anderswo sein. Denn es ist unmöglich, daß die Dinge nicht da wären, wo sie sind. Denn Alles ist gut". (Voltaire 2016: 22)

Eine solche Rechtfertigung ist nicht nur offensichtlich petitiös, sondern zeichnet sich vor allem durch ihre schiere, durch seine philosophischen Überzeugungen abgesicherte Ignoranz aus, die Pangloss davor bewahrt, das furchtbare Übel, das ihn umgibt, auch nur als solches zur Kenntnis zu nehmen.

Gottfried Wilhelm Leibniz hätte jedoch jedes Recht, selbst in das (bittere) Lachen über Pangloss einzustimmen, ohne dadurch sein eigenes Projekt einer Theodizee im mindesten in Frage gestellt zu sehen. Methodisch macht Leibniz nämlich deutlich, dass der Augenschein, die *apparences*, über die wir insbesondere angesichts all der Übel in der Welt verfügen, ganz eindeutig gegen den Theismus sprechen. Was er bestreitet ist lediglich, dass die Sache durch den Augenschein entschieden wird – vielmehr gilt es, den Augenschein im Rahmen einer Prüfung aller einschlägigen Gründe einzuordnen und richtig zu deuten:

Ebenso gibt es Dinge, die dem *Augenschein widersprechen*, die wir aber dennoch gelten lassen, wenn sie sehr gut verifiziert sind. Es gibt einen kleinen, aus dem Spanischen übersetzten Roman mit dem Titel: Man soll und muß nicht alles glauben, was man sieht. Gab es etwas Wahrscheinlicheres als die Lüge des falschen Martin Guerre, der von der Frau und den Verwandten des richtigen Guerre als der wahre anerkannt wurde und sogar nach Ankunft des letzteren die Richter und Verwandten geraume Zeit im ungewissen ließ? Und dennoch wurde die Wahrheit endlich erkannt. Genau so ist es mit dem Glauben: Wie ich schon sagte, lassen sich nur Wahrscheinlichkeiten der Güte und Gerechtigkeit Gottes entgegenstellen; diese würden einem Menschen gegenüber ausschlaggebend sein, sinken aber in sich zusammen, wenn man sie auf Gott anwendet und sie gegen die Beweise für die unendliche Vollkommenheit seiner Eigenschaften abwägt. So schlägt der Glaube die falschen Vernunftgründe mit dauerhaften und höheren Vernunftgründen, die uns zu seiner Annahme bewogen: aber er würde nicht triumphieren, wenn die gegenteilige Ansicht ebenso starke Gründe oder sogar stärkere für sich hätte als diejenigen, welche das Fundament des Glaubens darstellen; d. h. wenn es unüberwindliche und beweisende Einwände gegen den Glauben gäbe. (Leibniz, Theodizee, *Einleitende Abhandlung über die Übereinstimmung des Glaubens mit der Vernunft*, § 42.)

Würde die Anklage Gottes nach denselben Regeln verhandelt wie ein Prozess vor einem Gerichtshof, bei dem alle Beteiligten Menschen sind, dann müssten die Belege zu Lasten Gottes auch aus Sicht von Leibniz als erdrückend betrachtet werden. Das Ergebnis wäre in diesem Fall natürlich keine Verurteilung Gottes, sondern das Eingeständnis, dass es einen theistisch verstandenen Gott nie gegeben hat und die Anklagebank unbesetzt geblieben ist.[21] Wenn alle am Prozess Beteiligten ihren Sorgfaltspflichten genügen, würde Gott den Prozess um seine eigene Existenz verlieren. Dennoch würde es sich dabei aus Sicht von Leibniz ebenso um ein Fehlurteil handeln wie das Urteil zugunsten eines Hochstaplers, auf das sich Leibniz an der zitierten Stelle bezieht: Ein solcher Hochstapler konnte sich im 16. Jahrhundert erfolgreich als der verschwundene Bauer Martin Guerre ausgeben und wurde (zumindest zunächst) auch durch das einhellige Zeugnis von Ehefrau, Onkel und vier Schwestern des Verschwundenen als der echte, nunmehr zurückgekehrte Martin Guerre bestätigt. Nur war er eben nicht der echte Martin Guerre. Entlarvt wurde der Hochstapler schließlich bei einem Berufungsprozess nicht etwa durch neue Belege, also Formen von *apparences*, die zu seinen Ungunsten gesprochen hätten, sondern durch das Auftreten des echten Martin Guerre. Ebenso verhält es sich für Leibniz mit Gott und den *apparences* aus dem Übel, die gegen ihn sprechen: Weil sich nämlich (anders als im Fall des Martin Guerre) seine Existenz nicht bloß empirisch vorfinden lässt, sondern sie sogar bewiesen werden kann (Leibniz spricht von *démonstrations*), steht von vornherein außer Frage, dass Gott

---

21 So auch das Fazit der Monographie *Angeklagt: Gott* von Bernward Gesang, vgl. Gesang 1997: 179 f.

und das Übel vereinbar sein *müssen*. Die Suche nach plausibel anmutenden Gründen für einzelne Übel kann Leibniz daher Literaten wie Voltaire überlassen[22] – den er an zumindest einer Stelle vorwegzunehmen scheint:

> Sicherlich kann ein Vater, ein Vormund und ein Freund in dem Falle, um den es sich hier handelt, nicht leicht solche Gründe haben [Gründe, die jemanden von dem Vorwurf der Mitschuld an einem Übel entlasten, das er hätte leicht verhindern können, das er aber stattdessen sogar begünstigt hat, C.H.]. Indes ist dies nicht völlig unmöglich, und ein geschickter Romanschreiber würde vielleicht einen außergewöhnlichen Fall finden, der sogar einen Menschen in den oben beschriebenen Umständen rechtfertigte: aber was Gott anbelangt, so ist es gar nicht nötig, besondere Gründe zur Zulassung des Übels aufzufinden oder nachzuweisen; die allgemeinen genügen vollständig. Bekanntlich hat er sich um die ganze Welt mit ihren untereinander verbundenen Teilen zu kümmern, und infolgedessen mußte er unendlich viele Rücksichten nehmen, deren Gesamtheit ihn urteilen ließ, es sei nicht angebracht, gewisse Übel zu verhindern. (Ebd., § 34)

Die von besorgten Angehörigen und findigen Romanciers beigebrachten Belege für die Unschuld des Angeklagten wirken in der Tat nicht annähernd plausibel. Das wäre fatal in einem Prozess vor einem irdischen Gerichtshof. In Bezug auf das Theodizeeproblem jedoch ist das Leibniz zufolge keineswegs der Fall: Selbst die abenteuerlich zusammengeklaubten Belege für die Unschuld sind ja zumindest nicht logisch unmöglich. Es könnte sich so verhalten haben. Wenn sich aber die Existenz eines theistisch verstandenen Gottes mit Mitteln der Logik beweisen lässt, wie Leibniz glaubt, dann verlieren Gesichtspunkte größerer oder geringerer Plausibilität jede Relevanz. Einzig zählen würde ein Beweis (also eine Form von *démonstration*), der gegen seine Existenz spricht. Der ist aber nicht zu sehen – und es kann ihn natürlich auch nicht geben, wenn sich denn die Existenz Gottes tatsächlich beweisen ließe. Wenn also die Existenz Gottes bewiesen werden kann, wäre es tatsächlich gelungen, das Theodizeeproblem zu vermeiden – in dem Sinne

---

22 Für eine solche bescheidenere Deutung des Projekts einer Theodizee vgl. Brachtendorf 2002: 62, Fn. 16: „In der gegenwärtigen Kritik der Theodizee vor allem (aber nicht ausschließlich) des 18. Jhdts. wird gern das Theodizee-Projekt mit jenem überzogenen Rationalismus identifiziert, der meint, das gesamte Weltgeschehen auf Gottes Absichten hin durchsichtig machen zu können und so den göttlichen Sinn in allem zu zeigen. [...] In Wahrheit ist jedoch für die Theodizee-Tradition die These charakteristisch, daß der Mensch auf die Existenz eines göttlichen Zweckzusammenhangs vertrauen darf, obwohl ihm dieser Zusammenhang konkret gerade nicht einsichtig ist". Vgl. etwa bereits Augustins Aufruf zur Bescheidenheit: „Es soll kein Mensch zu Dir sagen: Was ist das? Warum das? Er soll es nicht, nein, er soll es nicht; er ist ja nur Mensch" (Conf. 7.6.10, Übers. J. Bernhart). Leibniz schränkt die menschliche Einsicht auf die Tatsache ein, dass diese Welt die beste aller möglichen ist. Die Antwort auf die Frage, wie sie dies sei, wie also einzelne Ereignisse und Umstände zum Besten führen, übersteigt nach Leibniz unseren Verstand „und ist für uns auch nicht notwendig" (Theodizee, Einl. Abhandlung § 56 f.).

nämlich, dass es keine offene Frage mehr wäre, ob es angesichts des Übels Gott gibt, oder ob es ihn nicht gibt. Die Beweislast, für jedes einzelne Übel eine plausible Geschichte erzählen zu können, wie es als Teil der Vorsehung eines allmächtigen, allgütigen und allwissenden Gottes verständlich gemacht werden kann, kann Leibniz daher zu Recht von sich weisen – und tut dies auch etwa gegenüber Pierre Bayle:

> Herr Bayle aber scheint ein bißchen zu viel zu verlangen, er will, man solle ihm im Einzelnen zeigen, wie das Übel mit dem bestmöglichen Plan des Universums verbunden ist; das würde aber eine vollkommene Darstellung der Erscheinungen bedeuten, die wir nicht geben können und dazu auch gar nicht gezwungen sind; denn man ist zu nichts verpflichtet, was einem in dem Zustande, in dem man sich gerade befindet, unmöglich ist. Uns genügt es, zu verdeutlichen, daß ein besonderes Übel durchaus mit dem allgemeinen Besten verknüpft sein kann. Diese unvollkommene Erklärung, die dem anderen [sc. dem jenseitigen, C.H.] Leben noch mancherlei überläßt, reicht aus zur Auflösung der Einwände, aber nicht zum umfassenden Verständnis der Dinge. (Theodizee II, § 145)

Der Versuch, eine ausgearbeitete Theodizee vorzulegen, erweist sich für Leibniz unter den Bedingungen des diesseitigen Lebens mithin als ebenso aussichtslos wie allerdings auch überflüssig „zur Widerlegung der Einwürfe" aus dem Übel.

Aber muss nicht eine solche Strategie der Erübrigung einer Theodizee durch das Führen eines Gottesbeweises spätestens im Lichte von Kants fundamentaler Kritik an solchen Gottesbeweisen allenfalls als ideengeschichtliche Kuriosität, aber nicht länger als systematisch aussichtsreiche Option erscheinen?

Diese Frage erweist sich indes alles andere als bloß rhetorisch und zwar schon mit Blick auf die Position von Kant selbst in der Theodizeefrage, auch wenn der Titel von Kants einschlägigem Aufsatz *Über das Mißlingen aller philosophischen Versuche in der Theodizee* (1791) einer solchen Auffassung ohne Zweifel Vorschub leistet.[23] In diesem Aufsatz liefert Kant bei näherem Hinsehen aber sowohl eine Reihe von begrifflichen Unterscheidungen wie auch eine Klärung des Projekts einer Theodizee und dessen Rahmenbedingungen, die diese Auffassung widerlegen.[24]

Das Projekt einer Theodizee definiert Kant zunächst wie folgt:

---

[23] Außer Betracht bleiben muss hier die Frage, wie sich dieser Aufsatz in die Entwicklung der kantischen Philosophie im Allgemeinen und seiner philosophischen Gotteslehre im Besonderen einfügt.

[24] Ein ebenso klares wie überzeugendes Plädoyer, Kants Aufsatz gerade als Versuch einer „Neufundierung philosophischer Theodizee" zu verstehen, bietet Brachtendorf (2002), hier S. 58. Brachtendorf hebt zu Recht die beiden von Leibniz wie Kant geteilten „Zentralthesen von der Apriorität des Wissens um Gottes moralische Weisheit und von der Nicht-Verifizierbarkeit dieses Wissens an der Welterfahrung" (Brachtendorf 2002: 83) hervor.

> Unter einer Theodicee versteht man die Verteidigung der höchsten Weisheit des Welturhebers gegen die Anklage, welche die Vernunft aus dem Zweckwidrigen in der Welt gegen jene erhebt. – Man nennt dieses, die Sache Gottes verfechten; ob es gleich im Grunde nichts mehr als die Sache unserer anmaßenden, hierbei aber ihre Schranken verkennenden Vernunft sein möchte [...]. (Theodizee, AA VIII 255)

Kant bringt nun sogar für die Sache der anmaßenden Vernunft durchaus Verständnis auf, insofern der Mensch sich damit als vernünftiges Wesen behauptet, das beharrlich nach Gründen sucht, anstatt sich etwa religiösen Vorgaben blind zu unterwerfen. Die entscheidende Frage ist aber, ob Theodizee die Sache einer „anmaßenden, hierbei aber ihre Schranken verkennenden Vernunft sein" muss, oder ob auch eine Theodizee denkbar ist, die auf dem Boden einer ihre Schranken anerkennenden Vernunft formuliert wird. Raum für eine Theodizee außerhalb des Bereichs der Vernunft lässt Kant jedenfalls nicht; wer sich überhaupt auf ein solches Projekt einlässt, willigt damit ein, dass der Prozess einer Verteidigung Gottes gegen die Anklage aus dem Übel „vor dem Gerichtshofe der Vernunft anhängig gemacht werde" (ebd.). Mit der Anerkennung dieses Gerichtshofs ist jeder „Machtspruch" ausgeschlossen, der verlangen würde, die Klage ohne vernünftige Gründe abzuweisen. Gleichzeitig übernimmt der Verteidiger Gottes Kant zufolge damit nicht die positive Beweislast, selbst aus der Erfahrung heraus zu beweisen, dass es einen Gott gibt, der die All-Attribute des Theismus tatsächlich verdient. Ein solcher Beweis etwa der Weisheit Gottes aus der Erfahrung würde selbst Allwissenheit voraussetzen und stellt daher für ein endliches Wesen wie den Menschen kein sinnvolles Ziel dar. Wohl aber muss sich der Verteidiger dem Problem des Übels stellen. Jeden Versuch, das Übel etwa als eine perspektivische Illusion des menschlichen Standpunkts zu bestreiten, nennt Kant eine „Apologie, in welcher die Verantwortung ärger ist als die Beschwerde" (Theodizee, AA VIII 258). Insbesondere die Existenz des moralischen Übels in Form von Entscheidungen, die gegen das Gebot der Pflicht verstoßen, erlaubt für Kant keine Zweifel.

Bleibt dann aber nicht bloß der Verzicht auf jede Theodizee zugunsten etwa einer Verweisung des Problems in den Bereich von Glauben[25] und religiöser Praxis? Eine solche Konsequenz wäre indes voreilig. Bei näherem Hinsehen unterscheidet Kant nämlich (unnötig verwirrend) zwischen zwei Arten von Theodizee, nämlich einer doktrinalen einerseits, einer authentischen andererseits.

---

25 Für eine Deutung von Kants Position, die in der Tat diese Konsequenz zieht, vgl. etwa Schulte (1991): „Die authentische Theodizee ist kein Versuch der Rettung von philosophischer Theodizee, sondern der Verweis der Theodizee in ein anderes Feld: das des Glaubens" (Schulte 1991: 392).

> Alle Theodicee soll eigentlich Auslegung der Natur sein, sofern Gott durch dieselbe die Absicht seines Willens kund macht. Nun ist jede Auslegung des declarirten Willens eines Gesetzgebers entweder doctrinal oder authentisch. Die erste ist diejenige, welche jenen Willen aus den Ausdrücken, deren sich dieser bedient hat, in Verbindung mit den sonst bekannten Absichten des Gesetzgebers herausvernünftelt; die zweite macht der Gesetzgeber selbst. (Theodizee, AA VIII 264)

Das erstere, doktrinale Verständnis steht nun zwar Kant zufolge in der Tat paradigmatisch für das Projekt einer philosophischen Theodizee überhaupt, dies aber zu Unrecht. Auch die authentische Theodizee stelle eine gleichermaßen legitime Form der Theodizee dar:

> Die philosophischen Versuche dieser Art Auslegung sind doctrinal und machen die eigentliche Theodicee aus, die man daher die doctrinale nennen kann. — Doch kann man auch der bloßen Abfertigung aller Einwürfe wider die göttliche Weisheit den Namen einer Theodicee nicht versagen, wenn sie ein göttlicher Machtspruch, oder (welches in diesem Falle auf Eins hinausläuft) wenn sie ein Ausspruch derselben Vernunft ist, wodurch wir uns den Begriff von Gott als einem moralischen und weisen Wesen nothwendig und vor aller Erfahrung machen. (Theodizee, AA VIII 264)

Die Gründe, aus denen Kant eine doktrinale Theodizee für aussichtslos hält, liegen klar zu Tage. In Bezug auf sie lässt sich Kant zufolge nämlich durchaus „Weisheit", wenn auch nur „negative" (Theodizee, AA VIII 263) erreichen:

> Aber von der Einheit in der Zusammenstimmung jener Kunstweisheit mit der moralischen Weisheit in einer Sinnenwelt haben wir keinen Begriff und können auch zu demselben nie zu gelangen hoffen. (Theodizee, AA VIII 263)

Für Kant verfügen wir sehr wohl über Einsichten in die zweckmäßige Ordnung der natürlichen Welt – und wir verfügen über sicheres Wissen über das von uns moralisch Geforderte. Wie aber das freie Handeln des Menschen, der seiner moralischen Pflicht nachkommt, gleichzeitig als von Gott in der Verwirklichung des von Kant sog. höchsten Guts, nämlich der Übereinstimmung von Glückwürdigkeit und Glückseligkeit, geleitet verstanden werden kann, wird sich einer endlichen Vernunft wie der des Menschen nie erschließen können.

Aber bleibt nach der Abweisung einer solchen doktrinalen Theodizee nicht doch nur noch Raum für einen bloßen „Machtspruch", der gläubig akzeptiert oder ungläubig zurückgewiesen werden mag, aber in jedem Fall aus dem Raum der Gründe herausführt? Ebenso wie mit Blick auf den Begriff der Theodizee führt Kant freilich auch mit Blick auf den des Machtspruchs an der zitierten Stelle eine Differenzierung ein: Ein Machtspruch als Befehl, der befolgt zu werden verlangt, auch ohne dass derjenige, dem er legitimerweise erteilt wurde (etwa einem Soldaten durch seinen vorgesetzten Offizier im Gefecht) verlangen darf, die Gründe für den Inhalt des Befehls selbst einzusehen, ist nicht zu verwechseln mit einem Machtspruch, den die Vernunft selbst erlässt und auf die Kant in der Tat seine eigene, authentische Theodizee zu gründen versucht. Die Vernunft bildet dabei nicht bloß qua Voraussetzung den zuständigen Gerichtshof, vor dem das Theodizeeproblem verhandelt werden muss. Mehr noch: Aus Sicht von Kants philosophischer Gotteslehre ist es die Vernunft, die uns überhaupt erst zu „einem Begriff von Gott" verhilft, und zwar als einem „moralischen und weisen Wesen" (ebd.). Dieser Begriff ist a priori, also unabhängig von aller Erfahrung gewonnen. Er gehört, und dies ist entscheidend auch für das Verständnis von Kants authentischer Theodizee, nicht der theoretischen, sondern der praktischen Vernunft an. Kant konstatiert nämlich ein „Bedürfnis" bzw. ein „Interesse" der praktischen Vernunft, das keineswegs kontingent ist, sondern sich aus der Natur der praktischen Vernunft selbst ergibt. Es muss hier genügen, die Kernidee von Kants philosophischer Gotteslehre zu skizzieren, um auf dieser Grundlage deutlich zu machen, worauf sich seine authentische Theodizee zu stützen beansprucht.

In der *Kritik der praktischen Vernunft* (vgl. KpV hier insbesondere KpV 124 ff.) vertritt Kant einen psychologischen Eudämonismus: Vernünftige Wesen streben nach Glückseligkeit, verstanden als ein Zustand, in dem ihre Wünsche in Erfüllung gehen. Gleichzeitig unterliegen sie jedoch als vernünftige Wesen den Forderungen der Moral, wie sie sich aus reiner praktischer Vernunft ableiten lassen. Moralisch gut ist eine Handlung nur dann, wenn sie nicht bloß diesen Forderungen entspricht, sondern wenn sie zusätzlich als solche, als Erfüllung der Pflicht, vom Handelnden intendiert wurde. Insofern vernünftige Wesen moralisch handeln, werden sie glückswürdig. Zwischen Glückswürdigkeit und Glückseligkeit besteht aber kein notwendiger Zusammenhang: Eine moralisch geforderte Handlung kann etwa eine schwere Behinderung zur Folge haben, die die Aussichten auf Glückseligkeit stark reduzieren mag. Zudem liegt es auch nicht in der Macht endlicher vernünftiger Wesen, aus eigener Kraft einen solchen Zusammenhang herzustellen. Weder sind sie in der Lage, die eigene Glückswürdigkeit und die aller anderen einzuschätzen noch – selbst wenn dies möglich wäre – wären sie dazu fähig sicherzustellen, dass Glückswürdigkeit und Glückseligkeit einander genau entsprechen: Es mag z. B. gar nicht möglich sein, die erlittene Behinderung zu beseitigen oder auch nur zu kompensieren. Nun können sich endliche vernünftige Wesen aber weder von den Forderungen der Moral noch von der nach Glückseligkeit dispensieren. Soll daraus keine tragische Verfassung der *condition humaine* resultieren, müssen sie also das von Kant sog. höchste Gut (*bonum consummatum*) als genau proportionierte Übereinstimmung von durch Tugend verdienter Glückswürdigkeit als oberstem Gut (*bonum supremum*) und Glückseligkeit als möglich unterstellen. Eine solche Unterstellung wiederum greift notwendig über die Grenzen der sinnlich erfahrbaren Welt des Diesseits hinaus.

Genau hier setzt Kants philosophische Gotteslehre in Form seiner Postulatenlehre an. Als Postulat definiert Kant „einen theoretischen, als solchen aber nicht erweislichen Satz [...], sofern er einem a priori unbedingt geltenden praktischen Gesetze unzertrennlich anhängt" (KpV, AA V 122). Insofern ein praktisch-vernünftiges Wesen mithin *a priori* mit der Möglichkeit des höchsten Guts rechnen können muss, darf es auch die Bedingungen für eine solche Möglichkeit als gegeben unterstellen. Wobei handelt es sich aber bei diesen Bedingungen? Nach Kant muss erstens postuliert werden, dass es überhaupt einen freien Willen gibt, der zu moralischem Handeln befähigt und damit die Voraussetzung dafür darstellt, Glück zu verdienen (oder nicht). Zweitens muss postuliert werden, dass es eine personale Identität gibt, die den physischen Tod im Jenseits überdauert: Wenn die Übereinstimmung von Glückswürdigkeit und Glückseligkeit im Diesseits nicht erreicht werden kann, muss es einen Ort, das Jenseits, geben, wo dies möglich ist – und in diesem Jenseits muss das glückswürdige Subjekt, das es glücklich zu machen gilt, selbstverständlich weiterhin existieren. Daraus ergibt sich für Kant das Postulat einer unsterblichen Seele. Drittens schließlich muss die Existenz eines Gottes postuliert werden, der qua allwissend über die Glückswürdigkeit jedes endlichen vernünftigen Wesens weiß, qua allmächtig dazu in der Lage ist, im Jenseits die Übereinstimmung von Glückswürdigkeit und Glückseligkeit herzustellen, und qua allgütig für die Realisierung eben dieser Übereinstimmung Sorge tragen wird.

Die Inhalte der genannten Postulate lassen sich in Sätze fassen, die insofern theoretisch sind, als sie Aussagen über das treffen, was der Fall ist: Ein freier Wille existiert, es gibt ein Weiterleben nach dem Tode, ein allmächtiger, allgütiger, allwissender Gott existiert etc. Solche theoretischen Sätze erlauben keine theoretische Begründung etwa durch Gottesbeweise. Sie ergeben sich aber nach obiger Definition zwingend aus den Implikaten unseres praktischen Selbstverständnisses als Wesen, die moralischen Forderungen unterworfen sind und zugleich nach Glückseligkeit streben. Die Berufung auf solche Postulate stellt also in *einer* Hinsicht durchaus einen Machtspruch dar: Das Bedürfnis nach theoretischer Begründung wird schlicht zurückgewiesen. Damit ist aber der Raum der Vernunft als der für das Theodizeeproblem zuständige Gerichtshof keineswegs verlassen. Der Machtspruch, der das Vertrauen auf einen allmächtigen, allgütigen und allwissenden Gott gebietet, resultiert nämlich nicht etwa aus einem fideistischen *sacrificium intellectus*, sondern aus der praktischen Vernunft selbst.

Auch wenn also der Theodizee-Aufsatz Kants zu seinem rechten Verständnis auf dessen kritische Philosophie insgesamt angewiesen bleibt, ermöglicht er umgekehrt eine Gegenprobe der hier vertretenen Deutung von Kants Position anhand dessen Lektüre des biblischen Hiob-Buches, wie sie sich bereits im Theodizee-

Aufsatz selbst findet. Wenig überraschend findet Kant in den im Dialog zwischen Hiob und seinen vorgeblichen Freunden ausgetauschten Argumenten, ganz pauschal „wenig Merkwürdiges" (Theodizee, AA VIII 265), das nähere Prüfung oder auch nur Beachtung verdienen würde. Entscheidend ist für ihn vielmehr die Haltung, die Hiob gegenüber seinem Leiden einnimmt.

> Denn mit dieser Gesinnung bewies er, daß er nicht seine Moralität auf den Glauben, sondern den Glauben auf die Moralität gründete: in welchem Falle dieser, so schwach er auch sein mag, doch allein lauter und ächter Art, d. i. von derjenigen Art ist, welche eine Religion nicht der Gunstbewerbung, sondern des guten Lebenswandels gründet. (Theodizee, AA VIII 267)

Nicht einmal für die Haltung des biblischen Hiobs bildet also Kant zufolge der Glaube das begründende Fundament. Diese Funktion übernimmt vielmehr die Moralität, die sich ihrerseits aus der Struktur praktischer Vernunft ableitet. Insofern auch Gott nur in der Perspektive des Selbstverständnisses der praktischen Vernunft als Postulat in den Blick kommt, wird unmittelbar verständlich, warum es in diesem Modell gar keinen Raum für mögliche Konflikte zwischen dem Machtanspruch Gottes und dem der Vernunft geben kann. Der einzige legitime Platz für Gott resultiert aus dem Selbstverständnis der praktischen Vernunft.

Was trägt dieser Zusammenhang aber für das Theodizeeproblem aus? Christian Weidemann formuliert die entscheidende Konsequenz in vergleichender Perspektive zu Leibnizens Zugang zum Problem:

> Während Leibniz Wahrscheinlichkeitseinwände aufgrund der logischen Gewissheit der Existenz Gottes für irrelevant erklärt, beruft sich Kant zu demselben Zweck auf eine moralische Gewissheit. (Weidemann 2007: 190)

Beide Philosophen kommen also darin überein, eine doktrinale Theodizee, die sich etwa darum bemühen würde, die Annahme der Existenz Gottes selbst angesichts des Übels in der Welt als plausibel zu erweisen (z. B. indem für jede Art bekannten Übels eine oder mehrere Arten von dadurch ermöglichten, größeren Gütern identifiziert werden), zurückzuweisen. Entscheidend ist aber der Grund für diese Zurückweisung: Es handelt sich hier in beiden Fällen nicht um das Eingeständnis der Aussichtslosigkeit eines für den Theisten rational verpflichtenden Projekts. Vielmehr erklären Leibniz wie Kant ein solches Projekt für schlicht überflüssig: Weil die Existenz Gottes gewiss ist, muss sie mit dem Übel in der Welt vereinbar sein. Damit ist das Problem scheinbar sinnlosen Übels mit Blick auf den konkreten Fall nicht positiv bewältigt, aber eben doch sein Stachel gezogen. Kant und Leibniz unterscheiden sich erst auf der nachgeordneten Ebene der Begründung der fundamentalen Gewissheit der Existenz Gottes. Leibniz sucht sie im theoretischen Bereich, Kant im praktischen, sieht sich aber gleichwohl ermächtigt, auch theoretische Überzeugungen auf dieser Grundlage zu vertreten, insofern sie zwingende Implikate unseres praktischen Selbstverständnisses darstellen, wie eben seine Postulatenlehre.

Ob Kants Versuch, einen Machtspruch aus reiner praktischer Vernunft heraus zu formulieren, der es erlaubt, das Theodizeeproblem vor dem Gerichtshof der Vernunft wenn auch nicht zu bewältigen, so doch abzuweisen, muss hier offenbleiben. Insbesondere wäre zu fragen, ob unser praktisches Selbstverständnis nicht mit etwas deutlich Schwächerem als der Realität des höchsten Gutes auskommt, die in der Tat nur ein allmächtiger, allgütiger und allwissender Gott realisieren kann. Warum sollte es nicht ausreichen, dessen Realisierung für zumindest nicht unmöglich zu halten und sich damit zu begnügen, an seiner Realisierung durch Engagement für eine gerechte Welt, die Bestrafung moralisch verwerflicher Handlungen etc., mitzuwirken? Von den drei Postulaten würde dann nur noch das des freien Willens selbst, nicht aber die des Weiterlebens nach dem Tode und der Existenz eines allmächtigen, allgütigen und allwissenden Gottes übrigbleiben.

2.3 Gott ist anders!

Die bloße Existenz eines personal aufgefassten Gottes reicht für sich genommen nicht aus, um das Theodizeeproblem zu generieren. Es bedarf zusätzlicher Auffassungen über ihn, die traditionell in Form der drei Allmachtsattribute gefasst werden: Allgüte, Allmacht und Allwissenheit. Nun sind, wie oben im ersten Kapitel bereits angedeutet wurde, sowohl die Ontologie dieser Attribute wie ihr inhaltlicher Gehalt in hohem Maße umstritten:

> Ontologisch weist etwa die scholastische Lehre von der Einfachheit Gottes (*simplicitas dei*) die Auffassung zurück, dass es sich bei diesen Attributen um Eigenschaften handelt, die Gott zukommen so wie etwa seine Größe einem ausgedehnten Objekt. Dahinter steht der Gedanke, dass Gott in keiner Weise ontologisch zusammengesetzt sein darf, sollen nicht seine Ewigkeit und Unveränderlichkeit (durch das Auseinanderfallen des Zusammengesetzten) in Frage gestellt werden. Die Lehre der Einfachheit Gottes nimmt demgegenüber an, dass Gott Attribute nicht *hat*, sondern jedes seiner Attribute *ist* – wobei die Attribute auch selbst wieder nur begrifflich voneinander zu unterscheiden sind, in ihrer Extension jedoch in eins fallen.[26]

Unabhängig davon, wie der ontologische Status der göttlichen Attribute näher bestimmt wird, ergibt sich die eigentliche Herausforderung im Zusammenhang des Theodizeeproblems jedoch aus ihrem inhaltlichen Verständnis: Werden Güte,

---

26 Zur Lehre von der Einfachheit Gottes vgl. Vallicella (2023), zu der Bedeutung dieser Lehre für das Verständnis der All-Attribute Gottes vgl. Stump (1986: 184–186).

Macht und Wissen Gottes je für sich genommen oder auch in Kombination miteinander hinreichend schwach aufgefasst, stellt sich das Theodizeeproblem nicht einmal mehr: Gott wäre dann möglicherweise über das Übel in der Welt nicht informiert, oder er wäre ohnmächtig, an ihm etwas zu ändern, oder er würde dies aus Bosheit, Resignation oder schlichtem Überdruss gar nicht wollen. Das Übel und ein so verstandener Gott sind unproblematisch miteinander vereinbar. Es kann daher nicht verwundern, wenn Vermeidungsstrategien des Theodizeeproblems, sofern einmal zugestanden ist, dass es sich dabei um ein genuin theoretisches Problem handelt, viel eher bei der Abschwächung der All-Attribute Gottes ansetzen als etwa bei der wenig aussichtsreichen Bestreitung von Realität, Ausmaß und Verteilung des Übels.

Solche Strategien, von denen einige wenige im Folgenden exemplarisch in Bezug auf die einzelnen All-Attribute diskutiert werden sollen, sehen sich jedoch mit einem strukturellen Dilemma konfrontiert:

> Entweder es gelingt ihnen eines oder mehrere der All-Attribute so weit abzuschwächen, dass das Theodizeeproblem vermieden wird. Dann disqualifiziert sich ein so verstandener Gott aber als geeigneter Gegenstand religiöser Verehrung im Sinne eines orthodoxen Theismus.

> Oder aber Gott bleibt erkennbar als geeigneter Gegenstand solcher Verehrung, dann stellt sich das Theodizeeproblem erneut in kaum verminderter Schärfe.

Ein ohnmächtiger oder böswilliger Gott würde sich als Gegenstand der Verehrung ohne Frage disqualifizieren: Von einem ohnmächtigen Gott wäre keine Hilfe, Rettung oder auch nur Tröstung zu erwarten – und von einem böswilligen Gott wäre sie nicht einmal zu erhoffen, insofern sie auch nur Züge in dessen zweifelhaftem Spiel darstellen würden. Peter Rohs schlägt in diesem Zusammenhang als hermeneutisches Prinzip für die angemessene Interpretation der All-Attribute vor, „dass alle Gottesattribute an dem Grundattribut der Heiligkeit zu messen sind" (Rohs 2001: 116). Zur Heiligkeit gehört, dass Gott qua heilig Verehrung im normativen Sinne verdient (sie also nicht etwa nur erzwingen, erpressen o. ä. kann). Damit ergibt sich ein erstes Adäquatheitskriterium für die Deutung der All-Attribute.

Ein zweites Adäquatheitskriterium folgt aus der Bedingung, dass sie miteinander vereinbar sein müssen (dies gilt umso mehr, wenn sie, wie die Lehre von der Einfachheit Gottes annimmt, extensional identisch sind). Zu verlangen, dass zur Allmacht etwa auch die Möglichkeit gehört, ein endliches Vernunftwesen moralisch zu korrumpieren, würde zu einem Konflikt zwischen dem Attribut der Allmacht und dem der Allgüte führen. Dass für ein allgütiges Wesen die Option einer solchen Korrumpierung gar nicht ernsthaft in Betracht kommen kann, stellt seine Allmacht in keiner Weise in Frage.

Ein drittes Adäquatheitskriterium sollte beinhalten, dass die Attribute nicht unter der Hand eine Umdeutung erfahren dürfen, die zwar zur Vermeidung des Theodizeeproblems beitragen mag, ihre Bedeutung aber in einer Weise verschiebt, die wiederum mit den Implikaten religiöser Praxis unvereinbar ist.

Wie genau dieses Kriterium zur Anwendung zu bringen ist, stellt jedoch eine durchaus komplexe Frage dar: Die sog. Analogie-Lehre, die einen integralen Bestandteil zentraler Traditionen theistischer Gotteslehre bildet, macht nämlich zu Recht darauf aufmerksam, dass sich vertraute Begriffe, insofern sie auf Gott und nicht auf Gegenstände oder Personen in der Schöpfung angewendet werden, anders verhalten als in diesen gewöhnlichen Kontexten ihres Gebrauchs. Gottes Allmacht ist eben nicht bloß menschliche Macht im großen Maßstab. Dennoch muss auch die Analogie-Lehre die Bedingung respektieren, dass selbst eine analoge Verwendung von Begriffen wie gütig, mächtig und wissend in Bezug auf Gott eben als Verwendungsweise genau dieser Begriffe erkennbar bleiben muss. Ein Gott, der sich Auszeiten für zynische Manipulation anderer Personen nähme, wäre nicht im analogen Sinne gütig, sondern überhaupt nicht gütig – der Begriff könnte auf ihn nicht länger sinnvoll angewendet werden.

Ein viertes und letztes Adäquatheitskriterium besteht daher darin, dass die Minimalanforderungen für die sinnvolle Verwendung von Begriffen wie *allgütig*, *allmächtig* und *allwissend* respektiert werden müssen. Gerade ihre Verwendung unter Bedingungen des all-Operators droht nämlich die Grenzen für eine solche sinnvolle Verwendung zu sprengen und sie gleichsam von innen implodieren zu lassen. Im ersten Kapitel wurde dafür bereits ein Beispiel angeführt: Wenn Allmacht beinhaltet, selbst die Gesetze der Logik beliebig verändern zu können, dann kann ein allmächtiges Wesen qua allmächtig auch dafür sorgen, gleichzeitig allmächtig und machtlos zu sein. Was ‚allmächtig' dann aber überhaupt noch bedeuten soll bleibt rätselhaft – die Grenzen des Sinns sind dann unwiderruflich überschritten.

Methodisch gilt es zu beachten, dass eine angemessene Deutung der All-Attribute schon ganz unabhängig vom Theodizeeproblem erhebliche Probleme aufwirft, handelt es sich bei ihnen doch um philosophisch bzw. theologisch reflektierte und im hohen Maß voraussetzungsreiche Auslegungen von in der Tat grundlegenden Implikaten theistischer Gotteserfahrung. Um etwa von Gott, wie dies jeder religiöse Mensch in einem theistischen Rahmen tun wird, Hilfe im eigenen Leid, Strafe für die Sünden des einen selbst bedrängenden Übeltäters oder Tröstung oder sogar Entschädigung im Jenseits für das im Diesseits unabgegoltene Leid zu erwarten, muss er unterstellen, dass Gott alles weiß, was er wissen muss, damit solche Hoffnung sinnvoll wird. Aber was soll es genau bedeuten, dass er allwissend ist? Weiß Gott zu Beginn der Schöpfung schon, dass jemand zur zweiten Jahrtausendwende der Versuchung zum Ehebruch widerstehen wird? Fragen wie diese überfordern das Selbstverständnis der Teilnehmer an religiöser Praxis.

Die All-Attribute lassen sich indes nicht nur nicht einfach aus dieser Praxis extrapolieren, ihre Deutung setzt überdies zudem substantielle Positionen in philosophischen Fragen voraus, die ganz unabhängig sind von religiösen Prämissen. Wenn Aussagen über zukünftige Entscheidungen freier Wesen z. B. gar nicht wahr oder falsch sein können, dann kann das, was sie beinhalten, auch nicht gewusst werden, insofern Wissen die Wahrheit des Gewussten impliziert – nicht einmal von Gott. Ein solches Nicht-Wissen würde ihn dann aber eben auch nicht in seiner Allwissenheit beschränken. Allwissenheit bedeutet nicht, selbst das zu wissen, was sich in dem Sinne gar nicht wissen lässt, dass die epistemologische Kategorie des Wissen nicht einmal Anwendung finden kann.

Mit Blick auf das Theodizeeproblem sollten diese methodischen Überlegungen Anlass zur Vorsicht angesichts des weit verbreiteten Vorwurfs von anti-theistischer Seite geben, jeder Versuch einer Qualifizierung oder Abschwächung eines oder mehrerer der All-Attribute sei schon *ipso facto* als ein *ad hoc*-Manöver zur Vermeidung des Theodizeeproblems zu werten. Häufig gibt es dazu gute Gründe sowohl im Sinne einer besseren Passung zu den Implikaten religiöser Praxis wie im Sinne einer solchen zu aus unabhängigen Gründen plausiblen, philosophischen Hintergrundannahmen in Ethik, Metaphysik, Erkenntnistheorie etc.

Die Aussichten für eine Vermeidung des Theodizeeproblems durch Qualifizierung oder Abschwächung der All-Attribute sind vor dem Hintergrund der vier vorgeschlagenen Adäquatheitskriterien nun mit Blick auf die einzelnen Attribute durchaus ungleich verteilt. Sie sind besonders gering beim Attribut der Allgüte, einfach deshalb, weil hier jeder Abschwächungsversuch schon am ersten Kriterium zu scheitern droht. Zwar mag Abraham seine Begegnung mit Gott in Thomas Manns *Josephszyklus* wie folgt artikulieren:

> Er war nicht das Gute, sondern das Ganze. Und er war heilig! Heilig nicht vor Güte, sondern vor Lebendigkeit und Überlebendigkeit, heilig vor Majestät und Schrecklichkeit (Mann 1990: 430, zitiert nach Stosch 2018: 41).

Hier spricht sich (ganz unabhängig vom fiktiven Charakter des Textes aus der Mitte des 20. Jahrhunderts) eine religionsgeschichtliche frühe Erfahrung aus, in der die einzelnen Attribute Gottes noch gar nicht näher ausdifferenziert sind und in einer allgemeinen Erfahrung von Heiligkeit zusammenschießen. Im Zuge der Entwicklung der theistischen Weltreligionen hat sich aber nicht nur eine solche Differenzierung durchgesetzt, auch die Möglichkeit, Güte gegen Heiligkeit auszuspielen, stellt keine reale Option religiöser Praxis mehr dar: Böswilligkeit als Attribut Gottes wäre nicht nur mit seiner Güte, sondern eben auch mit seiner Heiligkeit unvereinbar und würde ihn im Sinne des ersten Kriteriums als verehrungswürdig ebenso disqualifizieren wie als schlechthin vollkommenes Wesen im Sinne von

Anselm von Canterbury „quo nihil maius cogitari potest" (das, worüber hinaus nichts Größeres gedacht werden kann). Ein Gott mit eingeschränkter Güte wäre ein unvollkommener Gott und damit aus theistischer Sicht als Gott disqualifiziert.[27]

Wie sich unten in Kap. 3.4 & 3.5 zeigen wird, erweist sich die Frage, wie die Allgüte Gottes inhaltlich zu bestimmen ist, jedoch als überraschend komplex. Wenn es etwa keinerlei Pflichten von Gott gegenüber seinen Geschöpfen gäbe, weil sich Kategorien deontologischer Ethik gar nicht auf eine Entität wie Gott anwenden ließen, und wenn Gott es sich auch nicht einmal selbst schuldig wäre, die beste aller Welten zu schaffen, dann bedürfte es keiner *Abschwächung* des Attributs der Güte, um das Theodizeeproblem zu vermeiden. Offensichtlich würde sich dann aber das Problem stellen, in welchem Sinne von Gott überhaupt noch als gütig gesprochen werden könnte. Respektiert man den intuitiven Kern des Attributs der Allgüte, dann sollte jedenfalls von Gott erwartet werden, dass er alle seine Pflichten erfüllt (gesteht man einmal zu, dass diese Kategorie auf ihn Anwendung findet), wozu insbesondere gehört, dass er die Rechte seiner Geschöpfe respektiert, und dass er sich in dem Sinne wohlwollend gegenüber seiner Schöpfung verhält, dass er sich bemüht, diese insgesamt sowie das Wohl jedes als Träger eines Wohls qualifizierten Geschöpfs (Steine sind offensichtlich nicht dazu qualifiziert, Nashörner und Personen schon) nach Kräften zu fördern (im Sinne des Attributs der Allmacht – insofern liegt hierin keine Einschränkung wie bei Menschen, von denen eben gemäß dem Prinzip „Sollen impliziert Können" nur verlangt werden kann, was ihre vielfach beschränkten Kräfte hergeben). Jegliche Einschränkung dieses Kerns, also etwa die Annahme, dass Gott eigene Pflichten nur unvollständig erfüllt oder das Wohl eines Geschöpfs willkürlich als irrelevant übergeht, verbietet sich von vornherein und müsste in der Tat im Rahmen der Diskussion des Theodizeeproblems als unzulässige *ad hoc*-Annahme zurückgewiesen werden.

Abschwächungsstrategien setzen daher in solchem Rahmen klassischerweise nicht beim Attribut der Allgüte, sondern bei dem der Allmacht an. Um beurteilen zu können, worin eine Abschwächung des Attributs der Allmacht jeweils besteht und ob es für sie gute Gründe gibt, muss aber zunächst geklärt werden, wie dieses Attribut überhaupt verstanden werden sollte. Peter Rohs formuliert in diesem Zusammenhang eine ebenso eindringliche wie treffende Warnung:

> Viele Allmachtsvorstellungen sind [...] naive metaphysische Komplimente, die der Sache nach auf Beleidigungen hinauslaufen. Es geht also nicht darum, ob man das Attribut der Allmacht beibehalten will oder nicht, sondern darum, wie man es theologisch vernünftig (und [...] der Bibel gemäß) zu bestimmen hat. Mit dem Wort allein ist nichts getan. (Rohs 2001: 116)

---

27 Vgl. Murphy (2017: 108) bestreitet demgegenüber explizit, dass „love and moral goodness" zu „Anselmian perfections" Gottes zu rechnen sind, vgl. dazu die Diskussion unten Kap. 3.5.

Was kann es nun bedeuteten, Gott als allmächtig zu charakterisieren? Naheliegende Vorschläge zur Beantwortung dieser Frage erweisen sich rasch als untauglich. Drei Beispiele müssen genügen, da eine substantielle Diskussion der Frage weit über die Grenzen dieses Buches hinausgehen würde:[28]

> Vorschlag 1: Gott ist allmächtig genau dann, wenn für jedes p gilt, dass Gott p herbeiführen kann.

Dieser Vorschlag würde implizieren, dass ein allmächtiger Gott selbst die Gesetze der Logik außer Kraft setzten könnte: Er könnte dann dafür sorgen, dass gleichzeitig p und nicht-p der Fall wäre oder dass p schwerer und leichter wäre als p. Wie oben bereits gezeigt, wären damit aber die Grenzen von Verständlichkeit überhaupt und damit auch der gesuchten göttlichen Allmacht überschritten.

> Vorschlag 2: Gott ist allmächtig genau dann, wenn er alles tun kann, was er will.

Geht der erste Vorschlag zu weit, greift der zweite zu kurz: Allmacht wäre dann durch Resignation zu erreichen. Wer nur einen Wunsch hat, z.B. dort sitzen zu bleiben, wo er sitzt, und in der Lage ist, sich diesen Wunsch zu erfüllen, wäre allmächtig.

> Vorschlag 3: Gott besitzt jede Fähigkeit, die zu besitzen logisch möglich ist.

Nun gibt es aber Fähigkeiten, die logisch nicht nur möglich, sondern unzweifelhaft auch wirklich sind. Jeder Mensch verfügt über sie – nämlich die Möglichkeit zu sündigen, den eigenen Charakter zu verändern, zu sterben etc. Über solche Fähigkeiten verfügt Gott offensichtlich nicht – aber dies scheint seine Allmacht in keiner Weise einzuschränken, sondern eher ihr Ausdruck zu sein. Auch der dritte Vorschlag scheitert also.

Die Schwierigkeiten mit allen bisher vorgeschlagenen Definitionen des Attributs der Allmacht haben Franz von Kutschera zu dem bis heute gültigen, ernüchternden Fazit veranlasst: „Die Suche nach einer brauchbaren Explikation des Begriffs der Allmacht ist bisher ohne Ergebnis geblieben." (Kutschera 1990: 48)[29]

---

28 Für die nähere Erläuterung und Prüfung dieser Vorschläge vgl. Kenny (1979: Kap. 7) sowie Kutschera (1990: 44 ff.).
29 Auch Versuche, den Begriff der Allmacht ganz aufzugeben und ihn durch alternative Begriffe zu ersetzen, die gleichermaßen geeignet sein sollten, die entsprechenden Gehalte der theistischen Tradition zu explizieren, aber weniger philosophische Probleme aufwerfen, müssen als gescheitert gelten. Der wohl einflussreichste Versuch in dieser Richtung geht zurück auf Peter

Zumindest einige der genannten Schwierigkeiten wirken sich zudem direkt auf das Theodizeeproblem aus. Grundlegend für dessen Diskussion ist die Frage, ob alle Übel in der vollständigen Verantwortung Gottes liegen, oder ob es auch eine weitere Instanz geben kann, die solche Verantwortung für zumindest einige Arten von Übeln übernehmen könnte. Der klassische Kandidat dafür sind nicht-göttliche Personen, insofern sich das Übel deren freiem Handeln verdankt. Verantwortlich sind sie aber, wie es scheint, nur in dem Maße, als ihre Entscheidungen auch tatsächlich frei sind und sich damit göttlicher Kontrolle entziehen. Aber ist Gott überhaupt in der Lage, Wesen zu erschaffen, die sich seiner eigenen Kontrolle entziehen? Diese Frage führt auf ein Dilemma: Ist er dazu nicht in der Lage, wäre damit seiner Allmacht eine Grenze gesetzt – er könnt die eigene Kontrolle über alles nicht vermindern. Ist er dazu aber in der Lage, wäre damit seiner Allmacht ebenfalls eine Grenze gesetzt – nämlich durch das freie Handeln von Wesen, für deren Unkontrollierbarkeit durch Gott Gott selbst gesorgt hat. Man könnte hier einwenden, dass Gott im letzteren Fall eben seine Allmacht durch seine entsprechende, souveräne Entscheidung zur Begrenzung seiner Kontrollmöglichkeiten aufgegeben hätte. Dann aber ergäbe sich ein Konflikt mit einem weiteren traditionellen Attribut Gottes, nämlich seiner Unwandelbarkeit. Gott kann nicht (auch nicht durch eigene Entscheidungen) seine eigenen Attribute ändern.

Ein weiteres Beispiel für die Implikationen aus dem zweiten der oben unterschiedenen Adäquatheitskriterien für eine Behandlung der All-Attribute, nämlich dem der Absicherung ihrer wechselseitigen Vereinbarkeit, stellt zudem die Bestimmung von Grenzen der Allmacht im Lichte des Attributs der Allgüte dar. Hat ein allgütiger Gott immer die Macht, eine bessere Welt als die aktuale zu erschaffen? Oder hat er diese Macht nicht, ohne dass dies (wie auch bei der fehlenden Verfügung über die Gesetze der Logik) eine Beschränkung seiner Allmacht darstellen würde, weil er sich damit einer moralischen Notwendigkeit fügt, die ihn nicht von außen einschränkt, sondern der zu folgen ein selbstverständlicher Ausdruck seiner Allgüte ist? Darauf wird unten bei der Diskussion der Frage zurückzukommen sein, ob auch ein allmächtiger Gott genötigt ist, die beste aller möglichen Welten zu erschaffen (vgl. Kap. 3.3).

Auch wenn unklar bleibt, wie das Attribut der Allmacht positiv zu fassen ist, gibt es doch zumindest paradigmatische Fälle eines Gottesbildes, das dieses Attri-

---

Geach, der in Geach (1973) vorgeschlagen hat, auf den Begriff der Allmacht (omnipotence) zu verzichten und ihn durch den der Macht über alle Dinge (being almighty) zu ersetzen. Doch wurde damit lediglich eine Verschiebung der Probleme erreicht: Dieselben Fragen wie bei der Allmacht stellen sich nun, wenn auch in veränderter Form, auch für den neu vorgeschlagenen Begriff. Für den Versuch einer kritischen Fortentwicklung von Geachs Vorschlag vgl. aber Kodaj (2021).

but entweder ganz aufgibt oder doch zumindest signifikant abschwächt. Ein Beispiel für die eindeutige Aufgabe des Attributs der Allmacht stellen dualistische Konzeptionen dar, die religionsgeschichtlich breite Wirkung entwickelt haben (etwa im Zoroastrismus) und die auch in ihrer philosophischen Form beachtliche Unterstützung erfahren haben (Augustinus bekannte sich etwa vor seiner Bekehrung zum Christentum neun Jahre lang zum Dualismus in seiner manichäischen Form). Ihnen zufolge hat sich ein guter Gott gegen einen Gegenspieler in einem kosmischen Konflikt zu behaupten. Ein solches Szenario bezieht seine Plausibilität entscheidend aus seiner Fähigkeit, das Übel in der Welt erklären zu können. Seine Verbreitung, erratische Verteilung, seine fehlende Sensitivität für Fragen von Zurechenbarkeit oder Verdienst, seine Verhärtung zu systemischen Übeln etc. sind Merkmale, die an die Ergebnisse eines aus dem Ruder gelaufenen Konflikts zwischen menschlichen Akteuren erinnern. Nicht minder auf der Hand liegen aber auch die beträchtlichen metaphysischen und ethischen Hypotheken, mit denen der Dualismus belastet ist: Warum sollte es gerade zwei personale Mächte geben? Warum nicht etwa drei, vielleicht neben der bösen und der guten eine indifferente? Warum sollte ein Anhänger einer solchen Religion eigentlich auf die gute Macht setzen, wenn die böse zumindest in der Gegenwart klar die Oberhand gewonnen hat und ‚Kollaborateure' belohnen wird?

Bei den Abschwächungsstrategien in Bezug auf das Attribut der Allmacht ist zwischen zwei grundlegenden Varianten zu unterscheiden. Eine erste Variante nimmt an, dass Gott seine Allmacht aus eigener Entscheidung (man könnte sagen: Machtvollkommenheit) abgeschwächt hat. Eine zweite Variante nimmt an, dass Allmacht nie ein Attribut Gottes dargestellt hat und ihm allenfalls in der Zukunft als Ergebnis eines kosmischen Prozesses zukommen wird.

Die erste Variante der Abschwächungsstrategie wird etwa durch Hans Jonas repräsentiert. Jonas hält angesichts der Erfahrung des Holocausts nur noch einen theistischen Gottesbegriff für akzeptabel, der die Macht Gottes so weit abschwächt, dass ihm keine Möglichkeit eines Eingreifens gegen ein so schreckliches Übel mehr zugeschrieben und er damit von der – nicht einmal für Gott zu bewältigenden – Verantwortung dafür entlastet werden kann. Bemerkenswerterweise schreibt Jonas aber die Verantwortung für die Abschwächung der eigenen Macht ihrerseits Gott selbst zu. Er habe „sich jeder Macht der Einmischung in den *physischen* Verlauf der Weltdinge begeben" (Jonas 1984: 82). Damit fällt die Plausibilität von Jonas Vorschlag aber noch deutlich hinter die des Dualismus zurück: Erstens stellt sich die Frage, ob Gott sich seiner Macht überhaupt in der von Jonas vorgestellten Weise begeben *kann*. Ein Rekrut mag sich ins Knie schießen und damit die Fähigkeit zur Fortbewegung verlieren, um so dem Einsatz in einem absehbar tödlichen militärischen Konflikt zu entgehen. Gott kann sich seiner Macht in Jonas Szenario aber nur in dem Sinne begeben, dass er sie eben nicht ausüben *will*. Diese

Form der Selbstbindung an eigene Entscheidungen stellt aber keinerlei Einschränkung der eigenen Allmacht dar. Das Problem wird dadurch nur weitergereicht an das Attribut der Allgüte. Angesichts der Schrecken des Holocausts erscheint ein allgütiger Gott als verpflichtet, seine selbstauferlegte Entmachtung unverzüglich zurückzunehmen. Zweitens stellt das „Sich-Begeben jeder Macht" (konzediert man einmal, es wäre geklärt, was damit in Bezug auf Gott gemeint sein könnte) selbst eine göttliche Handlung dar, für die Gott gute Gründe braucht. Solche Gründe sind aber nicht ersichtlich. Ersichtlich sind vielmehr gute und überwältigend starke Gründe dafür, eine solche Handlung der eigenen Entmachtung zu unterlassen. Gott muss sich nämlich qua allwissend wenn auch nicht über die Realität des Holocausts als Resultat freier Entscheidungen seiner Geschöpfe, so doch über die Möglichkeit solcher furchtbarer Übel im Klaren gewesen sein. Und ein allgütiger Gott müsste daraus die Konsequenz gezogen haben, auf die eigene Entmachtung von vornherein zu verzichten. Drittens nämlich ist Gott verantwortlich für das eigene Handeln – die Einschränkung seiner Macht widerfährt ihm ja nicht, etwa, wie der Dualismus annimmt, durch das Wirken eines personalen Gegenspielers, sondern verdankt sich seiner eigenen Entscheidung. Dann trägt er aber auch die Verantwortung für die Folgen der eigenen Entmachtung. Der Versuch, Gott von der moralischen Verantwortung für den Holocaust zu entlasten, ist also auch in Jonas' Modell gescheitert.

Die zweite Variante der Abschwächungsstrategie vermeidet die Schwierigkeiten von Jonas Modell dadurch, dass sie die eingeschränkte Macht Gottes nicht als Ergebnis eines Verlusts oder gar einer eigenen Entscheidung Gottes auffasst, sondern als ein metaphysisches *factum brutum*. An dieser Stelle ergibt sich jedoch eine unvermeidliche Spannung zur religiösen Praxis, die Gott als Schöpfer der Welt verehrt. Wird diese Schöpfungsrolle Gottes im Sinne der Lehre der *creatio ex nihilo* gefasst, bleibt kein Raum für Beschränkungen der Macht Gottes (es sei denn wiederum, es würde sich um Selbstbeschränkungen handeln mit parallelen Konsequenzen wie den bei Jonas aufgezeigten). Wird hingegen angenommen, dass Gottes Schöpfungshandeln seinerseits gebunden bleibt an von ihm vorgefundene und für ihn nicht disponible metaphysische Rahmenbedingungen, ändert sich das Bild. Kandidaten für solche Rahmenbedingungen sind etwa (gemäß dem von Platon in seinem Dialog *Timaios* skizzierten Modell) eine präexistente Materie, die ein Schöpfergott so wie ein Töpfer den Ton gestalten, aber nicht selbst hervorbringen kann, oder metaphysische Prinzipien, wie sie insbesondere in der sog. Prozesstheologie im Anschluss an das Werk Alfred North Whiteheads diskutiert worden sind.

Wenn Gott etwa, wie David Ray Griffin annimmt (vgl. Griffin 1976: 276, 298), innerhalb der auch für ihn selbst unverfügbaren Rahmenbedingungen der Wirklichkeit nicht durch Zwang, sondern nur durch Überredung und das Setzen von

Anreizen wirken kann, eröffnen sich in der Tat Spielräume einer Entlastung Gottes von der Verantwortung für viele der Übel in der Welt. Doch auch hier ergeben sich ganz unabhängig von den Details solcher sog. Prozesstheodizeen fundamentale Schwierigkeiten:[30] Erstens werden so implizit oder explizit für die religiöse Praxis zentrale Merkmale Gottes aufgegeben – dazu gehören, wie schon erwähnt, seine Rolle als Schöpfer des Himmels und der Erde (vgl. etwa Genesis 1,1; Jesaja 42,5; Psalm 124,8), also von schlechthin allem nichtgöttlichen Sein, aber auch Merkmale wie Ewigkeit und Unveränderlichkeit. Gott selbst wird ja von der Prozesstheologie als erst im Werden begriffen verstanden – und damit als ein Wesen, das nicht, wie etwa die traditionelle scholastische Gotteslehre annimmt, reiner Akt ist und insofern immer schon alles ist, was es sein kann, also über keine „unausgeschöpften" Potentiale verfügt, sondern das sich in Interaktion mit nicht-göttlichen Wesen auch selbst fortentwickelt. Zweitens bleibt fraglich, wie weit eine solche Entlastung reicht, selbst dann, wenn die revisionären Konsequenzen der Prozesstheodizee für den Gottesbegriff akzeptiert werden würden. Hier wäre zu fragen, ob auch ein beschränkter Gott nicht doch zumindest über so große Überzeugungskraft zusammen mit einem verlässlichen Wissen über wirksame Anreize und Abschreckungen verfügen sollte, um wenigstens furchtbare Übel zumindest weitgehend zu vermeiden. Vor allem aber bleibt Gott verantwortlich für die Entscheidung, sich überhaupt auf eine Schöpfung eingelassen zu haben. Wenn die Entfaltung auch der eigenen Potentiale Gottes um den Preis eines Prozesses mit so katastrophalen Risiken erkauft wäre, stellt sich die Frage, warum Gott, sofern man ihm weiterhin eine (wenn auch gegenüber der Konzeption von Schöpfung aus dem Nichts abgeschwächte) Rolle als Schöpfer zubilligt, sich für berechtigt hält, einen solchen Prozess überhaupt anzustoßen oder an ihm mitzuwirken. Hier steht dann wiederum das Attribut der Allgüte in Frage, zu dessen Absicherung die Strategie der Abschwächung von Gottes Allmacht doch allererst verfolgt wurde.

Diese Kritik an prozesstheologischen Abschwächungsstrategien sollte indes nicht übersehen lassen, dass das Attribut der Allmacht – und darin unterscheidet es sich namentlich vom Attribut der Allgüte – sowohl in Bezug auf die religiöse Praxis wie auf seine philosophische bzw. theologische Explikation keineswegs über einen klar abgegrenzten Bedeutungskern verfügt. Peter Rohs weist etwa zu Recht darauf hin, dass die Christen im *Vaterunser* um das Kommen des Reiches Gottes bitten: „Dein Wille geschehe, wie im Himmel, so auch auf Erden." (Vgl. Rohs 2001: 118) Diese Bitte setzt voraus, dass auf Erden der Wille Gottes zumindest nicht im selben Umfang realisiert ist wie im Himmel. Der theistische Gott unterscheidet sich

---

30 Für eine prägnante Darstellung und Kritik an prozesstheologischen Positionen zum Theodizeeproblem vgl. Kreiner (1997: Kap. 4).

damit deutlich etwa vom stoischen Schicksal (*heimarmene*). Aus Sicht der stoischen Theologie gibt es in der Tat nichts zu erhoffen, es gilt nur, besser einzusehen, was immer schon vollständig verwirklicht vorliegt, nämlich die vernünftige Ordnung der Welt. Die Hoffnung auf den Anbruch der Gottesherrschaft beinhaltet demgegenüber mindestens ebenso sehr die schmerzhafte Erfahrung von deren Fehlen wie das Vertrauen in die Macht Gottes, sie herbeizuführen.

Fraglich erscheint aber, ob die von Rohs vorgeschlagene Differenzierung zwischen retardierter Allmacht einerseits, avancierter Allmacht andererseits und einer Deutung von Allmacht im Sinne ersterer tatsächlich den Weg zu einer aussichtsreichen Vermeidungsstrategie des Theodizeeproblems darstellt. Während nämlich avancierte Allmacht immer schon als realisiert gedacht werden muss und deshalb angesichts der Übel im Sinne der Widerlegung „einer Tatsachenfeststellung" (Rohs 2001: 119) in Frage gestellt werden kann, entzieht sich die von Rohs favorisierte „retardierte Allmacht" als bloßer „Gegenstand von Hoffnung und Glaube" (ebd.) in der Tat qua Voraussetzung einer solchen Infragestellung. Hier liegt allerdings nicht nur der Verdacht einer Immunisierungsstrategie gegen das Theodizeeproblem nahe, es bleibt auch unklar (i) was eigentlich die Allmacht verzögert – der Begriff des Retardierens deutet ja selbst ein Ausbleiben des eigentlich Erwartbaren analog zur verspäteten Ankunft des Zuges etc. an und (ii) was die Hoffnung sowohl auf die schlussendliche Durchsetzung der Allmacht – verspätete Züge erreichen oft ihr Ziel überhaupt nicht, sondern kehren zuvor um – und was das Vertrauen in die Fähigkeit eines verspäteten Gottes, nachträglich Gerechtigkeit zu schaffen, eigentlich rechtfertigen kann.

Man wird wohl nicht umhinkommen zu konstatieren, dass gerade das Attribut der Allmacht eine grundlegende Schwierigkeit mit besonderer Prägnanz verdeutlicht, die Franz von Kutschera wie folgt formuliert:

> Auch hier zeigt sich also das Phänomen, daß die Theologie philosophische Bestimmungen, die sich auf eine völlig andere Gottesvorstellung bezogen, zunächst vielleicht als Ehren- und Hoheitstitel, dann aber durchaus im wörtlichen Sinne als Attribute ihres Gottes übernahm. (Kutschera 1990: 54)

Dies eröffnet aber zumindest einen relativ größeren Spielraum für eine Abschwächung des Attributs der Allmacht, als er mit Blick auf das der Allgüte gegeben ist. Diese ist eben keineswegs als bloße *ad hoc*-Strategie zur Bewältigung des Theodizeeproblems zurückzuweisen, sondern kann sich auf starke Anhaltspunkte in der religiösen Praxis ebenso berufen wie darauf, dass eine hypertrophe Deutung von Allmacht zur Implosion des Begriffs selbst führt (wie etwa Descartes' Verständnis von Allmacht als Verfügung selbst über die Gesetze der Logik im Dienst einer Verteidigung der absoluten Souveränität Gottes über schlechthin alles exemplarisch belegt).

Das Attribut der Allwissenheit hat im Vergleich zu denen der Allgüte und der Allmacht recht geringe Aufmerksamkeit erfahren. Mit Blick auf das Theodizeeproblem mutet es von vornherein merkwürdig an, Gott durch die eigene Unwissenheit zu entlasten – woher sollte sie auch kommen, wenn doch Gott der Schöpfer von Himmel und Erde ist? Außerdem erweist sich der Begriff der Allwissenheit bei näherem Hinsehen als nicht weniger problematisch und deutungsbedürftig wie der der Allmacht. Auf die sich hier stellenden Probleme kann wiederum nur exemplarisch aufmerksam gemacht werden. Ein erster Vorschlag zum Verständnis der göttlichen Allwissenheit könnte wie folgt lauten:

> Vorschlag 1: Gott ist allwissend genau dann, wenn für alle Tatsachen p gilt, dass Gott weiß, dass p.[31]

Schon mit Blick auf einen solchen, zunächst als wenig kontrovers erscheinenden Vorschlag ergeben sich jedoch – wie auch bei der Allmacht – zwei Arten von Spannungen: Nämlich zum einen zu anderen Attributen Gottes, zum anderen zu einer Deutung des Begriffs des Wissens, wie sie aus von religionsphilosophischen Fragen unabhängigen Gründen als überzeugend erscheint. Mit Blick auf die erste Art von Spannung könnte man etwa einwenden, dass ein Gott, dem das Attribut der Unveränderlichkeit zukommen soll, über zumindest eine Form von Wissen *ipso facto* nicht verfügen kann, nämlich eine solche, die Aussagen mit indexikalischen Ausdrücken enthält, die etwa auf Zeitverhältnisse Bezug nehmen – also z. B.: Jetzt schlägt es Mittag. Dass es jetzt Mittag schlägt, kann jemand aber eben nur zu genau diesem Zeitpunkt wissen; schon in wenigen Sekunden wäre es ja falsch zu sagen, dass es jetzt Mittag schlägt. Zu diesem späteren Zeitpunkt kann man allenfalls wissen, dass es zuvor Mittag geschlagen hat. Man kann aber eben nicht mehr wissen, dass es jetzt zu Mittag schlägt. Eine solche Veränderlichkeit in den eigenen Wissensbeständen stellt aber die Unveränderlichkeit Gottes als Subjekt solchen Wissens in Frage.[32]

Mit Blick auf die zweite Art von Spannung stellt sich etwa die Frage, welche Konsequenzen es für Gott hat, wenn Rechtfertigung als notwendige Bedingung für Wissen aufgefasst (eine möglicherweise wahre, aber nicht gerechtfertigte Überzeugung wie die aus dem Kaffeesatz gewonnene, dass ein Freund das Erdbeben in

---

[31] Dieser Vorschlag folgt Kutschera (1990: 55).
[32] Kretzmann (1966) sieht hier tatsächlich einen nicht zu beseitigenden Konflikt zwischen Allwissenheit und Unveränderlichkeit Gottes; Kutschera (1990: 56f.) glaubt hingegen, dass ein solcher Konflikt vermieden werden kann.

Anatolien überlebt hat, würde sich dann nicht als Wissen qualifizieren) und zusätzlich Rechtfertigung an die Einsicht in verlässliche Zusammenhänge gebunden wird (wie sie zwischen Kaffeesatz und Überleben nicht besteht, wohl aber zwischen Lebenszeichen per Handy des Überlebenden und dessen Überleben), dann stellt sich die Frage, wie Gott (und jede andere Person) etwas wissen kann, was sich solchen Zusammenhängen entzieht. Und dazu könnte eben insbesondere das menschliche Handeln zählen, sofern es sich freier Wahl verdankt. Auch aus einer ganzen Reihe von weiteren Gründen wurde das Attribut der Allwissenheit in der theistischen Tradition vor allem unter dem Gesichtspunkt seiner Vereinbarkeit mit der menschlichen Freiheit diskutiert. Ob es gelingen kann, beides etwa im Sinne des spanischen Jesuiten Luis de Molina dadurch zu vereinbaren, dass man Gott eben ein Wissen davon zuschreibt, wie sich jedes freie Wesen zu jedem beliebigen Zeitpunkt und angesichts beliebiger Optionen frei entscheiden würde, kann hier offenbleiben. Der Hinweis muss genügen, dass solche Versöhnungsversuche einem strukturellen Dilemma ausgesetzt sind:

> Entweder das göttliche Allwissen wird hinreichend stark verstanden, um sowohl den Anforderungen des Wissensbegriffs wie denen der *All*wissenheit zu genügen, dann scheint dies so weitreichende Abschwächungen in der Konzeption menschlicher Freiheit vorauszusetzten, dass zumindest Vertreter einer libertarianischen Freiheitskonzeption hier gar nicht mehr bereit sein werden, von Freiheit zu sprechen.
>
> Oder aber ein hinreichend robuster Freiheitsbegriff wird vorausgesetzt, dann scheint umgekehrt entweder der Wissensbegriff entleert werden zu müssen – oder aber eingestanden werden zu müssen, dass es in Bezug auf freie Handlungen auch für einen allwissenden Gott schlicht nichts zu wissen gibt (zumindest bevor die freie Entscheidung gefallen ist).[33]

Die letztere Option ließe sich immerhin analog[34] zur Abwehr des Einwandes, dass Gottes fehlende Verfügung über die Gesetze der Logik seine Allmacht beschränke, so verstehen, dass es eben seine Allwissenheit ebenso wenig beschränkte, etwas nicht zu wissen, was es gar nicht zu wissen gibt, wie es seine Allmacht beschränkte, etwas Widersprüchliches nicht zu vermögen.[35]

Wie für die Debatte um das Attribut der göttlichen Allmacht gilt auch für die um das Attribut der Allwissenheit, dass sich bisher keinerlei Konsens selbst in-

---

[33] Zumindest bevor die freie Entscheidung gefallen ist – aber war die Aussage, die deren Ergebnis beinhaltet, nicht auch schon vorher wahr, wenn auch kontingenterweise?

[34] Zu den Grenzen einer solchen Analogie vgl. aber die Überlegungen von Weidemann 2003: 169 f.

[35] Für eine prägnante Diskussion der sich aus der Verhältnisbestimmung von göttlicher Allwissenheit und Freiheit ergebenden Probleme vgl. Weidemann (2003), für eine umfassende ideengeschichtliche und systematische Einordnung vgl. Jäger (2018).

nerhalb der theistischen Tradition in Bezug auf sein angemessenes Verständnis abzeichnet. Im Zusammenhang mit der Debatte um das Theodizeeproblem muss es genügen, auf eine wichtige Implikation der Debatte über Allwissenheit für dieses Problem hinzuweisen: Im Sinne des ersten Horns des Dilemmas eine wenig robuste Konzeption von menschlicher Freiheit zu vertreten, etwa im Sinne eines Kompatibilismus, der Freiheit und Determination (wenigstens in geeigneter Form, also etwa nicht durch äußeren Zwang sondern durch die eigene Persönlichkeit des Handelnden) durchaus für miteinander verträglich hält, mag bei der Verteidigung des Attributs der Allwissenheit helfen. Wenn freie Entscheidungen zugleich determiniert sind, dann sind sie unproblematisch auch als Inhalt göttlichen Wissens verfügbar, der ja jederzeit und vollständig alle Determinanten und Determinationsverhältnisse überschaut. Dem Theisten wird dadurch aber in Bezug auf das Theodizeeproblem eine ganz erhebliche Beweislast aufgebürdet, die er nicht zu tragen hat, wenn ein inkompatibilistischer, libertarianischer Freiheitsbegriff zugrunde gelegt wird. Gott würde dann nämlich die gleiche, volle Verantwortung für die *mala moralia*, die sich freien menschlichen Entscheidungen und Einstellungen verdanken, zukommen wie für die *mala naturalia*, für die dies nicht der Fall ist. Überdies hätte er auch dafür sorgen können, durch geeignete Determination sicher zu stellen, dass alle Entscheidungen richtig getroffen werden und so das Übel (im Fall unvermeidlicher Nebenwirkungen von moralisch richtigen Handlungen) minimiert oder (im Fall von moralisch falschen Handlungen selbst) ganz vermieden würde. Dass die aktuale Welt aber eine Welt ist, in der genau dies tatsächlich zutrifft, schlägt jeder Plausibilität ins Gesicht. Auf diesen Zusammenhang wird im Zusammenhang mit der Diskussion der sog. *free will-defense* weiter unten noch zurückzukommen sein. Es bleibt hier lediglich festzuhalten, dass aus theistischer Sicht für sich genommen möglicherweise attraktive Verteidigungsstrategien des Attributs der Allwissenheit mit erheblichen Kosten im Bereich der Theodizeedebatte verbunden sind. Umgekehrt gilt aber, dass eine schwächere Lesart des Attributs der Allwissenheit keineswegs eine bloße *ad hoc*-Annahme im Dienste der Vermeidung solcher Kosten darstellen muss. Es gibt eben hinreichend starke, unabhängige Gründe zugunsten einer solchen Lesart, die sich sowohl aus den Aporien eines hypertrophen Begriffs der Allwissenheit wie aus der Debatte um das rechte Verständnis menschlicher Freiheit und der Einschränkung von Wissensmöglichkeiten ergeben.

Ganz unabhängig vom Theodizeeproblem bleibt die Klärung des Verständnisses göttlicher Attribute eine zentrale Aufgabe jeder rationalen Reflexion über das Gottesbild des Theismus. Ob und inwiefern sich diese Klärung dabei auf eine aus philosophischen Debatten abgeleitete Theorie von All-Aussagen über eine göttliche All-Güte, All-Macht oder All-Wissenheit stützen sollte, muss hier dahingestellt bleiben. Nichts deutet freilich darauf hin, dass der bloße Verzicht darauf schon ausreicht, um das Gottesbild des Theismus gegen die Herausforderung aus dem Übel zu immunisieren. Die Auffassungen über Güte, Macht und Wissen Gottes, die den Theismus für diese Herausforderung empfänglich machen, gehören vielmehr zum Kern dessen, was oben als orthodoxer Theismus definiert wurde. Wiederum bleibt Theoriebildung unerlässlich für die Diskussion und Entscheidung der Frage, ob ein solcher orthodoxer Theismus dieser Herausforderung standzuhalten vermag, oder ob der Theismus, wie etwa die Prozesstheologie anzunehmen zwingt, einer grundlegenden Revision bedarf – wobei es eine weitere offene Frage darstellt, ob nicht die damit einhergehende, „lokale" Entlastung mit Blick auf die Herausforderung des Übels dazu nötigt, an anderen Stellen einen Preis zu entrichten, der den Kern des Theismus als Religion in Frage stellen würde.

2.4 Gar nicht so übel!

Dass das Übel existiert, stellt eine empirische Behauptung dar. Dennoch wird die entsprechende Annahme als Teil des Theodizeeproblems kaum je in Frage gestellt. Die Belege dafür, dass sie zutrifft, sind derart überwältigend, dass der Versuch ihrer Widerlegung so grundlegende Prinzipien der Erkenntnistheorie in Frage stellen müsste, dass damit die Grundlagen jeglicher rationaler Diskussion aufgekündigt wären – man denke nur an die erstpersönliche Gewissheit, selbst gerade intensive Zahnschmerzen zu verspüren, die für sich den Status der Inkorrigibilität in Anspruch nehmen kann: Niemand kann mich eines Irrtums in Bezug auf den eigenen Schmerz (wohl aber etwa in Bezug auf seine Ursachen) überführen. Dennoch hat sich bereits bei der Exposition des Theodizeeproblems im ersten Kapitel gezeigt, dass die bloße Existenz von Übeln nicht ausreichen könnte, um die theistische Konzeption Gottes in Frage zu stellen: Warum sollte auch ein allgütiger, allmächtiger und allwissender Gott eigentlich *jegliches* Übel verhindern wollen oder sollen? Viele Menschen nehmen ein paradigmatisches Übel wie starke Schmerzen schließlich freiwillig auf sich – sie wissen, dass die Schmerzen als Folge ihrer eigenen Entscheidungen eintreten werden (und dass sie ohne solche Entscheidungen nicht eintreten würden) und sie sind überzeugt, gerade so dem eigenen Wohl zu dienen. Wer einen Triathlon durchsteht, will eben das – ihn durchstehen angesichts der physischen und psychischen Herausforderungen, die dies beinhaltet. Das Angebot, den Schmerz einfach medikamentös abzuschalten, würde ein Sportler nicht nur als unfair gegenüber den Konkurrenten zurückweisen, er würde es zu Recht auch ganz unabhängig davon als unvereinbar mit dem Erreichen seines eigenen Ziels ablehnen: Er möchte eben etwas Großartiges leisten und dazu gehört die Bewältigung echter Herausforderungen wie der des Umgangs mit den eigenen Schmerzen. Auch wenn die Existenz des Übels also zugestanden werden muss, bedarf die Kategorie der Übel durchaus näherer Prüfung, um ihrer Rolle innerhalb des Theodizeeproblems und den sich daraus ergebenden Konsequenzen für seine Bewältigung gerecht werden zu können.[36]

Die Beobachtung, dass das Übel in verschiedener Hinsicht „gar nicht so übel ist" verdient schon deshalb Beachtung, weil sie zutrifft – und keineswegs eine bloße *ad hoc*-Annahme darstellt, die nur der Entschärfung oder Vermeidung des Theodizeeproblems dient. Die genannte Beobachtung erlaubt zunächst einmal zwei unterschiedliche Lesarten: Die eine Lesart setzt bei dem „ist" an, stellt also die Frage nach der Ontologie des Übels. Die sogenannte Privationstheorie des Übels etwa behauptet, dass es sich beim Übel um einen bloßen Mangel am Guten handelt, der kein ontologisches Eigenrecht besitzt.[37] Die andere Lesart hingegen bezieht sich auf den Wert des Übels, und zwar sowohl in instrumenteller wie in intrinsischer Hinsicht.

Die Privationstheorie sieht sich jedoch einem offensichtlichen Einwand ausgesetzt: Dem Übel scheint eine durchaus positive Realität zuzukommen. Gesunde Zähne etwa zeichnen sich dadurch aus, dass sie sich überhaupt nicht anfühlen, sondern schlicht die ihnen zukommende Funktion erfüllen und etwa gustatorische Lusterfahrungen oder auch nur die Stillung des Hungers durch das Zerkauen von Nahrung ermöglichen. Nur erkrankte Zähne ziehen die Aufmerksamkeit auf sich, namentlich in Form von Zahnschmerzen. Diesen Schmerzen kommt aber eine eigene, positive Realität zu: Sie fühlen sich keineswegs als bloße Abwesenheit von etwas anderem, nämlich der Zahngesundheit, an – sondern als das, was sie sind, eben als schmerzhaft. Es gilt allerdings zu beachten, dass die Privationstheorie das Übel nicht als bloße *Abwesenheit* des Guten auffasst, sondern, wie ihr Name deutlich macht, als *Entbehrung* des Guten. Das Übel besteht darin, dass einer Entität etwas vorenthalten bleibt, was ihm seiner Natur nach zukommen sollte:

> Evil, as the Scholastics hold, is the absence of a due good, and this is privation. To say that the good is due is to stipulate that there must be some nature present that is, in some way, in a state of non-fulfilment. That is why the mere absence of good things – a zebra in the park, a tree in a field, a child to the left of the flag pole – does not constitute an evil. There has to be

---

[36] Stosch (2018: 18) klassifiziert zu Unrecht Strategien, die auf die guten Aspekte des Leidens hinweisen, pauschal als „Leugnungsversuch[e]" durch dessen Bonisierung. Dass Leiden oder Übel im Allgemeinen in bestimmten Hinsichten gut sein kann, trifft erstens zu und stellt zweitens dessen Charakter als Leiden oder Übel in anderer Hinsicht gar nicht in Frage. Die Erfüllung der Signalfunktion von Schmerzen etwa hängt entscheidend davon ab, dass sie sich intensiv schlecht anfühlen – gerade so ziehen sie die Aufmerksamkeit sofort auf sich und veranlassen eine rasche Reaktion, etwa die Entfernung von der Gefahrenquelle.
[37] Zur Geschichte der Privationstheorie vgl. Schönberger (1998).

some nature that is unfulfilled on which the privation is ontologically dependent. (Oderberg 2020: 122)

Blindheit als Abwesenheit des Sehvermögens stellt aus dieser Sicht ein Übel nicht für einen Maulwurf, sondern nur für Menschen oder überhaupt für Lebewesen dar, zu deren Natur es gehört, sich durch den Gesichtssinn über die eigene Umwelt informieren und sich in ihr orientieren zu können.

Auch zeitgenössische Verteidiger einer Privationstheorie wie David Oderberg trennen daher aus guten Gründen zwischen der These von der Positivität des Übels einerseits, seiner Realität andererseits und bestreiten nur erstere, nicht aber letztere (Oderberg 2020: 3). Eine blinde Person verfügt eben nicht über eine Fähigkeit, die konstitutiv für die menschliche Lebensform ist (und sie verfügt auch nicht schon qua blind über irgendeine andere Fähigkeit, wie die Bezeichnung von Blinden als „otherwise seeing" suggeriert), und dieses Fehlen macht sich in ihrem Alltag vielfach negativ bemerkbar, verlangt nach Kompensation durch andere Fähigkeiten etc. Die ontologische Depotenzierung des Übels zu einer Privation entschärft daher das Theodizeeproblem in keiner Weise. Die Frage, warum Gott jemanden eine so grundlegende Fähigkeit wie die des Sehens vorenthält, erweist sich als nicht weniger dringlich als die Frage, warum jemand Schmerzen, verstanden als positive Realitäten eigenen Rechts, erleidet.

Die Privationstheorie des Übels sieht sich also starken Einwänden ausgesetzt und trägt, selbst wenn es gelänge, sie für alle Arten des Übels plausibel zu machen, für sich genommen noch nicht zur Bewältigung des Theodizeeproblems bei.

Räumt man ein, dass zumindest einigen Arten von Übeln positive Realität zukommt, dann stellt sich für diese ebenso wie für rein privative Übel dennoch die Frage, ob sie nicht in bestimmten Hinsichten aus guten Gründen bejaht werden können – Gründe, die Gott veranlasst haben könnten, sie zuzulassen. Hier gilt es zunächst, den Begriff der Übel noch näher zu präzisieren: Oben wurde bereits die Unterscheidung zwischen moralischen und natürlichen Übeln anhand des Kriteriums getroffen, ob sich ein Übel zurechenbaren Handlungen oder Einstellungen verdankt oder nicht. Diese Unterscheidung betrifft aber lediglich die Ursachen solcher Übel. Diese Frage ist für das Theodizeeproblem, bei dem es ja darum geht, wer die Verantwortung für welche Übel zu übernehmen hat, ohne Zweifel von großer Bedeutung. Sie charakterisiert aber nicht die Übel als solche – ein akuter Zahnschmerz kann ja sowohl Ergebnis eines Schlags ins Gesicht sein wie das einer bakteriellen Infektion ohne jede Beteiligung anderer Personen.

Zur intrinsischen Charakterisierung von Übeln empfiehlt sich eine nähere Untersuchung der folgenden drei Kategorien, die als aussichtsreiche Kandidaten für die Bestimmung dessen erscheinen, was Übel eben als solche eigentlich ausmacht: Nämlich (i) Schmerzen, (ii) Leiden und (iii) das Böse. Schmerzen bilden nun ihrerseits eine paradigmatische Form von Leiden: Jeder Schmerz stellt eine Form von Leid dar, aber das Umgekehrte gilt nicht: Ein Baby mag einen plötzlichen Kindstod erleiden, den es selbst aber in keiner Weise als schmerzhaft erfährt. Angeborene Blindheit mag zu keinem Zeitpunkt physische oder psychische Schmerzen verursachen, stellt aber einen Zustand dar, den eine Person erleidet.[38] Doch was ist das Kriterium, das es erlaubt, hier von Leiden zu sprechen, auch wenn dies durch keine negativen subjektiven Erfahrungen wie Schmerzen gedeckt ist? Eleonore Stump verweist hier auf zwei distinkte Arten von Kriterien: Nämlich einerseits die Frage nach Übereinstimmung oder Dissonanz mit den eigenen „heart's desires", also den Anliegen, über die eine Person nicht nur zufällig verfügt, sondern mit denen sie sich bewusst identifiziert und an deren Erfüllung ihr entscheidend gelegen ist, andererseits die Frage nach der Übereinstimmung oder Dissonanz mit den objektiven Rahmenbedingungen, die ein gutes menschliches Leben auszeichnen. Wer blind oder taub ist, leidet, insofern er nicht dem letztgenannten Kriterium genügt, ganz unabhängig davon, ob ihm die Ausübung der entsprechenden Fähigkeiten (was in der Regel unterstellt werden kann) ein Anliegen ist oder nicht. (Vgl. Stump 2012: 10 ff.) Umgekehrt kann das Scheitern eines persönlichen Projekts, in das jemand einen guten Teil der eigenen Zeit und Energie investiert hat, selbst dann zu erheblichem Leid führen, wenn eine solche Person ansonsten ein entlang den objektiven Maßstäben für menschliches Gedeihen gemessen gutes Leben führt. Eine adäquate Theorie des menschlichen Wohlergehens hat in jedem Fall beiden Arten von Kriterien Rechnung zu tragen.[39] Übel beeinträchtigen das menschliche Wohlergehen nicht bloß aufgrund der Weise, wie sie subjektiv erlebt werden. Auch ein Sklave, der resigniert und sich mit dem eigenen Los sogar identifiziert hat, mag weder psychische noch physische Schmerzen erfahren, ihm wird aber ohne Zweifel ein ganz erhebliches Leid angetan. Dieses Leid fällt jedoch seinerseits zusätzlich in die Kategorie des Bösen. Der Begriff des Bösen ist selbst notorisch vieldeutig. Er soll hier als Abkürzung für das moralisch Falsche in jeder Form verwendet werden, also *nicht* (i) zur exklusiven Kennzeichnung besonders schlimmer Formen des moralisch Falschen wie etwa Folter oder Genozid, und auch nicht (ii) zur Kennzeichnung dessen, was Kant (vgl. KpV, AA V 33, § 8) das Teuflische nennt, also ein

---

[38] Zu weiteren Beispielen wie dem Anton's Syndrom, in dem jemand durch eine Hirnerkrankung plötzlich erblindet, sich der Einsicht in diesen Zustand vollständig und erfolgreich verweigert, damit aber auch keinerlei physische oder psychische Schmerzen erfährt, vgl. Stump (2012: 5 f.).
[39] Ich habe an anderer Stelle zu zeigen versucht, dass dies im Rahmen einer recht verstanden, objektiven Liste-Theorie dessen, was dieses Wohlergehen ausmacht, geleistet werden kann, vgl. Halbig (2020) sowie Halbig (2025).

Handeln, dessen Intention auf das Schlechte als solches abzielt.[40] Wer jemand anderen belügt, tut ihm in jedem Fall ein Unrecht an und handelt somit böse im Sinne von moralisch falsch – ganz unabhängig von der Frage, ob er damit auch sein Wohlergehen mindert.

Damit zeichnet sich die Unterscheidung zwischen zwei Genera von Übeln ab, die wiederum ihrerseits je unterschiedliche Spezies umfassen: Prudentielle Übel, die das Wohlergehen beeinträchtigen und zu denen etwa Schmerzen, die Beeinträchtigung oder das Fehlen grundlegender Fähigkeiten, Erfolglosigkeit und Scheitern bei zentralen Projekten etc. gehören einerseits, moralische Übel andererseits, die sich etwa entlang der Unterscheidung tugendethischer (Laster), deontologischer (Verletzung von Rechten) und konsequentialistischer Dimensionen (Zufügung von Schaden) weiter ausdifferenzieren lassen. Bei beiden Genera von Übeln wiederum handelt es sich um intrinsische Übel. Auch solche intrinsischen Übel können sich jedoch als instrumentell geeignet und also als nützlich für die Realisierung von positiven Gütern erweisen – und umgekehrt: Bestimmte intrinsische Güter mögen ungeeignet oder sogar schädlich sein für die Realisierung anderer Güter. Der Schmerz, den jemand erleidet, wenn er sich einem glühend heißen Objekt nähert, mag ein probates Mittel zur Abschreckung darstellen und gerade so nützlich sein für den Erhalt des eigenen Tastsinns. Der mühelose Erfolg des Talentierten bei einem seiner Projekte mag umgekehrt andere entmutigen und in seinem prudentiellen Wert auch für den Erfolgreichen durch die Leichtigkeit seiner Erzielung gemindert werden. Und selbst das Unrechttun von A, das B schädigt, mag für Dritte nützlich sein zur Abschreckung oder als Anlass zur moralisch gebotenen Hilfeleistung für B.

Festzuhalten bleibt, dass wir die Existenz bestimmter Übel sowohl aufgrund ihrer instrumentellen Funktion als auch aufgrund ihrer intrinsischen Bedeutung für die Konstitution bestimmter Güter auch ganz unabhängig von weltanschaulichen Fragen wie denen von Theismus, Naturalismus etc. durchaus bejahen können. Häufig bejahen wir sie nicht nur, wenn sie uns widerfahren, sondern nehmen sie bewusst in Kauf, wie der Bergsteiger, der in der Todeszone auf Flaschensauerstoff verzichtet oder die gebärende Mutter, die eine Anästhesie ablehnt. Der Erfolg der Bergbesteigung und die personale Beziehung zum Neugeborenen erfahren hier eine Steigerung durch die in diese Güter konstitutiv eingegangenen Übel. Darauf wird im dritten Kapitel bei der Diskussion von Rahmenbedingungen für eine materiale Theodizee zurückzukommen sein.

---

40 Ob es solches teuflisches Handeln überhaupt geben kann, ist umstritten, vgl. Halbig (2013b). Ein alltägliches Beispiel dafür könnte etwa der Neid sein, der jemand anderem ein Gut missgönnt, ohne dass sich aus dessen Verfügung über das Gut irgendein Nachteil für den Neidischen ergeben würde.

Bei zumindest zwei Arten von Übeln stößt eine solche Strategie der Bejahung im Lichte ihres Nutzens oder ihres konstitutiven Beitrags zu größeren Gütern jedoch an ihre Grenzen, nämlich bei sinnlosen Übeln und bei furchtbaren Übeln (vgl. o. Kap. 1): Letztere stellen ja *per definitionem* in Frage, ob eine Person, die sie erlitten hat, überhaupt noch zu einem prudentiell guten Leben in der Lage sein kann (man denke an traumatisierte Opfer von Folter, Vergewaltigung etc.). Ersteren fehlt *per definitionem* jeder Bezug auf einen durch sie ermöglichten oder geförderten Sinnzusammenhang. Sinnlose Übel sind insofern *bloße* Übel – und mögen sogar noch dadurch zusätzlich gesteigert werden, dass ihre Sinnlosigkeit für denjenigen, der ihnen ausgesetzt ist, offenkundig sein mag (man denke an das Leiden einer Person in einem aussichtslosen Gefecht innerhalb eines ungerechten Krieges, das unweigerlich mit einem einsamen Tod enden wird). Ebenfalls ungelöst sind zudem die Probleme des Ausmaßes und der Verteilung: Es scheint sehr viel mehr Übel zu geben als notwendig gewesen wären zur Erreichung externer Zwecke oder für den konstitutiven Beitrag zu größeren Gütern – und das Auftreten dieser Übel scheint einen allenfalls zufälligen Bezug zu den so ermöglichten Gütern aufzuweisen (mit Ausnahme natürlich der Fälle wie denen des Bergsteigers und der gebärenden Mutter, in denen sie als solche angestrebt bzw. in Kauf genommen werden).

3 Problembewältigungen

3.1 Einleitung: Das logische und das evidentielle Problem

Wenn, wie im vorigen Kapitel gezeigt wurde, die Strategien zur Vermeidung des Theodizeeproblems allesamt scheitern, bleibt nur der Versuch seiner Bewältigung. Dazu bedarf es zunächst einer vertieften Deutung seiner Struktur.

Bereits im Rahmen der Problemexposition im ersten Kapitel wurde deutlich, dass es zwei distinkte Weisen gibt, den Status des Theodizeeproblems zu bestimmen. Beide unterscheiden sich darin, wie sie verstehen, was bisher in dem metaphorischen Begriff der „Spannung" zwischen der Existenz des Übels und der Annahme der Existenz eines Gottes mit den Attributen der Allgüte, Allmacht und Allwissenheit gefasst wurde: Handelt es sich bei dieser Spannung um eine logische Unvereinbarkeit der das Problem konstituierenden Annahmen? In diesem Fall liegt das sog. logische Problem des Übels vor. (Kap. 3.1.1)[41] Oder stellt die Spannung zwar keinen logischen Widerspruch dar, genügt aber, um die theistische Konzeption Gottes im Lichte der Annahme in Bezug auf das Übel als wenig wahrscheinlich erscheinen zu lassen? In diesem Fall liegt das sog. evidentielle Problem des Übels vor. (Kap. 3.1.2)

Der ambitionierte Versuch von atheistischer Seite, aus dem Theodizeeproblem einen Beweis der Nicht-Existenz Gottes abzuleiten, setzt dessen Verständnis als logisches Problem voraus. Die bei weitem einflussreichste Variante davon wurde von John Mackie in die religionsphilosophische Debatte in eben dieser Absicht eingeführt. Mackie kommt zu folgendem Fazit:

> This problem [sc. the problem of evil] seems to show not merely that traditional theism lacks rational support, but rather that it is positively irrational, in that some of its central doctrines are, as a set, inconsistent with one another. (Mackie 1982: 150)

Die Überzeugungen, die ein Theist als solcher teilen muss, lassen sich aus Mackies Sicht also nicht nur nicht überzeugend beweisen oder auch nur plausibel machen, sie lassen sich vielmehr widerlegen. Mackies Rekonstruktion des Theodizeeproblems als logisches Problem wird indes in der Gegenwart nahezu einhellig zu-

---

[41] Der Begriff „logisches Problem des Übels" geht zurück auf Mackie (1982). Mackie bezeichnet dort das Theodizeeproblem als „essentially a logical problem" (ebd.: 150) und grenzt es von wissenschaftlichen wie von praktischen Problemen ab. Vgl. a. Howard-Snyder (2013).

rückgewiesen.[42] Die Debatte wird heute dominiert durch die Diskussion des evidentiellen Arguments, das sich wiederum in unterschiedliche Varianten ausdifferenziert hat. Im Folgenden soll dennoch zunächst das logische Problem in der von Mackie ausgearbeiteten Form diskutiert werden, insofern sich aus seinem Scheitern Konsequenzen ergeben, die auch für die Diskussion des evidentiellen Problems von Bedeutung bleiben. Im Mittelpunkt werden dabei die Brückenannahmen stehen, die notwendig sind, sowohl die logische Vereinbarkeit der das Problem konstituierenden Annahmen verständlich zu machen als auch die Frage zu beantworten, wie plausibel sie zusammen genommen erscheinen. Wie ebenfalls in der einleitenden Problemexposition gezeigt wurde, kann auch für diese Brückenannahmen ein ganz unterschiedlicher Status beansprucht werden. Zur Bewältigung des logischen Problems des Übels genügt es offensichtlich, dass es überhaupt solche Annahmen gibt. Wenn es sie gibt (sei es im Singular oder im Plural), heben sie jedenfalls die von Philosophen wie Mackie behauptete Inkonsistenz auf, völlig unabhängig davon, wie plausibel sie ansonsten erscheinen mögen.

Der Theist wird sich aber kaum damit abfinden können, über ein konsistentes, aber abwegiges Überzeugungssystem zu verfügen. Noch so abstruse Verschwörungstheorien zu den Attentaten des 11. Septembers oder den Präsidentschaftswahlen in den USA mögen keinerlei logische Widersprüche enthalten – es gibt eine mögliche Welt, in der sie wahr sein könnten. Nur hat diese mögliche Welt mit der wirklichen wenig zu tun. Bereits die Suche nach Brückenannahmen, die nicht nur Konsistenz herstellen, sondern auch inhaltlich plausibel erscheinen, wird aber durch den sog. skeptischen Theismus als sinnvolles Projekt in Frage gestellt. (Kap. 3.2) Der skeptische Theist zweifelt als Theist keineswegs daran, dass es wahre Brückenannahmen gibt, meldet aber grundsätzliche Zweifel daran an, dass uns solche Annahmen überhaupt epistemisch zugänglich sind. Gerade wenn der Theismus zuträfe, wäre ihm zufolge eben nicht zu erwarten, dass sich endlichen Wesen die „Wege Gottes" erschließen, es sei denn, Gott selbst würde sich entscheiden, ihnen Einblick in seine Wege zu gewähren. Die Behauptung, dass es Brückenannahmen gibt, die wahr, aber für uns unerkennbar sind, und die die Vereinbarkeit zwischen einem theistischen Gott und dem Übel herstellen, betrachtet der skeptische Theist vor diesem Hintergrund gerade nicht als verzweifeltes *asylum igno-*

---

[42] Howard-Snyder in seiner Einleitung zu Howard-Snyder (1996: xii), verbannt etwa Mackies Argument in den „dustbin of philosophical fashions", Alston (1991: 29) bezeichnet das logische Problem insgesamt als „bankrupt" und betrachtet diese Einschätzung als unter den Teilnehmern an der Theodizeedebatte nahezu einhellig geteilt, ebenso van Inwagen (2001: 203). Zu der kleinen Gruppe von Philosophen, die das logische Problem auch weiterhin als „keineswegs gelöst" (Beckermann 2013: 131) betrachten, gehören neben Beckermann etwa Gesang (1997) oder Hoerster (1985), (2017).

rantiae, sondern als eine Annahme, die sich aus der theistischen Position selbst ergibt und die ihm daher nicht als fragwürdige Immunisierung gegen Einwände von außen vorgehalten werden darf.

Auch dem skeptischen Theismus gelingt es jedoch, wie sich zeigen wird, nicht, die Theistin von der Suche nach guten Gründen für eine Vereinbarkeit von theistischem Gott und dem Übel pauschal zu entlasten. Im Rahmen von Verteidigungen kann sie sich darauf beschränken, gute Gründe zu benennen, die Gott möglicherweise dazu veranlasst haben, das Übel zuzulassen; im Rahmen von anspruchsvolleren Theodizeen hingegen versucht sie, nicht bloß mögliche, sondern die tatsächlichen Gründe dafür aufzudecken. Für die Beurteilung des Erfolgs oder des Misserfolgs sowohl von Verteidigungen wie von Theodizeen bedarf es indes klarer Kriterien. So muss zunächst geklärt werden, ob ein allgütiger und allmächtiger Gott überhaupt eine andere Welt schaffen kann bzw. schaffen darf als die beste überhaupt logisch mögliche. (Kap. 3.3) Auf der Grundlage einer Klärung dieser Erfolgskriterien können dann die beiden für eine Theodizee entscheidenden Problemdimensionen ins Auge gefasst werden. In konsequentialistischer Hinsicht ist die Frage nach den größeren Gütern zu stellen, die Gott darin rechtfertigen könnten, Übel zuzulassen bzw. zu riskieren. (Kap. 3.4) Dabei werden zunächst einige axiologische Unterscheidungen einzuführen sein (Kap. 3.4.1), bevor exemplarisch jeweils zwei Arten von Gütern und Übeln, nämliche das Gut der Freiheit (Kap. 3.4.2) sowie religiöse Güter (Kap. 3.4.3) einerseits, furchtbare Übel (Kap. 3.4.4) und natürliche Übel (Kap. 3.4.5) andererseits diskutiert und auf ihre Rolle im Rahmen einer solchen Theodizee befragt werden können. In deontologischer Hinsicht bleibt abschließend zu klären, ob Gott nicht selbst dann Pflichten gegenüber seinen Geschöpfen verletzen könnte, wenn er der Schöpfung insgesamt und sogar jedem einzelnen seiner Geschöpfe ein insgesamt gutes Leben ermöglicht. (Kap. 3.5) Dabei werden die zusätzlichen Probleme und Herausforderungen, die sich aus einer solchen deontologischen Perspektive für das Projekt einer Theodizee ergeben, ebenso zu diskutieren sein wie die zusätzlichen Potentiale, die sich aus der bisher vernachlässigten Frage nach den normativen Prärogativen und Einschränkungen Gottes für die Theodizee ergeben könnten.

3.1.1 Das logische Problem

Aus Sicht von John Mackie lassen sich die Kernüberzeugungen des Theismus –

> (i) Gott existiert

und

(ii) Gott ist allmächtig, allgütig und allwissend

nicht nur nicht beweisen (*prove*), sie lassen sich vielmehr widerlegen (*disprove*),[43] und zwar mit logisch zwingenden Argumenten, die sich lediglich auf Annahmen stützten, die der Theist selbst teilt, die also gar nicht von außen an ihn herangetragen werden müssen. Dafür genügt es nach Mackie, dem Theisten neben den Annahmen in Bezug auf Gott, die eben seine theistische Position charakterisieren, lediglich eine weitere Annahme zuzuschreiben:

(iii) das Übel existiert

Die Annahmen (i) – (iii) bilden für Mackie eine inkonsistente Triade. Da (iii) eine zwar bloß empirische Annahme darstellt, aber nicht ernsthaft in Frage gestellt werden kann, bleibt dem Theisten nur die Wahl, (i) bzw. (ii) und damit den Theismus aufzugeben oder aber sich zu einer offen irrationalen Position zu bekennen.

Mackies Argument erlaubt es zugleich, einen negativen Gottesbeweis zu führen: Das Übel und Gott im Sinne des orthodoxen Theismus erweisen sich als miteinander unvereinbar. Es gibt keine mögliche Welt, in der beide nebeneinander bestehen. Und da die aktuale Welt Übel enthält, kann es in ihr keinen Gott geben. Da Gott aber als notwendiges Wesen, wenn er existiert, in allen möglichen Welten existiert (genau wie die Gesetze der Logik), existiert er nicht nur nicht in der aktualen Welt, sondern in gar keiner.

Der von Mackie für sein Argument erhobene Anspruch könnte also kaum größer sein. Sein Erfolg als logisches hängt nun aber entscheidend davon ab, dass es ganz ohne Plausibilitätserwägungen auskommt und sich allein auf das Aufdecken eines logischen Widerspruchs beschränkt. Doch inwiefern erweisen sich (i) – (iii) eigentlich als widersprüchlich?

Michael Peterson schlägt in diesem Zusammenhang vor, zwischen einem expliziten und einem impliziten Widerspruch zu unterscheiden. (Peterson 2018: 19 ff.):

Eine Menge von Propositionen weist genau dann einen expliziten Widerspruch auf, wenn eine Proposition dieser Menge die Negation einer anderen Proposition der Menge enthält. Dies gilt in Petersons Beispiel etwa für:

(a) Sokrates ist sterblich

und

---

[43] Vgl. Mackie 1955: 200.

(b) Es ist falsch, dass Sokrates sterblich ist

Aus (b) ergibt sich ohne weiteres, dass (a) falsch ist und umgekehrt, es liegt also ein expliziter Widerspruch vor. Nicht alle Widersprüche jedoch liegen in dieser Weise offen zu Tage. Dies gilt namentlich für implizite Widersprüche.

Eine Menge von Propositionen weist genau dann einen impliziten Widerspruch auf, wenn sich allein mit den Mitteln der formalen Logik aus diesen Propositionen ein Widerspruch herleiten lässt (der also nicht schon wie im expliziten Fall zwischen den Propositionen selbst besteht). Dies gilt, wiederum in Petersons Beispiel, etwa für:

(c) Wenn alle Menschen sterblich sind, dann ist Sokrates sterblich.

(d) Alle Menschen sind sterblich.

(b) Es ist falsch, dass Sokrates sterblich ist.

Mit Hilfe des *modus ponens* lässt sich aus (c) und (d) folgern:

(a) Sokrates ist sterblich.

(a) und (b) sind jedoch, wie gerade gezeigt, miteinander logisch unvereinbar. Um den impliziten Widerspruch in der Menge (c), (d) und (b) aufzudecken, bedarf es also des Rekurses auf eine oder mehrere zusätzliche Annahmen, die zu der Menge wiederum nicht einfach hinzugefügt werden dürfen, sondern sich logisch zwingend aus ihr ergeben müssen. Erst zusammen mit diesen Annahmen wird der implizite Widerspruch in der Ausgangsmenge explizit gemacht.

Auch ohne sich ausdrücklich auf eine solche Unterscheidung zwischen impliziten und expliziten Widerspruch zu berufen, lässt John Mackie keine Zweifel daran, dass er *nicht* behauptet, (i) – (iii) enthielten einen expliziten Widerspruch. Vielmehr gilt: „we need additional premises" (Mackie 1955: 200), um den lediglich impliziten Widerspruch in (i) – (iii) aufzudecken. Mackie zufolge bedarf es zweier zusätzlicher Annahmen, die eben dies ermöglichen. Sie lassen sich wie folgt fassen:

(iv) Ein allgütiger Gott beseitigt jedes Übel, das er zu beseitigen vermag.

(v) Einem allmächtigen Gott sind keine Grenzen in dem, was er vermag, gesetzt.

(iv) und (v) sollen dabei lediglich explizieren, was in den All-Attributen des Theismus schon enthalten zu sein scheint. Nur dann genügen sie der Anforderung, nicht lediglich zu (i)-(iii) hinzugefügt zu werden, sondern logisch aus ihnen (in diesem Fall aus (ii)) zu folgen. Doch trifft diese für das Gelingen von Mackies logischem Argument entscheidende Einschätzung tatsächlich zu? Das erscheint als fraglich: (iv) und (v) sind starken Einwänden ausgesetzt, die in Frage stellen, ob die beiden Annahmen überhaupt wahr sind (geschweige denn notwendig wahr). Und sie folgen keineswegs logisch aus den entsprechenden All-Attributen.

Warum sollte etwa ein allgütiger Gott als solcher jedes Übel beseitigen, das er zu beseitigen vermag? Wie das Beispiel des Strafübels im Interesse der moralischen Besserung des (zu Recht) Bestraften zeigt, könnte auch ein allgütiger Gott gute Gründe haben, es zu unterlassen, ein Übel zu beseitigen, das er sehr wohl beseitigen könnte. An Stelle von (iv) ließe sich also allenfalls annehmen:

> (iv)' Ein allgütiger Gott, beseitigt jedes Übel, das er zu beseitigen vermag, sofern er keinen hinreichenden Grund hat, das Übel zu erlauben.

Natürlich könnte man (iv)' mit dem Nachweis verbinden, dass die einschränkende Bedingung nie erfüllt ist, Gott also nie einen hinreichenden Grund haben kann, irgendein Übel zu erlauben. Eine erfolgreiche Argumentation für eine so starke These ist aber nicht abzusehen.

Und auch (v) beruht, wie die Diskussion des Allmachts-Attribut in Kapitel 2.3 gezeigt hat, auf einer naiv-wörtlichen Deutung von Allmacht, die diesen Begriff selbst zu entleeren droht. Unabhängig davon, wie genau Allmacht als Attribut Gottes zu deuten ist, bedarf es minimal einer Einschränkung auf das logisch Mögliche im Sinne von

> (v)' Einem allmächtigen Gott sind innerhalb des logisch Möglichen keine Grenzen in dem, was er vermag, gesetzt.

Selbst wenn konzediert wird, dass (iv)' und (v)' tatsächlich logisch aus den recht verstandenen Attributen der Allgüte und Allmacht folgen, ergeben sie zusammen mit (i)–(iii) weder einen expliziten noch einen impliziten Widerspruch: Nämlich dann nicht, wenn Gott einen hinreichenden Grund hat, ein Übel zuzulassen, und auch dann nicht, wenn ein Übel logisch zwingend wäre. Wenn die Möglichkeit in den Blick kommt, dass Gott aus hinreichenden Gründen Übel zulassen könnte, dann bedarf es wiederum eines genauen Blicks auf (iii), nämlich in Form der Frage, inwiefern das Übel überhaupt zum Problem wird: Genügt seine bloße Existenz oder stellen erst sein (erschreckendes) Ausmaß und seine (augenscheinlich ungerechte) Verteilung oder aber – unabhängig von Ausmaß und Verteilung – die schiere Sinnlosigkeit und Furchtbarkeit vieler Instanzen des Übels (i) und (ii) in Frage? Der Nachweis, dass Gott hinreichenden Grund haben könnte, irgendeine Form des Übels (etwa das Übel einer gerechten Strafe) zuzulassen, fällt jedenfalls deutlich leichter als der Nachweis, dass es für ihn einen hinreichenden Grund gibt, es in dem Ausmaß und in der Verteilung zuzulassen, die wir in unserer Welt vorfinden.

Die Kategorie des sinnlosen Übels schließlich zielt genau auf die Frage nach den Gründen Gottes ab: Dafür, ein sinnloses Übel zuzulassen, scheint es *ipso facto* keine hinreichenden Gründe geben zu können.

Damit eröffnet sich aber ein komplexes Problemfeld, das nichts mehr mit Mackies vermeintlich elegant-einfachem logischen Argument aus dem Übel zu tun hat. Eine Reinterpretation von (iv) und (v) im Sinne von (iv)' und (v)' kann Mackie jedenfalls nicht verweigern, ohne die Spielregel seines eigenen Arguments zu verletzen, dass zu (i)–(iii) hinzukommende Annahmen aus (i)–(iii) logisch folgen müssen. (iv)' und (v)' bilden aber zusammen mit (i)–(iii) keinen logischen Widerspruch mehr. Es bedarf einer substantiellen Diskussion der (möglichen oder wirklichen) Gründe Gottes dafür, Übel zuzulassen und einer Einschätzung der Plausibilität der Annahme, dass es tatsächlich hinreichende Gründe gibt, die einen allgütigen und allmächtigen Gott rechtfertigen, das in (iii) thematisierte Übel in der aktuellen Welt zuzulassen. Mit der Diskussion dieser Fragen ist aber der Raum des logischen Arguments aus dem Übel bereits verlassen und in den des evidentiellen Problems übergeleitet.

Diese ernüchternde Diagnose in Bezug auf den Erfolg des logischen Arguments als negativer Gottesbeweis sollte allerdings nicht übersehen lassen, dass seine Abwehr durch den Theisten auch für diesen nur einen kleinen Erfolg darstellt, gerade weil sie so *leicht* fällt. Dies ergibt sich schon aus der dialektischen Ausgangsposition: Schließlich liegt die Beweislast von vornherein beim Kritiker des Theismus, der seinen Gegner der Irrationalität zu überführen beansprucht. Und um diese Beweislast abtragen zu können, muss der Kritiker (i)–(iii), die ja eingestandenermaßen keinen expliziten Widerspruch darstellen, um zusätzliche Annahmen ergänzen, die sowohl die Bedingung erfüllen müssen, entweder notwendig wahr zu sein oder sich aus den theistischen Kernannahmen selbst logisch ableiten zu lassen,[44] als auch geeignet, dann in der Tat eine widersprüchliche Menge von Annahmen zu generieren. Dass der Theist eine solche Agenda an gleich mehreren Stellen erfolgreich anzugreifen vermag, trägt jedoch umgekehrt zur Plausibilisierung seiner eigenen Position nichts bei. Das Übel verliert seinen Stachel nicht schon durch das Scheitern des Versuchs, daraus eine logische Widerlegung des Theismus abzuleiten.

---

44 Auf diese Bedingung macht etwa Plantinga (1967: 117) zu Recht aufmerksam.

3.1.2 Das evidentielle Problem

Die bei der Diskussion des logischen Problems erarbeiteten Differenzierungen sind keineswegs neu. Implizit stehen sie bereits im Hintergrund der Diskussion des Theodizeeproblems in David Humes *Dialogues Concerning Natural Religion*. Cleanthes, einer der Gesprächspartner des Dialogs, zieht dort zur Verteidigung des Theismus genau die vorhin diskutierte Strategie der Abschwächung von (iv) und (v) zugunsten von (iv)' und (v)' in Betracht:

> Wenn wir aber annehmen, der Urheber der Natur sei von endlicher Vollkommenheit, wenngleich diese alles menschliche Maß bei weitem übersteigt, dann sind wir in der Lage, auf zufriedenstellende Weise eine Erklärung des natürlichen wie moralischen Übels zu geben, und jede widrige Erscheinung kann erklärt und eingeordnet werden. Ein kleineres Übel mag dann gewählt sein, um ein größeres zu vermeiden. Unannehmlichkeiten mögen in Kauf genommen sein, um ein wünschenswertes Ziel zu erreichen. Kurzum: Güte, die durch Weisheit gelenkt und durch Notwendigkeit eingeschränkt wird, könnte genau eine solche Welt wie die gegenwärtige hervorbringen. (Hume, *Dialoge* XI 1, 103)

Unterstellt man, dass selbst Gottes Vollkommenheit, gemeint ist hier: seine Allmacht, nicht unendlich ist, also etwa an die Gesetze der Logik gebunden bleibt, und unterstellt man weiter, dass sich für Gott aus den Bedingungen endlicher Allmacht gute Gründe ergeben könnten, etwa ein Übel zuzulassen, um ein größeres Übel zu vermeiden oder aber ein größeres Gut zu ermöglichen, ist die Vereinbarkeit von Gott und Übel sichergestellt.

Sein Gesprächspartner Philo hält Cleanthes indes entgegen, dass eine solche Vereinbarkeit durchaus zugestanden werden kann, ohne aber den Theisten von einer weiteren Schwierigkeit zu entlasten:

> Folgendes, denke ich, muß man einräumen: Wenn ein sehr beschränkter Verstand, von dem wir annehmen wollen, er habe keinerlei Kenntnis von der Welt, davon überzeugt wäre, daß sie das Werk eines sehr guten, weisen und mächtigen, obgleich endlichen Wesens sei, so würde er sich von dieser Welt aufgrund seiner Mutmaßungen *im vorhinein* einen anderen Begriff bilden, als wir ihn aufgrund von Erfahrung gewinnen. Und er würde bloß von diesen Eigenschaften der Ursache aus, über die er im Bilde ist, niemals auf den Gedanken kommen, daß ihre Wirkung so voller Laster, Elend und Unordnung sein könnte, wie es in diesem Leben den Anschein hat. (Hume, *Dialoge* XI 2, 104; vgl. a. die Diskussion der beiden Zitate bei Beckermann 2013: 112 ff.)

Auch wenn kein Widerspruch zwischen Gott und Übel besteht, so der Kern von Philos Argument, stellt das Übel, so wie wir es in unserer Welt vorfinden, doch einen starken Beleg gegen die Annahme der Existenz eines auch nur „sehr guten, weisen und mächtigen" (ebd.) Gottes dar. Würde man einen Besucher aus einem anderen Sonnensystem auffordern, eine Welt zu beschreiben, die ein solcher Gott geschaffen haben könnte, würde die Beschreibung vielleicht durchaus einige Übel enthalten. Sie wäre aber weit davon entfernt, unsere Welt in der Fülle, Vielfalt und ungerechten Verteilung der in ihr enthaltenen Übel adäquat zu charakterisieren. Während der extraterrestrische Besucher also konstatiert, dass ein theistisch verstandener Gott eine andere Welt als unsere als seine Schöpfung erwarten lässt, müssen wir umgekehrt als Bewohner der wirklichen Welt einräumen, dass der Zustand dieser Welt es viel weniger wahrscheinlich erscheinen lässt, dass sie die Schöpfung eines solchen Gottes darstellt, als etwa das Ergebnis einer nicht-personalen, gegenüber dem Wohl und Übel der die Welt bevölkernden Wesen gleichgültigen, kosmischen Evolution.

Philo nimmt damit bei Hume das Fazit der Diskussion des logischen Arguments vorweg:

> Und hieraus ziehe ich den Schluß, daß die Welt, wie vereinbar sie unter der Voraussetzung bestimmter Annahmen und Vermutungen mit der Vorstellung einer derartigen Gottheit auch sein mag, uns niemals einen Schluß auf deren Existenz gestattet. Die Vereinbarkeit bestreite ich nicht schlechterdings, nur die Herleitbarkeit. (Hume, *Dialoge* XI 4, 106)

Aber lässt die von Philo gestellte Diagnose nicht vielleicht sogar eine deutlich stärkere Kritik am Theismus zu? Nicht nur erlaubt der Zustand dieser Welt keinen Schluss auf die Existenz Gottes, er scheint vielmehr einen starken Beleg gegen die Annahme seiner Existenz darzustellen. Hierin besteht die Kernthese des evidentiellen Arguments aus dem Übel. Das evidentielle Argument beinhaltet in allen seinen Formen, dass die Wahrscheinlichkeit, dass Gott existiert, durch das Übel gesenkt wird. Wenn K für die Gesamtheit unseres Hintergrundwissens steht, G für die Existenz Gottes, E für das Übel und P für Wahrscheinlichkeit, dann gilt nach Richard Gale (1996: 207):

> Wenn $P(G/K) = n$, dann $P(G/K \text{ und } E) < n$.

Wie stark oder schwach das evidentielle Argument aufgefasst wird, kann dabei offenbleiben. Starke Formen zeichnen sich dadurch aus, dass sie annehmen, dass:

> $P(G/K \text{ und } E) < 0.5$.

Solche starken Formen behaupten also nicht bloß, dass die Wahrscheinlichkeit, dass Gott existiert, durch das Übel gesenkt wird, sondern dass sie unter die Schwelle von 0.5 sinkt, es also wahrscheinlicher ist, dass Gott nicht existiert, als dass er existiert.

Evidentielle Argumente aus dem Übel werden vor allem in zwei Varianten diskutiert: Eine erste Variante fragt, wie gerade im Anschluss an Humes Philo gezeigt, wie groß die Wahrscheinlichkeit für das Übel in der Welt vor dem Hintergrund des Theismus im Vergleich zu seiner Wahrscheinlichkeit vor dem Hintergrund einer mit dem Theismus unvereinbaren Metaphysik, etwa der des Naturalismus, ist. Eine zweite Variante fragt, wie wahrscheinlich es ist, dass das Übel in der Welt vollständig im Einklang mit den Annahmen des Theismus erklärbar ist, also durch gute Gründe, die auch einen allgütigen, allmächtigen und allwissenden Gott darin gerechtfertigt haben könnten, es zuzulassen. Argumente dieser zweiten Variante weisen die folgende Struktur auf:

1. There are some evils that are such that humans can't think of any God-justifying reason for permitting them [zu solchen rechtfertigenden Gründen würde etwa die Vermeidung eines größeren Übels oder die Ermöglichung eines größeren Gutes zählen, C.H.].
2. So probably there aren't any God-justifying reasons for permitting those evils.
3. If God existed, he wouldn't permit these evils if there were no God-justifying reasons for permitting them.
4. Therefore, probably God does not exist. (Bergman 2009: 374)

Beide Varianten sind distinkt, stehen aber nicht bloß unverbunden nebeneinander: Wenn sich gegenüber Argumenten der zweiten Variante zeigen ließe, dass Gott gute Gründe hat, das Übel in der Welt zuzulassen (etwa um größere Übel zu vermeiden oder um größere Güter zu ermöglichen), dann steigt auch die Wahrscheinlichkeit von P (G/K und E); sofern jedes Übel so gerechtfertigt werden kann, ist sie zumindest nicht geringer als P (G/K).

Beide Varianten kommen darin überein, dass sie dem Theismus keinen logischen Widerspruch unterstellen. Vielmehr werfen sie die Frage auf, wie wahrscheinlich es ist, dass er angesichts des Übels in der Welt zutrifft – sowohl für sich genommen wie im Vergleich zu konkurrierenden metaphysischen Hintergrundannahmen. Um auf solche evidentielle Argumente aus dem Übel zu reagieren, stehen der Theistin nun zwei grundlegende Strategien offen: Erstens kann sie versuchen, durch skeptische Zweifel der Diskussion um die Wahrscheinlichkeit des Theismus angesichts des Übels den Boden zu entziehen. Zweitens kann sie sich auf diese Diskussion einlassen und durch substantielle Argumente, etwa durch eine ausgearbeitete Theodizee, zu zeigen versuchen, dass die Wahrscheinlichkeit des Theismus durch das Übel weder absolut noch relativ auf konkurrierende Positionen so stark reduziert wird, dass dies die Rationalität des Theismus in Frage stellen würde.

3.2 Der skeptische Theismus

Der skeptische Theismus verfolgt die erste der beiden gerade genannten Strategien.[45] Entscheidend ist dabei seine skeptische Dimension (die auch von einem Agnostiker oder Atheisten geteilt werden kann, auch wenn sie *de facto* mit Blick auf die Dialektik der Debatte zumeist zur Verteidigung des Theismus gegen evidentielle Argumente verwendet wird). Worauf beziehen sich aber in diesem Zusammenhang die skeptischen Zweifel? Das oben rekonstruierte evidentielle Argument setzt voraus, dass der Übergang von 1. zu 2. zulässig ist, dass also aus dem Umstand, dass wir Menschen keine hinreichenden Gründe für Gott, das Übel zuzulassen, erkennen können, folgt, dass Gott wahrscheinlich keine solche Gründe hat. Doch wie steht es mit der Möglichkeit, dass Gott sehr wohl über solche Gründe verfügt, sie uns jedoch epistemisch nicht zugänglich sind? Mit welchem Recht dürfen wir überhaupt unterstellen, dass sich uns Gottes Gründe erschließen? Eine skeptische Reaktion auf eine solche Frage erscheint dabei alles andere als ein *ad hoc*-Manöver zur Vermeidung der Herausforderungen des evidentiellen Arguments aus dem Übel. Skeptische Zweifel in Bezug auf die Realität der Zeit oder der Außenwelt mögen in der Tat auf voraussetzungsreiche philosophische Argumente angewiesen sein und sich, selbst wenn diese Argumente überzeugen sollten, im Alltag kaum durchhalten lassen, ohne dass dies für den skeptischen Philosophen zum existentiellen Problem werden würde – wie etwa auch ein Skeptiker wie David Hume selbst hervorgehoben hat:

> Wir finden denn auch, daß die Philosophen sich diesen Vorteil nicht entgehen lassen; unmittelbar nachdem sie ihr Arbeitszimmer verlassen haben, sehen wir sie wieder dem von ihnen verworfenen Glauben der übrigen Menschheit huldigen [...]. (Hume *Traktat* I, iv, 2, 268)

Mit den Gründen Gottes steht es aber von vornherein anders als mit philosophischen Gründen, die für oder (wie die vom Skeptiker formulierten) gegen Kernüberzeugungen des *common sense* sprechen mögen. Religiöse Menschen erwarten weder innerhalb noch außerhalb religiöser Praktiken, dass ihnen solche Gründe ganz selbstverständlich zugänglich und für sie nachvollziehbar sind. Dem steht der für ihr religiöses Selbstverständnis fundamentale, von Marilyn McCord Adams treffend so benannte Größenunterschied (*size-gap*) zwischen Gott und Mensch entgegen.[46] Im biblischen Buch Hiob bestärkt auch Gott selbst dieses Selbstver-

---

[45] Zur Geschichte skeptischer Reaktionen auf das Übel vgl. den Überblick von T. M. Rudavsky (2013); zum skeptischen Theismus selbst einführend Trent Dougherty (2014a).
[46] Vgl. Adams (1999: 103f.) und Adams (2004).

ständnis der religiösen Praxis, wenn er epistemische Anmaßungen seiner Geschöpfe im Zuge einer Reihe rhetorischer Fragen entschieden zurückweist:

> Wo warst du, als ich die Erde gegründet? Sag es denn, wenn du Bescheid weißt! Wer setzte ihre Maße? Du weißt es ja. Wer hat die Messschnur über sie gespannt? [...] Haben dir sich die Tore des Todes geöffnet, hast du die Tore des Todesschattens geschaut? Hast du der Erde Weiten überblickt? Sag es, wenn du das alles weißt! Wo ist der Weg zur Wohnstatt des Lichts? Die Finsternis, wo hat sie ihren Ort, dass du sie einführst in ihren Bereich, die Pfade zu ihrem Haus kennst? Du weißt es ja; du wurdest damals ja geboren und deiner Tage Zahl ist groß! (Hiob 38,4–5;17–21)

Hiob ist wie jedes andere Geschöpf Gottes auch außer Stande, solche Fragen zu beantworten. Er ist aber, wie ihm im Rahmen dieser Theophanie unzweideutig klar gemacht wird, epistemisch, moralisch wie religiös verpflichtet, sich seine eigenen Grenzen einzugestehen. Diese Grenzen beziehen sich nicht nur auf kosmologische Fragen, sondern mindestens ebenso auf axiologische. Für das evidentielle Argument ist nämlich entscheidend, dass sein Vertreter – anders als Hiob – mit Blick auf die folgenden drei axiologischen Fragestellungen annimmt, mit Gott auf epistemischer Augenhöhe zu sein:

> F_1. Welche Arten von Gütern und welche Arten von Übel gibt es?
>
> F_2. Welche Implikationsverhältnisse bestehen zwischen ihnen?
>
> F_3. Wie lässt sich der Gesamtwert komplexer Sachverhalte bestimmen und welche moralischen Implikationen ergeben sich daraus?

Der skeptische Theismus weist die Annahme, dass wir mit Gott in den genannten Hinsichten epistemisch auf Augenhöhe sind, zurück. Insofern er dies tut, verurteilt er sich keineswegs zu einer allgemeinen Skepsis in axiologischen und moralischen Fragen: Er wird selbstverständlich Schmerzen für eine Art von Übel halten, sich Urteile darüber zutrauen, ob es gerechtfertigt ist, Schmerzen in Kauf zu nehmen, um ein größeres Gut, etwa die eigene Gesundheit, durch eine schmerzhafte Therapie, zu bewahren oder wiederherzustellen und er wird sich zutrauen, Mitfreude für gut und Schadenfreude für schlecht zu halten. Unsere alltägliche Praxis des moralischen und außermoralischen (z. B. als schön und hässlich) Bewertens ist also *prima facie* durch die für den skeptischen Theismus spezifische Form von Skepsis nicht betroffen (auf Argumente, die zu zeigen versuchen, dass dies sehr wohl der Fall ist, wird zurückzukommen sein).

Der skeptische Theist weist jedoch darauf hin, dass unsere berechtigten Überzeugungen in diesem Bereich nicht für sich in Anspruch nehmen können, *repräsentativ* zu sein für alles, was sich in Bezug auf Güter und Übel wissen lässt.[47] Es mag Arten von Übeln und Arten von Gütern geben, die sich endliche Wesen nicht einmal vorstellen können.[48] Und diese Güter und Übel mögen untereinander und mit den solchen Wesen bekannten oder zumindest vorstellbaren Gütern und Übeln in Implikationsverhältnissen stehen, die sich deren Einschätzung vollständig entziehen. Und schließlich mögen sie untereinander und zusammen mit den bekannten oder zumindest vorstellbaren Gütern und Übeln komplexe Sachverhalte bilden (vgl. u. Kap. 3.4.1 die Diskussion zu sog. *organic unities*), deren Gesamtwert sich durch endliche Wesen nicht bestimmen lässt und deren moralische Implikationen für sie unzugänglich bleiben. Trifft die Einschätzung zu, erweist sich die Folgerung von 2. aus 1. (vgl. o. S. 77) als unzulässig.

Diese Folgerung stellt aber den Kern der meisten evidentiellen Argumente aus dem Übel dar. Ein Übergang desselben Typs bildet etwa die Grundlage von Rowes einflussreicher Variante dieses Arguments in Rowe (1979), vgl. a. die Rekonstruktion bei Bergman (2009: 381):

1. Für ein Übel x, z. B. das qualvolle Verenden eines Hirsches in einem durch ein Gewitter ausgelösten Waldbrand, ist kein Grund ersichtlich, der es rechtfertigen könnte (*inscrutable evil*).
2. Das Übel x ist wahrscheinlich sinnlos (*pointless*).
3. Ein allmächtiger, allgütiger und allwissender Gott würde kein sinnloses Übel zulassen.
4. Ein solcher Gott existiert wahrscheinlich nicht.

Doch warum sollte ein Übel, für das es keinen ersichtlichen Grund gibt, auch tatsächlich keinen Grund haben und damit sinnlos sein? 2. aus 1. zu folgern erscheint in vielen Kontexten, die keinerlei Bezug zum Problem des Übels aufweisen, als klarerweise unzulässig. Zwei alltägliche Beispiele mögen dies belegen:

1. DER GROSSMEISTER: Ein Zug, den ein Schachgroßmeister in einer schwierigen Situation wählt, erscheint den staunenden Zusehern des Spiels als vollständig grundlos. Er ist für sie *inscrutable*, ohne dass es ihnen im Geringsten in den Sinn käme, ihn für *pointless* zu erklären. Wieso nicht? Weil sie zu Recht unterstellen, dass der Schachgroßmeister deshalb Großmeister ist und sie bloße Schachliebha-

---

[47] Auf diesen entscheidenden Punkt macht etwa Bergman (2009: 376 ff.) aufmerksam.
[48] Die Behauptung von Tooley (1991: 115), alle Eigenschaften, die Sachverhalte gut oder schlecht bzw. Handlungen richtig oder falsch machen, seien immer schon bekannt und der moralische Fortschritt bestünde lediglich in „a gradually increasing ability on the part of humans to respond appropriately to those properties *wherever* they occur", steht in eklatantem Widerspruch zu einer ideengeschichtlich adäquaten Würdigung der Entdeckung und allmählichen Explikation über lange Zeiträume hinweg von Werten wie dem der Autonomie, der Authentizität etc.

ber und keine Großmeister, weil sich dem Großmeister eben Zusammenhänge und Konsequenzen des Zugs erschließen, die ihnen selbst unzugänglich bleiben. Sie werden angesichts der klaren epistemischen Überlegenheit des Großmeisters (der schließlich als solcher in zahlreichen Turnieren seine Fähigkeiten unter Beweis gestellt hat) nicht einmal ihre Überzeugung suspendieren, dass der Großmeister nicht grundlos handeln könnte: Würde sich herausstellen, dass dies tatsächlich der Fall gewesen wäre, weil der Schachgroßmeister sich einmal an einem existentialistischen *acte gratuit* versuchen wollte, wären sie erstaunt oder sogar ungläubig. Würde der Großmeister ihnen hingegen im Nachhinein geduldig erklären, wieso ihm der Zug in der Spielsituation angezeigt erschienen war, würde das ihre Erwartung erfüllen.

2. DIE MATRATZE UND DIE NISSEN: Szenario (1): Beim Blick durch die Tür erscheint ein vollständig einsehbarer Raum als leer. Der Betrachter zieht daraus die Schlussfolgerung, dass sich keine Matratze in ihm befindet. Szenario (2): Beim Blick durch die Tür erscheint ein vollständig einsehbarer Raum als gefüllt mit vier Matratzen. Die Betrachterin zieht daraus die Schlussfolgerung, dass der Raum vier Matratzen enthält, die frei von Nissen sind. In diesem Beispiel ist die Schlussfolgerung in Bezug auf die fehlenden Matratzen zulässig, nicht aber die in Bezug auf die Nissen. Nissen sind im Unterschied zu Matratzen sehr klein und zumindest aus einiger Entfernung nicht zu erkennen. Ohne den Raum zu betreten und die Matratzen näher in Augenschein zu nehmen, hätte sich also die Betrachterin kein Urteil darüber anmaßen dürfen, ob die Matratzen mit Nissen infiziert sind oder nicht.

Beispiele wie die des Schachgroßmeisters und der Matratze und der Nissen machen nicht nur auf die Gefahren von sog. *noseeum*-Argumenten aufmerksam,[49] sondern zeigen zusätzlich, dass wir im Alltag auch ohne jede erkenntnistheoretische Reflexion mit diesen Gefahren vertraut sind und sie angemessen in Rechnung stellen. Ein *noseeum*-Argument betrachtet unsere Unfähigkeit, etwas zu erkennen (*no see*) als *prima facie*-Grund dafür anzunehmen, dass es da nichts zu erkennen gibt. Evidentielle Argumente aus dem Übel wie das vorhin zitierte von William Rowe basieren aber auf genau dieser Annahme.

Aber warum sollten sie ausgerechnet im Bereich des Theodizeeproblems weniger fragwürdig sein als in den beiden obigen Beispielen? Schließlich besteht zwischen Gott und Mensch ein noch viel größeres epistemisches Gefälle als zwischen Schachgroßmeistern und Schachliebhabern. Und schließlich entziehen sich die korrekten Antworten auf F_1–F_3 viel stärker den epistemischen Fähigkeiten des

---

[49] Der Begriff wurde geprägt von Stephen Wykstra (1996) im Rahmen seiner kritischen Auseinandersetzung mit der Argumentation William Rowes, vgl. insbesondere Rowe (1979).

Menschen als die Antwort auf die Frage nach der Nisseninfektion. Mit Blick auf letztere genügt eine schlichte Annäherung an die Matratzen und der Einsatz der epistemischen Ausstattung, über die jeder Mensch im Zug einer unbeeinträchtigten Entwicklung verfügt, um zu einem gut gerechtfertigten Urteil zu gelangen. Mit Blick auf erstere ist aber auch aus Sicht der theistischen Traditionen mit der Möglichkeit zu rechnen, dass es ganze Arten von Gütern und Übeln gibt, die sich der menschlichen Werterfahrung entziehen und die untereinander sowie mit den uns zugänglichen Gütern und Übeln in einer Weise interagieren, die uns qua Voraussetzung nicht weniger unzugänglich bleiben muss als die uns unbekannten Arten von Gütern und Übeln selbst.

Das CORNEA-Prinzip stellt den Versuch dar, die hier einschlägigen epistemologischen Kriterien in allgemeingültiger Weise zu formulieren:

> Conditions of ReasoNable Epistemic Access (CORNEA): „On the basis of cognized situation s, human H is entitled to claim ‚It appears that p' only if it is reasonable for H to believe that, given her cognitive faculties und the use she has made of them, if p were not the case, s would likely be different than it is in some way discernible by her." (Wykstra 1984: 85)

CORNEA benennt also die Bedingungen, die erfüllt sein müssen, damit *noseeum*-Argumente zulässig sein können.[50] Diese Bedingungen sind aber weder im Fall des Großmeisters erfüllt noch in dem der Nissen: In beiden Fällen hat der Schachliebhaber bzw. die Betrachterin kein Recht zu behaupten, dass es keinen Grund für den Zug des Großmeisters bzw. keine Nissen in den Matratzen gibt, weil ihre Wahrnehmung der Situation s in dem Fall, dass der Großmeister doch einen guten Grund gehabt hätte oder die Matratzen doch mit Nissen infiziert wären, nicht anders ausgefallen wäre als in dem Fall, dass beides nicht zuträfe. Dies ist Schachliebhabern beim Zuschauen von Großmeisterpartien ebenso bewusst wie Personen, die sich Gedanken über die Wiederverwendung gebrauchter Matratzen machen.

Dasselbe scheint aber auch für die Frage nach den Gründen zu gelten, die Gott darin rechtfertigen, das Übel in der Welt zuzulassen. Auch hier ist zweifelhaft, ob die Bedingungen von CORNEA erfüllt sind: Es mag uns im Sinne von Rowes erster Annahme so scheinen, als gäbe es für die Übel keine rechtfertigenden Gründe. Nun mag es sein, dass uns dies so scheint, weil es so ist – das *inscrutable evil* wäre in diesem Fall tatsächlich *pointless*. Es mag aber auch sein, dass es solche Gründe durchaus gibt, die für uns jedoch nicht ersichtlich sind. Die Kernthese des skeptischen Theismus besteht darin, dass die epistemische Kluft zwischen Gott und

---

[50] Zur Debatte um das CORNEA-Prinzip vgl. McBrayer (2009), Senor (2013) sowie die bei McBrayer (2010: 614–616) genannte Literatur.

Mensch in Bezug auf die Fragen F_1–F_3 dazu führt, dass nicht zu erwarten ist, dass uns der Unterschied zwischen diesen beiden Szenarien in irgendeiner Weise epistemisch zugänglich ist. Die *discernibility*-Bedingung von CORNEA bleibt also unerfüllt. Und damit ist auch dem evidentiellen Argument seine Grundlage entzogen. In Rowes Argument etwa lässt sich 1., also die Feststellung, dass es für das Übel keinen ersichtlichen, rechtfertigenden Grund auf Seiten Gottes gibt, nicht einmal als 1.' reformulieren:

> 1.' Wie es scheint, gibt es keinen rechtfertigenden Grund,

weil die für solche Aussagen gemäß CORNEA geltenden Bedingungen eben nicht erfüllt sind. Und ebenso wenig lässt sich der Übergang von 1. zu 2., also zu der Annahme, dass das Übel wahrscheinlich sinnlos ist, rechtfertigen.

Der skeptische Theismus verpflichtet sich damit auch keineswegs auf eine moralisch mehr als fragwürdige Gleichgültigkeit gegenüber insbesondere furchtbaren Formen des Übels.[51] Er wird solches Übel als nicht weniger furchtbar erfahren als jemand, der seine Position nicht teilt. Der Unterschied besteht vielmehr in den Konsequenzen, die beide aus ihrem Erschrecken über das furchtbare Übel ziehen: Während der Vertreter des evidentiellen Arguments annimmt, dass die Wahrscheinlichkeit, dass Gott existiert, durch solch furchtbares Übel gemindert wird, sieht der skeptische Theist dadurch die Anforderungen an die Gründe, die Gott haben muss, um es rechtfertigen zu können, als erhöht an. Einen allgütigen Gott, der dieser Anforderung nicht genügt, kann es in der Tat auch aus seiner Sicht nicht geben. Wenn es Gott gibt, muss er ihr genügen. Aber es gibt eben keinen Grund für die Annahme, dass seinen endlichen Geschöpfen die Gründe einsichtig sind, an denen sich Gott im Einklang mit einer solchen Anforderung orientiert. Die bloße Tatsache furchtbaren Übels macht seine Existenz aus Sicht des skeptischen Theisten daher weder mehr noch weniger wahrscheinlich.[52]

Dem skeptischen Theisten lässt sich, wie oben bereits gezeigt wurde, nicht entgegenhalten, dass er sich *ad hoc* zur Abwehr des evidentiellen Arguments einer ansonsten fragwürdigen epistemologischen Position bedient. Er kann sich dafür vielmehr auf die religiöse Praxis des Theismus ebenso berufen wie auf die epistemologischen Prinzipien, die uns unabhängig von unseren religiösen Überzeugungen implizit im Alltag leiten. Die meisten Einwände gegen den skeptischen Theismus werfen ihm vor diesem Hintergrund auch nicht etwa zu *geringen*, son-

---

51 Dies unterstellt etwa Richard Swinburne (1998: 23), wenn er „our sensitivity to the good" durch den skeptischen Theismus gefährdet sieht.
52 Für eine solche Entgegnung des skeptischen Theisten auf Swinburnes Vorwurf vgl. Bergman (2009: 388).

dern zu *großen* Erfolg vor: Der skeptische Theismus entkräftet, so die gemeinsame Kernidee dieser Einwände, nicht nur das evidentielle Argument, sondern führt zu einem viel weitreichenderen Skeptizismus, der große Teile unserer Praxis in Frage stellen würde.

Erstens gilt dies für den Theismus selbst: Ein skeptischer Theist wird seinen Skeptizismus etwa auch auf den teleologischen Gottesbeweis richten müssen:[53] Wenn die für uns zugänglichen Güter und Übel, ihr Ausmaß und ihre Verteilung aufgrund unserer epistemischen Grenzen nicht gegen die Annahme eines allmächtigen, allgütigen und allwissenden Gottes sprechen können, können sie auch nicht für ihn sprechen. Selbst wenn sich die Welt uns als insgesamt wunderbar geordnet und zweckmäßig darstellen würde, wie der teleologische Gottesbeweis als Prämisse unterstellt, könnte sich dies im Lichte der Übel und der Güter, die uns gar nicht bekannt sind, und ihrer Wechselwirkungen und Implikationsverhältnisse mit den uns bekannten Übeln und Gütern als eine unzutreffende Einschätzung herausstellen, auf die sich keinesfalls ein Argument für die Existenz Gottes (und schon gar kein Beweis) stützen lässt.

Zweitens stellt sich die Frage, ob der skeptische Theist, insofern er sich auf ein Prinzip wie CORNEA beruft, nicht genötigt ist, Überzeugungen etwa in Bezug auf die Realität der Außenwelt in Frage zu stellen, die fundamental sind für unsere alltägliche Orientierung in der Wirklichkeit.[54] Angenommen, wir wären Hirne in einer Nährwasserlösung, denen die Außenwelt von einem bösen Dämon durch geschickte Manipulation unserer Synapsen simuliert würde. Würden wir, angenommen, die Simulation wäre perfekt, einen Unterschied erkennen gegenüber der vermeintlich tatsächlichen Situation, in der wir uns als Personen in einer nicht bloß simulierten, realen Außenwelt bewegen? Verlieren wir dann aber nicht die Rechtfertigung selbst für Aussagen wie „es scheint, als würde das Auto auf mich zufahren"? CORNEA scheint jedenfalls mit einem anderen epistemologischen Prinzip zu konfligieren, das in der Debatte in unterschiedlichen Varianten diskutiert wird:

> *Principle of Credulity:* „This principle claims that every proposition that a subject believes or is inclined to believe has (in so far as it is basic) in his noetic structure a probability corresponding to the strength of the belief or semi-belief or inclination to believe. [...] [T]he principle says: things are probably as they seem to be." (Swinburne 2001: 142, vgl. a. ders. 1998: 20–26)

---

53 Auf Schwierigkeiten dieser Art hat Gale (1996) aufmerksam gemacht.
54 Zur Frage nach der Vereinbarkeit von skeptischem Theismus und einer am *common sense* orientierten Epistemologie vgl. Bergmann (2012), Dougherty (2008) und (2011).

Principle of Phenomenal Conservatism: „[W]henever you have an experience as of p, you thereby have immediate *prima facie* justification for believing p." (Huemer 2001: 99)[55]

Unabhängig von seiner konkreten Fassung artikuliert ein solches Prinzip die Überzeugung, dass wir zu Recht unterstellen dürfen, dass die Dinge so sind, wie sie uns erscheinen. Dies gilt natürlich nur *prima facie* – unter Rotlicht wird niemand darauf vertrauen, dass alle Objekte in der Umwelt des Beobachters rot sind, auch wenn sie ihm eben als rot erscheinen. Die bloße Möglichkeit eines skeptischen Szenarios wie das des bösen Dämons, der unser Gehirn mit einer Simulation der Außenwelt manipuliert, genügt (sofern sie nicht selbst durch unabhängige Gründe plausibilisiert werden kann) nicht, um das Prinzip außer Kraft zu setzen. Doch wenn das Prinzip gilt, sollte es eben durchweg gültig sein. Dann aber dürfte auch der Vertreter des evidentiellen Arguments *prima facie* an der Annahme festhalten, dass es keinen rechtfertigenden Grund für ein furchtbares Übel gibt, weil für ihn keiner ersichtlich ist.

Drittens schließlich zeichnet sich der skeptische Theismus gegenüber anderen Formen von Skeptizismus dadurch aus, dass er sich spezifisch auf axiologische Fragen wie (F_1–F_3) bezieht. Auch wenn es gelingen kann, alltägliche Überzeugungen wie die von der Realität der Außenwelt vor skeptischen Infragestellungen zu schützen, selbst wenn der skeptische Theismus zutreffen sollte, scheint dies für zumindest einen Bereich nicht gelten zu können, nämlich für den der Moral. Denn unsere moralische Praxis setzt gerade konstitutiv ein Vertrauen in unsere Fähigkeiten voraus, Handlungsoptionen je nach ihren Folgen zu bewerten und sie entsprechend zu realisieren oder auf sie zu verzichten. Wenn wir hingegen damit rechnen müssen, dass uns ganze Arten von Gütern und Übeln vollständig unbekannt sind, wir also weder ihre Bedeutung für unser Handeln noch ihre Interaktion mit bekannten Gütern und Übeln auch nur ansatzweise einschätzen können, sind wir dann nicht generell zur Suspension unseres moralischen Urteils genötigt? Dies gilt sowohl in Bezug auf Gott wie in Bezug auf uns selbst. Müssten wir uns, angenommen der skeptische Theismus träfe zu, in einer Welt, die nur von empfindungsfähigen Wesen bevölkert wird, die während ihres kurzen Lebens so starken Schmerzen ausgesetzt sind, dass sie zu komplexeren Leistungen wie der Entwicklung eines Charakters, dem Erwerb von wissenschaftlichen oder religiösen Überzeugungen etc. gar nicht in der Lage sind, nicht exakt so verhalten wie in der aktualen Welt, nämlich gleichfalls mit der Möglichkeit rechnen, dass ein allmächtiger, allgütiger, allwissender Gott eben hinreichende, obgleich für uns un-

---

55 Zur Diskussion beider Prinzipien im Zusammenhang mit der Debatte um den skeptischen Theismus vgl. Dougherty (2008).

zugängliche Gründe hat, eine solche Welt zu schaffen? Und müssten wir es nicht unterlassen, jemanden in den Arm zu fallen, der einer anderen Person ein furchtbares Übel wie etwa Vergewaltigung oder Folter zuzufügen im Begriff ist, weil wir ja nicht wissen können, ob nicht gerade diese Handlung im Lichte eines uns unzugänglichen Überblicks über alle von ihr ermöglichten Güter sowie Übel und deren Implikationsverhältnisse untereinander diejenige mit den bestmöglichen Folgen und somit moralisch mindestens erlaubt, wenn nicht sogar gefordert wäre?

Mit Blick auf das erste Problemfeld kann der skeptische Theist darauf verweisen, dass nicht *alle* klassischen Argumente zugunsten der Existenz Gottes durch seine Skepsis verstellt werden: Das ontologische Argument etwa setzt keine Annahme voraus, die durch sie in Frage gestellt werden würde. Für andere Argumente wie etwa das teleologische hingegen wird der skeptische Theist nicht umhinkommen zuzugestehen, dass sie vor dem Hintergrund seiner Position ihre Überzeugungskraft nicht weniger verlieren als dies für das evidentielle Argument aus dem Übel gilt. Je nachdem, als wie stark die Aussagekraft solcher in diesem Fall nicht länger haltbarer Argumente zugunsten der Existenz Gottes relativ auf die Aussagekraft des evidentiellen Arguments gegen die Annahme seiner Existenz eingeschätzt wird, könnte ein Theist allerdings durchaus geneigt sein, eben auf beide gleichermaßen zu verzichten.

Mit Blick auf das zweite Problemfeld stellen sich wie schon bei der Diskussion der göttlichen Attribute allgemeine philosophische Fragen namentlich im Bereich der Erkenntnistheorie, die weit über das Theodizeeproblem hinausgehen. Der skeptische Theist wird in jedem Fall versuchen, relevante Disanalogien zu benennen, die verhindern, dass sein Skeptizismus in Bezug auf F_1–F_3 übergreift auf das Vertrauen in die Realität der Außenwelt, des Fremdpsychischen oder der Vergangenheit. Dieser Versuch erscheint als durchaus aussichtsreich: So lassen sich etwa evolutionäre Argumente dafür formulieren, dass unsere Erkenntnisfähigkeiten sich immer schon in Auseinandersetzung mit einer realen Außenwelt entwickelt haben. Das erkennende Subjekt in seiner mentalen Innenwelt zu isolieren und als Manipulationsobjekt eines Dämons zu betrachten, der die Außenwelt lediglich simuliert, erscheint dann als müßiges Gedankenexperiment, weil es eben doch voraussetzen muss, was es widerlegen möchte. Eine parallele Erzählung mag nun auch für bestimmte Arten von Gütern und Übeln möglich sein: Für Schmerzen gilt sogar das *esse est percipi* – sie könnten von einem bösen Dämon nicht einmal *simuliert* werden, denn Schmerzen empfinden heißt eben tatsächlich welche zu haben. Dass Schmerzen *prima facie* schlecht sind, wird nicht einmal ein Skeptiker bestreiten. Dass uns aber *alle* Arten von Werten und Übeln vollständig epistemisch zugänglich und noch dazu in ihren wechselseitigen Abhängigkeitsverhältnissen transparent sind, erscheint als ausgesprochen starke Behauptung, mit der ganz erhebliche Beweislasten verbunden sind. Dass die Zweifel des skeptischen Theisten daran, dass sich solche Beweislasten abtragen lassen, Implikationen besitzen, die auch das Vertrauen in die Realität der Außenwelt, des Fremdpsychischen oder der Vergangenheit untergraben könnten, steht aber kaum zu befürchten.

Die eigentlichen Herausforderungen für den skeptischen Theismus stellen sich vielmehr mit Blick auf das dritte Problemfeld: Es wäre nämlich in der Tat erstaunlich, wenn der axiologische Skeptizismus, auf den der skeptische Theist aus der Logik seiner Position heraus verpflichtet ist, nicht eben auch axiologische und normative Konsequenzen für unsere moralische Praxis hätte. Dieser axiologische Skeptizismus ist dabei nicht mit einem globalen axiologischen Skeptizismus zu verwechseln. Auch der skeptische Theist hegt ja keine Zweifel daran, dass etwa Schmerzen *prima facie* schlecht sind. Er bezweifelt aber sehr wohl, dass uns alle Arten von Gütern und Übeln bekannt sind, dass wir ihre Abhängigkeitsverhältnisse durchschauen und dass wir durchweg zu zuverlässigen axiologischen Bewertungen komplexer Sachverhalte, an denen unterschiedliche Wertarten innerhalb holistischer Strukturen (vgl. dazu unten Kap. 3.4.1) beteiligt sind, in der Lage sind. Dies scheint aber bereits zu genügen, um das Vertrauen in unsere moralische Praxis zu untergraben: Wieso sollten wir verpflichtet sein, einen Ertrinkenden zu retten, den nur wir selbst mit vertretbarem Risiko zu retten in der Lage sind? Vielleicht gibt es eine ganze Reihe von uns unbekannten Gütern, die durch sein Ertrinken gefördert würden – oder Übel, die dadurch verhindert würden? Und vielleicht bilden die Folgen der unterlassenen Rettung komplexe Einheiten, die einen viel höheren Wert aufweisen als den der erfolgreich durchgeführten Rettung? Muss nicht Skepsis in Bezug auf solche Fragen notwendig in eine moralisch fragwürdige Resignation oder in zynischen Opportunismus umschlagen, der sich darauf beschränkt, zumindest das für einen selbst vermeintlich Beste herauszuschlagen?

Dies anzunehmen, würde jedoch ein *non sequitur* darstellen. Wiederum ist der skeptische Theist durchaus in der Lage, seinen axiologischen Skeptizismus auch mit Blick auf dessen Konsequenzen für die Moral einzuhegen:

Erstens beziehen sich seine skeptischen Zweifel auf axiologische Fragen und damit auf die Möglichkeit einer adäquaten Bewertung der Folgen unseres Handelns. Damit ist aber nur die konsequentialistische Dimension der Moral berührt. Unstrittig ist, dass es sich dabei um *eine* zentrale Dimension der Moral handelt: Auch wer sich durch ein frei abgegebenes Versprechen (also gerade nicht durch das Anstreben positiv bewerteter Handlungsfolgen, sondern durch eine normative Selbstbindung in der Vergangenheit) verpflichtet sieht, einer anderen Person zu helfen, ist damit verpflichtet, dies in einer Weise zu tun, die der Person absehbar auch tatsächlich helfen wird – reine Gesten reichen zur Erfüllung eines solchen Versprechens nicht aus. Strittig ist hingegen, ob es sich dabei um die *einzige* Dimension handelt: So nimmt etwa der Handlungs-Konsequentialismus in der Tat an, dass eine Handlung genau dann richtig ist, wenn sie unter den verfügbaren Handlungsoptionen absehbar die besten Folgen hat.

Falls es sich bei der konsequentialistischen Dimension aber nicht um die einzige handelt, wird sich der skeptische Theist in jedem Fall auf die nicht-konsequentialistischen Dimensionen der Moral berufen können, um unsere alltäglichen moralischen Intuitionen abzusichern. Wenn etwa das Einhalten frei abgegebener Versprechen zu den *prima facie*-Pflichten im Sinne von David Ross zählt,[56] die weiterer Begründung weder fähig noch bedürftig sind, dann bleibt die Verpflichtung zur Einhaltung solcher Versprechen von Folgeneinschätzungen unberührt. Diese nicht-konsequentialistische Dimension würde dann freilich auch für Gott gelten. Hier liegt eine entscheidende Grenze des skeptischen Theismus: Das deontologische Verbot, andere Menschen (etwa den Entführer eines Kindes) durch Folter zu bloßen Mitteln für die Verfolgung eigener Zwecke (und seien sie noch so respektabel wie die Rettung eines Entführungsopfers) herabzusetzen, gilt dann eben für jedes moralfähige Wesen, also auch für Gott.

Die Anerkennung dieser Grenze stellt aber bei näherer Betrachtung nicht etwa eine Schwäche, sondern eine Chance für den skeptischen Theismus dar. Mit demselben Argument kann er nämlich dem Vorwurf begegnen, sich gegen jeglichen Versuch, Gott durch das Übel in der Welt in Frage zu stellen, zu immunisieren: Wenn Gott zuließe, dass der Wille eines vernünftigen Wesens durch Folter oder Vergewaltigung gebrochen würde, mag dies die notwendige Bedingung für noch so große (wenn auch für uns nicht erkennbare) Güter sein – dies würde Gott jedoch nicht von dem Vorwurf entlasten, er hätte dem Opfer ein mit seiner Allgüte unvereinbares Unrecht angetan, insofern er solche Handlungen nicht unterbunden hätte. Während es absolute deontologische Verbote (wie die der Folter oder Demütigung) geben mag, sind deontologische Verpflichtungen zudem häufig relativ auf die konkreten Beziehungen, in denen moralfähige Subjekte zu einander stehen: Aus der Rolle des Arztes etwa ergeben sich in medizinischen Notfällen stärkere Verpflichtungen zur Hilfeleistung als aus der Rolle eines bloßen Mitbürgers. Umgekehrt könnten sich gerade aus personalen Nahbeziehungen wie etwa dem von Eltern und Kindern Rechte zu bestimmten Handlungen ergeben (z. B. Bestrafung zu Erziehungszwecken), die zu unterlassen alle anderen Personen außer eben die Eltern verpflichtet wären. Entsprechend gilt es, die deontologischen Konsequenzen zu prüfen, die sich aus den Rollen von Schöpfer und Geschöpf für beide Seiten ergeben.

Der skeptische Theist hat also die Wahl: Er muss entweder zugestehen, dass es substantieller moralischer Argumente bedarf, um Gott von Einwänden deontolo-

---

56 Vgl. Ross (1930: 20 f.).

gischer Art zu entlasten, und damit seinen Skeptizismus im normativen Bereich begrenzen, kann so aber sicherstellen, dass er unsere Alltagsmoral nicht fundamental in Frage stellt. Oder er weitet den Skeptizismus auch auf die nicht-konsequentialistischen Dimensionen der Moral (neben der deontologischen wäre etwa noch eine tugendethische in Betracht zu ziehen) aus, dann verliert jegliche moralische Infragestellung Gottes ihre Grundlage – dies würde dann jedoch auch für unsere moralische Praxis insgesamt gelten, in der wir als endliche Wesen unser Handeln wechselseitig einer moralischen Bewertung und Kritik unterziehen. Angesichts dieser Alternative spricht auch aus Sicht der Kernanliegen des skeptischen Theismus alles dafür, die erste der beiden genannten Optionen zu ergreifen. In Kap. 3.5 werden die sich dadurch auch für Gott ergebenden substantiellen moralischen Herausforderungen eingehend diskutiert werden.

Doch selbst wenn die konsequentialistische tatsächlich die einzige Dimension der Moral darstellen würde, also etwa eine handlungs-konsequentialistische Theorie der Moral zuträfe, würde die axiologische Skepsis des skeptischen Theismus keineswegs notwendig auch eine moralische implizieren (vgl. Bergman 2009: 392). Auch der Handlungs-Konsequentialist ist ja auf einen epistemischen Filter angewiesen: Er behauptet in der Regel nicht, dass eine Handlung genau dann richtig ist, wenn sie unter den verfügbaren Handlungsoptionen *faktisch* die besten Folgen hat. Die Kausalketten, die aus unserem Handeln resultieren, reichen ja ins Unendliche und sind für uns mindestens ebenso unüberschaubar wie nach Auffassung des skeptischen Theisten die Gesamtheit aller Arten von Gütern und Übeln. Auch eine überzeugte Konsequentialistin kann daher lediglich verlangen, dass wir nach einer angemessenen Prüfung der jeweiligen moralischen Herausforderung (die etwa die Opportunitätskosten einer solchen Prüfung ihrerseits anhand konsequentialistischer Kriterien in Rechnung stellt) die Handlungsoption ergreifen, die *absehbar* die besten Folgen hat. Da eine solche Einschränkung, die die begrenzte epistemische Perspektive des Akteurs berücksichtigt, für eine konsequentialistische Theorie der Moral also ohnehin unabdingbar ist, könnte sie auch auf die zusätzlichen Einschränkungen, die sich aus dem skeptischen Theismus ergeben, ausgeweitet werden: Arten von Gütern und Übeln, die uns epistemisch nicht einmal zugänglich sind, in unser praktisches Überlegen einzubeziehen, wäre dann eben keine sinnvolle Forderung, ohne dass durch den Verzicht auf sie unsere moralische Praxis zum Erliegen käme.

3.3 Ist die beste Welt gerade gut genug?

Sowohl eine Verteidigung Gottes angesichts der Übel in der Welt wie eine Theodizee setzen Erfolgskriterien voraus, anhand derer allererst ihr Gelingen oder

Scheitern eingeschätzt werden kann. Als wie komplex sich die Frage erweist, welche Arten von Übel es gibt, wie und in welchem Umfang sie in der aktuellen Welt realisiert sind, wie sie verteilt sind etc., wurde in den ersten beiden Kapiteln dieses Buches bereits sichtbar. In jedem Fall handelt es sich dabei auch um eine empirische Frage, auf die sich allenfalls mehr oder minder plausible Antworten erwarten lassen. Aussichtsreicher als ein Ansatzpunkt beim Übel erscheint daher für eine spezifisch philosophische Diskussion des Theodizeeproblems ein solcher bei Gott, nämlich in Form der Frage, welche Schöpfung von einem allmächtigen, allgütigen und allwissenden Gott erwartet werden kann. ‚Erwarten' ist hier als normative Kategorie gemeint, nicht im Sinne einer bloßen Prognose. In diesem Sinne dürfen wir etwa von unserem Nachbarn erwarten, im Hausflur zurückgegrüßt zu werden. Die Nachbarn schulden uns in dieser Rolle die Erwiderung unseres Grußes, auch wenn manche unter ihnen sie beharrlich verweigern mögen. Aber wem könnte Gott eine bestimmte unter all den ihm im Rahmen seiner Schöpfung möglichen Welten schuldig sein?

Dafür gibt es zwei Kandidaten: Erstens und vor allem könnte er sie sich selbst schuldig sein – nicht im Sinne eines normativen Zwangs, der von außen an ihn herangetragen würde, sondern als eine normative Implikation der eigenen Natur Gottes, dem ja namentlich das Attribut der Allgüte zukommt. Zweitens könnte er sie seinen Geschöpfen schuldig sein. Von Eltern, die sicher wissen, dass ihr Kind unter unvermeidlich katastrophalen Bedingungen aufwachsen und nach einem Leben voller Leid qualvoll sterben wird, kann verlangt werden, dass sie unter solchen Bedingungen auf die Verwirklichung ihres Kinderwunsches verzichten. Auf die Frage, ob Gott mit seinen Geschöpfen überhaupt in einer normativen Beziehung steht, die es erlauben könnte, davon zu sprechen, dass er ihnen etwas schuldet, wird weiter unten in Kap. 3.5 zurückzukommen sein. An dieser Stelle genügt es, zunächst der Frage nachzugehen, was sich Gott selber schuldig ist. Die folgende Annahme ergibt sich, so eine seit Leibniz verbreitete Annahme, als Implikat aus der göttlichen Allgüte:

(1) Ein allgütiges Wesen will als solches die bestmögliche Welt schaffen, die zu schaffen ihm möglich ist.

Nimmt man diese Annahme zusammen mit der folgenden:
(2) Ein allmächtiges und allwissendes Wesen kann jede logisch mögliche Welt schaffen.

Dann folgt:
(3) Ein allmächtiges, allwissendes und allgütiges Wesen wird, wenn es überhaupt eine Welt schafft, die beste logisch mögliche Welt schaffen.

Nun erscheint es aber ganz unabhängig von empirischen Fragen zum Übel als äußerst unwahrscheinlich, dass es sich bei der aktualen Welt um die bestmögliche handelt. Liegt also die untere Schwelle dessen, was von Gott erwartet werden kann, bei nicht weniger als der bestmöglichen Welt, wäre eine Theodizee nahezu aussichtslos. Selbst Leibnizens Optimismus gründet sich ja, wie oben Kap. 2.2 gezeigt wurde, ausdrücklich nicht auf Plausibilitätsannahmen, sondern auf das als sicher betrachtete Wissen, dass es Gott geben muss. Ohne ein Vertrauen auf Gottesbeweise oder epistemisch inkorrigible Gotteserfahrungen, wie sie etwa der biblische Hiob in Form einer Theophanie gemacht hat, kehrt sich das gerade genannte Argument per *modus tollens* jedoch gegen die Annahme, dass es einen allmächtigen, allwissenden und allgütigen Gott gibt. Die aktuale Welt legt das Gegenteil nahe. Aber treffen die genannten Annahmen zu? Auf die Annahme (2) wird unten im Rahmen der Verteidigung aus dem freien Willen noch zurückzukommen sein. Im Folgenden soll Annahme (1) kritisch geprüft werden. Eine Zurückweisung von (1) kann sich auf zwei unterschiedliche Strategien stützen.

Erstens kann bestritten werden, dass der Begriff der besten aller möglichen Welt überhaupt ein sinnvoller Begriff ist. Falls nicht, wäre ihre Schöpfung auch kein sinnvoller Gegenstand des göttlichen Willens.

Zweitens kann bestritten werden, dass selbst ein allgütiger Gott einer Maximierungslogik in Bezug auf seine Schöpfung unterworfen ist. Unbestreitbar ist die Forderung, dass die Schöpfung eines allgütigen Gottes in einem noch zu klärenden Sinne *gut genug* sein muss, um es zu erlauben, als Ausdruck seiner Allgüte verstanden zu werden. Eine Schöpfung, die allen Geschöpfen nur hoffnungsloses und endgültiges Leid beschert, wäre keinesfalls zu rechtfertigen. Aber warum sollte Gott nicht die freie Wahl zwischen allen hinreichend guten Welten haben, auch wenn keine davon die bestmögliche wäre? Die Antwort: Weil er bessere Alternativen gehabt hätte! erscheint jedenfalls *question-begging*.

Die erste Strategie zur Zurückweisung von (1) mag zunächst als *ad hoc* erscheinen. Aber auch wenn der Begriff der besten Welt als nicht weniger sinnvoll erscheinen mag als der der größten natürlichen Zahl, könnte sich nach kurzem Überlegen der erste Anschein als irrig erweisen. Die Reihe der natürlichen Zahlen hat notwendigerweise keinen Abschluss – zu jeder Zahl lässt sich eine größere finden. Gleiches könnte für die Welten gelten – zu jeder gleich wie guten lässt sich eine bessere finden. Eine solche Auffassung wurde bereits von Thomas von Aquin vertreten: Ihm zufolge kann in der Tat angenommen werden, dass jede von Gott geschaffene Welt notwendig die beste in dem Sinne sei, dass sie von Gott in bestmöglicher Weise regiert werde. Eine bestmögliche Welt schlechthin (Thomas verwendet hier den Begriff *simpliciter*) könne es jedoch nicht geben: Ebenso wie im Fall der Zahlreihe gelte, dass Gott für jede Welt n mit einer Zahl x von Engeln, also immateriellen vernünftigen Geschöpfen, die jede Welt, in der es sie gibt, *ipso facto* besser machen, eine andere Welt n+1 schaffen könnte mit einer Zahl x+1 von Engeln. Die Welt n+1 wäre dann (wenn es ansonsten keine Unterschiede gäbe zwischen beiden) besser als n. Und so fort. (Vgl. Thomas von Aquin, *Quaestiones disputatae de potentia dei*, q. 3, a. 7, sowie Stump (2012: 414 f.))

Eine Variante dieses Gedankenexperiments, die ganz ohne Engel auskommt, wurde von George Schlesinger (1977: Kap. 9 & 10) in die Debatte eingeführt: John Stuart Mill zufolge gelte, dass es besser sei, ein unzufriedener Sokrates zu sein, als ein zufriedener Dummkopf. Diese Beobachtung Mills macht Schlesinger zufolge darauf aufmerksam, dass Welten eben nicht nur durch die in ihnen realisierte Menge an Lust und Schmerz und deren Verteilung besser oder schlecht werden, sondern auch durch die Arten von Wesen, die diese Welten bevölkern und die durch sie ermöglichten qualitativen Unterschiede zwischen verschiedenen Arten von Lust und Schmerz. Aus Sicht von Mill wird die hedonische Einbuße des unzufriedenen Sokrates gegenüber dem zufriedenen Dummkopf dadurch mehr als kompensiert, dass es sich bei Sokrates eben um einen genialen Philosophen handelt, dem die Freuden philosophischer Einsicht (und damit eine höhere Art von Lust als die, welche dem Dummkopf zugänglich ist, der sich mit gustatorischer Lust o. ä. begnügen muss) offenstehen. Ebenso lässt sich dann aber, so Schlesinger, ein Künstler denken, der Rembrandt ebenso weit überlegen sein mag wie Rembrandt Damien Hirst überlegen ist. Doch auch wenn Gott sich weder für die Schöpfung einer Welt, die einen Damien Hirst enthält, noch für eine, die einen Rembrandt enthält, sondern für eben diejenige mit einem selbst Rembrandt weit überlegenen Künstler entscheiden würde, entginge er damit nicht dem Vorwurf, dass damit eine noch viel bessere Welt mit einem anderen Künstler, der dem letztgenannten Künstler so weit überlegen wäre wie dieser Rembrandt, unverwirklicht geblieben wäre. Für Gott wäre kein Entkommen gegen solche Vorwürfe – nur spricht das eben nicht gegen Gott, sondern stellt die Hintergrundannahme in Frage, auf der die Vorwürfe beruhen. Ebenso wenig wie von einem Schüler verlangt werden kann, die größte natürliche Zahl anzugeben, kann von Gott verlangt werden, die beste mögliche Welt zu schaffen.

Im Rahmen des Theodizeeproblems ist die Beweiskraft einer solchen Infragestellung des Begriffs der besten Welt jedoch selbst dann begrenzt, wenn man sich die Position von Skeptikern in Bezug auf den Begriff der besten Welt wie Thomas von Aquin oder George Schlesinger zu eigen macht. Dafür lassen sich vor allem drei Gründe angeben:

Erstens erweist sich eine solche Infragestellung als zu erfolgreich, insofern sie alle für das Theodizeeproblem relevanten Unterscheidungen verschwimmen lässt. Denn auch für jede Welt, die von einem allböswilligen Wesen geschaffen worden wäre, würde ja gelten, dass diesem Wesen daraus keine Vorwürfe wegen mangelnder Übelkeit dieser Welt abzuleiten wären, weil es schließlich immer eine noch üblere Welt gäbe, die es hätte schaffen können.[57]

Zweitens macht eine generelle Skepsis dem Begriff der besten Welt gegenüber zwar verständlich, warum niemand gegen Gott einen Vorwurf erheben darf, der sich lediglich darauf gründet, dass die aktuale Welt weniger gut ist als eine andere Gott mögliche. Allerdings hat Gott nicht nur die Wahl zwischen verschiedenen möglichen Welten, die er gleichermaßen schaffen könnte, sondern er hat eben auch die Option, auf eine Schöpfung von Welten ganz zu verzichten. Moralisch wäre das für ihn ein *easy way out:* Denn mögliche Entitäten, die nie aktual werden, haben keinerlei moralischen Status – deshalb würde Gott in einer schöpfungslosen Welt, die nur ihn selbst umfasst, auch niemandem Unrecht tun können. Die aktuale Welt umfasst aber offensichtlich nicht nur Gott. Insofern stellt sich eben doch wiederum die Frage, ob Gott es rechtfertigen kann, sich überhaupt auf das Geschäft einer Schöpfung eingelassen zu haben.

Drittens schließlich ist Gott ja nicht nur Schöpfer, sondern auch Erhalter jeder Welt. Er entscheidet nicht nur, überhaupt eine bestimmte Welt zu schaffen, sondern von ihm muss, wie Thomas von Aquin zu Recht festhält, verlangt werden, dass er sie auch in bestmöglicher Weise regiert. Dazu gehört aber, dass er das Wohl der in der aktualen Welt lebenden aktualen Wesen in angemessener Weise fördert. Die Qualifizierung ‚aktual' ist deshalb entscheidend, weil Gott zwar über die Möglichkeit verfügt, eine andere Welt mit Wesen zu schaffen, die denen in der aktualen Welt in Bezug auf ihre Wohlergehen so weit überlegen sind wie Rembrandt Damien Hirst in Bezug auf deren künstlerische Begabung. Dies impliziert aber nicht, dass Gott auch über die Möglichkeit verfügt, eine solche Verbesserung für die in der aktualen Welt tatsächlich lebenden Wesen zu erreichen. Ein Damien Hirst mit den Qualitäten eines Rembrandt wäre eben – ein anderer, auf jeden Fall nicht mehr Damien Hirst. Dann gibt es aber eben doch eine erkennbare Begrenzung: Die von Gott zu erwartende Förderung muss die Grenzen der personalen Identität der aktualen Wesen respektieren. Selbst wenn aber der Rahmen des von Gott normativ zu Erwartenden bei allen erheblichen Unschärfen zumindest in dieser Weise eingegrenzt wird, muss konstatiert werden, dass Gott hinter ihm weit zurückbleibt. Es scheint sehr wohl Fördermöglichkeiten bei Wahrung der personalen Identität zu geben, die Gott zu ergreifen ausschlägt. Um diesen Anschein zu widerlegen, bedarf es in jedem Fall einer substantiellen Begründung im Rahmen einer Theodizee oder zumindest einer Verteidigung, deren Ausarbeitung mithin auch für eine Skeptikerin in Bezug auf den Begriff der besten Welt unabdingbar bleibt.

---

57 Vgl. für diesen Punkt Weidemann (2003: 162 f.).

Eine zweite Strategie, die (1) zurückzuweisen versucht, verzichtet auf eine solche Skepsis gegenüber dem Begriff der besten Welt, bestreitet aber, dass von einem allgütigen Gott zu erwarten ist, die logisch bestmögliche Welt schaffen zu wollen – und dies qua allmächtig dann auch zu realisieren. Warum sollte es nicht ausreichen, wenn ein allgütiger Gott eine hinreichend gute Welt schaffen will? Schließlich ist auch im Schöpfungsbericht der Genesis davon die Rede, dass Gott sein Werk als gut bzw. als sehr gut bewertet – nicht aber als das bestmögliche.[58] Diese Strategie bedient sich einer in der Debatte um den Konsequentialismus in der normativen Ethik bewährte Unterscheidung, nämlich die zwischen *maximizing* und *satisficing*. Maximierende Varianten des Konsequentialismus betrachten das Ergreifen einer Handlungsoption nur dann als moralisch richtig, wenn dies absehbar die bestmöglichen Folgen unter allen zur Verfügung stehenden Optionen hat. Sog. satisfizierende Varianten betrachten es dagegen schon dann als richtig, wenn dies absehbar hinreichend gute Folgen hat. Das Ergreifen einer Handlungsoption kann in letzterem Fall also selbst dann richtig sein, wenn es alternative Optionen mit besseren Folgen gibt, die die handelnde Person aber ausschlägt.

Auch das Satisfizieren ist aber auf die Bestimmung einer Untergrenze angewiesen – und bei einem allgütigen Gott ist diese Untergrenze ohne Zweifel sehr viel höher anzusetzen als bei einem endlichen Wesen wie dem Menschen. Wie Klaas Kraay (2013: 403) zu Recht in Erinnerung ruft, entfallen nämlich im Falle Gottes eine Reihe von Argumenten zugunsten einer lediglich satisfizierenden Anforderung, die in der Regel mit menschlichen Begrenzungen zu tun haben: Weil es für menschliche Personen eine erhebliche kognitive und motivationale Herausforderung darstellt, die eigenen Handlungsoptionen zu identifizieren, die daraus erwachsenden Handlungsfolgen zu bewerten und die Wahrscheinlichkeit ihres Eintretens einzuschätzen, mag es für sie ethisch zulässig sein, wenn sie sich darauf konzentrieren, eine bestimmte Untergrenze nicht zu unterschreiten. Ein allwissendes, allmächtiges und allgütiges Wesen kann eine solche pragmatische Ermäßigung der an es zu richtenden Ansprüche aber keinesfalls in Anspruch nehmen: Ein solches Wesen verfügt qua allwissend schon über alle relevanten, überhaupt epistemisch verfügbaren Informationen – und sollte sie deshalb auch im Interesse der Maximierung guter Folgen verwenden, qua allmächtig unterliegt er keinen motivationalen Beschränkungen etc.

Aber auch selbst wenn sich für Gott ein Spielraum für moralisch selbst für ihn zulässiges Satisfizieren ergäbe, ist nicht klar, ob es seine Natur überhaupt ermöglicht, diesen Spielraum auch zu nutzen: Wird Gottes Allgüte in dem Sinne aufgefasst, dass Gott unübertrefflich ist in Bezug auf seine Güte, dann scheint ihm eben

---

58 Für diese Beobachtung vgl. Reichenbach (1979: 212).

dies verwehrt zu bleiben.⁵⁹ Die Kategorie des Satisfizierens eröffnet nämlich aus begrifflichen Gründen Raum für moralische Supererogation: Wenn ich für einen Notleidenden ein hinreichend großes Opfer bringe, dann mag meine Handlung moralisch richtig sein – es bleibt aber vielleicht Raum für ein noch größeres Opfer, das die Not sehr viel stärker mindert als meine Handlung. Eine solche Handlung wäre eben insofern supererogatorisch, als sie von niemandem moralisch gefordert werden kann, sie aber eben doch (*ceteris paribus*) moralisch klar besser ist als meine eigene Handlung. Wenn es aber zur Natur Gottes gehört, in seiner Güte unübertrefflich zu sein, dann gibt es diese Natur nicht her, einen solchen Spielraum für supererogatorisches Handeln zu eröffnen. Gott wäre also zwar nicht normativ verpflichtet, maximierend zu handeln (ihm wäre also von außen kein Vorwurf zu machen, wenn er sich bloß satisfizierend verhielte), wohl aber durch seine eigene Natur als allgütiges Wesen auf ein solches Handeln festgelegt.

3.4 Größere Güter, größere Übel

3.4.1 Axiologische Grundlagen

Die Beantwortung von Fragen wie die, ob es sich bei der aktualen Welt um die bestmögliche handelt oder ob sie zumindest hinreichend gut ist, ob die aktuale Welt mit all ihren Gütern und Übeln insgesamt besser ist als eine Welt, die nur Gott und keine Schöpfung enthält usf., setzt die Möglichkeit einer Bestimmung des Gesamtwerts dieser Welt voraus. Es bedarf jedoch nicht erst der Zweifel des skeptischen Theismus daran, ob uns überhaupt alle Arten von Gütern und Übeln, die zu diesem Gesamtwert beitragen, epistemisch zugänglich sind, um die Beantwortung solcher Fragen als aussichtslos erscheinen zu lassen. Sie müsste nämlich ansetzen bei einer umfassenden Werttheorie oder Axiologie, die eine vollständige Liste aller dieser Arten beinhaltet, und dann Auskunft darüber geben, in welchem Maße sie in der aktualen Welt tatsächlich instanziiert sind. Als Konsequenz für die Theodizee bliebe dann nur ein – vermutlich nie endendes – Moratorium für die Diskussion der sie beschäftigenden Problemstellungen.

Entgegen dem ersten Anschein muss die Theodizee jedoch keineswegs eine abgeschlossene Axiologie abwarten, geschweige denn eine Gesamtbewertung der aktualen Welt. Es lassen sich nämlich auch unabhängig davon zumindest einige Rahmenbedingungen angeben, die erfüllt sein müssen, damit eine Theodizee überhaupt möglich wird. Bereits diese Rahmenbedingungen sind alles andere als

---

59 Vgl. zu diesem Problem Wielenberg (2004) und Kraay (2013: 404f.).

trivial, aber deshalb eben auch informativ. Sie sollen im Folgenden in drei Hinsichten exemplarisch erläutert werden, nämlich mit Blick auf Art und Umfang der Liste von Gütern und Übeln, auf deren Gewichtung sowie auf das axiologische Instrumentarium, das ihre Interaktion nicht bloß in instrumentellen, sondern auch in konstitutiven Zusammenhängen zu erläutern versucht.

Wenn man unterstellt, dass der Hedonismus die zutreffende Axiologie darstellt, gibt es nur genau eine Art von intrinsischen Gütern – die Lust – und genau eine Art von Übeln – den Schmerz. Beim Hedonismus handelt es sich um eine *monistische* Axiologie im Gegensatz zu *pluralistischen* Axiologien, die unterschiedliche, aufeinander irreduzible Arten von Gütern und Übeln annehmen. Alles andere, was außer Lust als ein intrinsisches Gut erscheinen mag, etwa Erfolg oder Schönheit, zählt dann allenfalls als instrumentell gut, insofern es etwa lustvolle Erfahrungen wie die der Befriedigung über das Erreichte oder den Genuss eines Kunstwerks ermöglicht. Ob eine solche monistische Axiologie, die nur eine einzige Art von Gütern bzw. Übeln umfasst, zu überzeugen vermag, kann hier offenbleiben. Entscheidend ist, dass, träfe der Hedonismus zu, das Projekt einer Theodizee von vornherein zum Scheitern verurteilt wäre. Die Realisierung von lustvollen bzw. schmerzhaften Zuständen steht nämlich vollständig in der Verfügung eines allmächtigen Gottes. Selbst durch endliche Fähigkeiten der Wesen, die Lust empfinden, gesetzte Grenzen könnten, so scheint es, von ihm beliebig erweitert werden, um so neue Dimensionen der Lusterfahrung zu erschließen. Eine Diskussion darüber, ob und inwiefern hier überhaupt von Grenzen für Gott gesprochen werden kann, erübrigt sich aber für die Zwecke der Theodizee. Denn dass die aktuale Welt kein hedonisches Paradies darstellt, liegt auf der Hand. Die Lust/Schmerz-Bilanz in dieser Welt fällt mindestens gemischt aus. Eine hedonisch weitaus bessere Welt ist selbst mit beschränkten menschlichen Möglichkeiten mühelos vorstellbar und wäre ebenso mühelos durch ein allmächtiges Wesen zu verwirklichen. Auch wenn Gott nicht verpflichtet ist, die hedonisch bestmögliche Welt zu schaffen (einmal unterstellt, das wäre ein sinnvoller Begriff), scheitert er doch ersichtlich schon daran, eine hedonisch hinreichend gute Welt zu schaffen (sofern, wie der Hedonismus unterstellt, nur deren hedonische Dimension als intrinsisch wertvoll gilt). Gerade Beispiele aus der nicht-menschlichen, aber zu Lust- und Schmerzerfahrungen befähigten Natur erlauben hier keine Zweifel. Man muss nicht einmal Schopenhauers These teilen, dass es zwischen Lust- und Schmerzerfahrungen eine Asymmetrie gibt, die eindeutig zugunsten letzterer ausfällt:

> Wer die Behauptung, daß in der Welt der Genuß den Schmerz überwiegt oder wenigstens sie einander die Waage halten, in der Kürze prüfen will, vergleiche die Empfindung des Thieres, welches ein anderes frißt, mit der dieses andern. (Schopenhauer, *Parerga und Paralipomena*, Band II, Kap. XII „Nachträge zur Lehre vom Leiden der Welt", Leipzig 1878, § 150)

Es genügt, sich die Fälle von dysfunktionalem Schmerz vor Augen zu führen, etwa den des Hirsches, der unter starken Schmerzen in einer Situation verendet, die ihm ohnehin keinen Ausweg lässt und in der daher die Signalfunktion seiner Schmerzen leerläuft. Warum erspart Gott seinen Geschöpfen nicht zumindest solche Schmerzen, die qua Voraussetzung nicht einmal instrumentell gerechtfertigt sind (also etwa durch ihren Nutzen für die Ermöglichung von mehr Lust oder zur Vermeidung von mehr Schmerz)? Auf diese Frage kann es innerhalb eines hedonistischen Rahmens keine befriedigende Antwort geben. Denn andere Arten von Gütern, zu denen solche Schmerzen einen Beitrag leisten können, schließt der Hedonismus als monistische Position in der Axiologie ja von vornherein aus.

Auch für solche andere Arten von Gütern und Übeln, etwa für Schönheit und Hässlichkeit, stellt sich jedoch, sollte es sich auch bei ihnen um intrinsische Werte handeln, dasselbe Problem wie für Lust und Schmerz, insofern auch sie für Gott vollständig verfügbar sind: Warum bleibt der überwältigende Teil des Kosmos so eintönig? Warum sorgt Gott nicht überall für mehr Komplexität als Grundlage für Ordnungsstrukturen, die dann als schön erfahren werden können? Auch aus hedonischen Gesichtspunkten lassen sich jedenfalls, so scheint es, keine Gründe gegen mehr Schönheit ableiten. Im Gegenteil: Die Erfahrung von Schönheit ist ja selbst lustvoll und steigert damit den hedonischen Gesamtwert des entsprechenden Zustandes.

Worauf die – hier axiologisch bewusst verarmte und im Einzelnen durchaus kontroverse – Diskussion der Wertarten Lust und Schönheit im Kontext des Theodizeeproblem jedoch in jedem Fall aufmerksam macht, ist das folgende Desiderat: Es bedarf mindestens eines Wertes, der selbst für einen allmächtigen Gott nicht vollständig verfügbar ist, der vielmehr zumindest partiell in der Verantwortung einer anderen personal verfassten Instanz liegt. Wenn ein solcher Wert nicht hinreichend realisiert ist oder er durch einen ihm korrespondierenden Unwert überwogen wird, ergibt sich – anders als bei Lust und Schönheit – die Möglichkeit, dass dieser Umstand (insofern er nicht bloß aus den Gesetzen der Logik folgt) dieser anderen Instanz zugerechnet werden kann. Allerdings stellt diese andere Instanz, wie alles nicht-göttliche Sein, ja selbst ein Geschöpf Gottes dar. Gott hätte es auch unterlassen können, sie zu schaffen und wäre so die einzige Person geblieben. Die Einschränkung seiner Verfügungsmacht stellt also kein Widerfahrnis Gottes dar, sondern bildet selbst eine Konsequenz seines ihm zurechenbaren und von ihm zu verantwortenden Handelns. Daher muss der so ermöglichte Wert axiologisch ein solches Gewicht besitzen, dass er die mit ihm verbundenen Risiken zu rechtfertigen vermag.

Mehr noch: Die *prima facie* nicht zu rechtfertigende Bilanz in Bezug auf andere Arten von Gütern und Übeln, wie etwa die gerade diskutierte hedonische Wertbilanz der aktualen Welt, bedarf ja weiterhin einer Rechtfertigung. Eben diese

Rechtfertigung könnte sich aber durch die Herstellung eines geeigneten Zusammenhangs zu dem gesuchten Wert ergeben. Wenn nämlich die entsprechende Bilanz selbst, sei es als Voraussetzung oder als Folge, ein Implikat der Realisierung dieses Wertes darstellt, könnte sich dessen Rechtfertigung auch auf sie übertragen. Dies freilich nur unter der Voraussetzung, dass diesem Wert ein hinreichend großes Gewicht zukommt, um die Gesamtlast der Rechtfertigung für die nicht nur mit ihm selbst einhergehenden Übel, sondern auch für die anderen Arten von Übeln, die er selbst in einer noch zu klärenden Weite impliziert, tragen zu können. Zugleich muss der hier als Implikationsverhältnis beschriebene Zusammenhang tatsächlich ein logisch zwingender sein – ansonsten wäre eine Welt vorzuziehen gewesen, die den gesuchten Wert realisiert ganz ohne andere Arten von Werten (wie etwa hedonische), deren Gesamtbilanz zumindest in der aktualen Welt ja negativ ausfällt. Damit ergeben sich also die folgenden drei Anforderungen an den gesuchten Wert im Rahmen einer Strategie der Bewältigung des Theodizeeproblems:

1. Die Realisierung dieses Wertes (sowie die von Werten, die diesen Wert als für sie selbst konstitutiv voraussetzen) ist selbst für einen allmächtigen Gott nicht vollständig verfügbar, vielmehr liegt sie zumindest partiell in der Verantwortung einer anderen personal verfassten Instanz.
2. Sie ist logisch zwingend an die Realität bestimmter Arten von Übeln gebunden.
3. Sie besitzt ein hinreichend großes Gewicht, um die von ihr in dieser Weise vorausgesetzten Übel rechtfertigen zu können.

Um verstehen zu können, inwiefern Übel durch ihren Zusammenhang mit sie bedingenden oder von ihnen bedingten Gütern gerechtfertigt werden können, bedarf es zunächst einer grundlegenden axiologischen Unterscheidung, nämlich der zwischen Aufwiegen und Besiegen von Übeln. Eine solche Unterscheidung ist der Sache nach bereits in vielen klassischen Positionen zur Theodizeedebatte präsent, wurde aber erst in G.E. Moores *Principia Ethica* (1903) als dem Grundlagenwerk moderner Werttheorie und Metaethik klar herausgearbeitet.[60] Moores Diskussion bezieht sich dabei auf das Phänomen von ihm sog. organischer Einheiten (*organic unities*), deren Grundidee A. C. Ewing wie folgt zusammenfasst: „the value of a, b and c together is not always dependent only on the value of a, b and c as they would be taken apart." (Ewing 1973: 215)

Ein Beispiel für eine solche Einheit ist tapferes Handeln, sofern es wie folgt verstanden wird: Tapferes Handeln impliziert den Einsatz für ein Gut angesichts einer drohenden Gefahr, die mit der Versuchung einhergeht, dieser Gefahr durch

---

60 Vgl. Moore 1903: §§ 18–22.

Unterlassung solchen Einsatzes auszuweichen. Der Einsatz für ein Gut soll hier als Träger positiven Wertes betrachtet werden, die drohende Gefahr als Träger negativen Wertes, die Versuchung, die Gefahr zu vermeiden (wie sie sich z. B. in dem beißenden Wunsch artikulieren mag, sich der Situation zu entziehen), ebenfalls als Träger negativen Wertes. Unterstellt man weiter, dass die einzelnen Werte kommensurabel sind und sich kardinal gewichten lassen, würde sich der Gesamtwert der organischen Einheit „tapferes Handeln" aus einer schlichen Addition der beteiligten einzelnen, positiven wie negativen, Werte ergeben. Bereits beim Beispiel des tapferen Handelns führt eine solche Addition jedoch zu unplausiblen Ergebnissen: Je größer etwa die Versuchung wäre, die Gefahr zu vermeiden, desto negativer müsste das tapfere Handeln im Angesicht solcher Versuchung bewertet werden. Das Gegenteil scheint aber der Fall zu sein: Es wird (so zumindest die unten S. 108 zu diskutierende Auffassung Swinburnes) insgesamt umso wertvoller, als es einer großen Versuchung, die ihm entgegensteht, abgerungen wurde.

Andere Beispiele bestätigen die Vermutung, dass das Additionsprinzip zumindest im Falle solcher organischer Einheiten nicht gelten kann: Wer etwa mit Freude auf den Schaden, den eine andere Person erleidet, reagiert, der mindert den Unwert seiner Schadenfreude (als Bezeichnung der hier vorliegenden organischen Einheit) keineswegs dadurch, dass es ihm gelingt, seine eigne Freude ob des Schadens (der nun einmal konstant bleibt) noch zu vergrößern. Im Gegenteil: Auch wenn der Freude, für sich genommen und damit unabhängig von organischen Einheiten, ohne Zweifel ein positiver Wert zukommt, macht sie die Einheit der Schadenfreude gerade durch ihre Zunahme nicht besser (wie bei einer bloßen Addition von Freude und Schaden zu erwarten), sondern schlechter.

Ontologisch gilt es zu beachten, dass der Beitrag der Werte bzw. Unwerte zum Gesamtwert der organischen Einheiten kein kausaler ist, sondern ein konstitutiver: Der eingetretene Schaden mag zwar zunächst kausal seine Beobachtung durch den Schadenfrohen auslösen, bildet dann aber auch selbst einen konstitutiven Bestandteil der organischen Einheit „Schadenfreude" und nicht bloß dessen äußere Ursache. Ewings Definition von organischen Einheiten unterstellt dabei ausdrücklich, dass keineswegs alle komplexen evaluativen Tatsachen als solche organische Einheiten aufgefasst werden dürfen: Die Frage, ob die Einnahme einer unangenehm schmeckenden Medizin gegen eine leichte Erkrankung ratsam ist, lässt sich durch schlichte Addition des Unwertes der Einnahme mit dem Wert der so ermöglichten Gesundung beantworten. Der negative Wert des probaten Mittels und der positive Wert des dadurch erreichten Ergebnisses bleiben auch innerhalb der Mittel-Zweck-Relation invariant und der Gesamtwert resultiert aus deren Addition – letztere bildet daher keine organische Einheit.

Andererseits hat die axiologische Debatte auf eine reiche Vielfalt unterschiedlicher Arten organischer Einheiten aufmerksam gemacht: So gibt es nicht nur synchrone organische Einheiten, sondern auch diachrone, die große Zeiträume, ja ein ganzes Menschenleben oder sogar kulturelle Entwicklungen umfassen können. Das von Franz Brentano diskutierte Phänomen des *bonum progressionis* etwa beinhaltet, dass eine Entwicklung, die von einem negativen Ausgangszustand kontinuierlich zu einem positiven Endzustand aufsteigt, schon als solche besser ist als eine Entwicklung, die die umgekehrte Richtung nimmt, also von einem positiven Ausgangszustand zu einem negativen Endzustand absteigt. Addiert man die Werte, die in beiden Prozessen zu jedem einzelnen Zeitpunkt realisiert sind, ergibt sich qua Voraussetzung dieselbe Summe an Wert – positive und negative Werte sind ja lediglich an unterschiedlichen Stellen der Zeitachse realisiert. Dennoch würde fast niemand angesichts der Frage, ob er ein Leben „from rags to riches" oder doch lieber ein Leben „from riches to rags" führen möchte, eine Münze werfen wollen – die Entscheidung für ersteres wäre fast selbstverständlich. Auch hier scheint also eine sich diachron erstreckende organische Einheit vorzuliegen, die Brentano eben als *bonum progressionis* benennt.[61]

Auch wenn man zugesteht, dass es axiologische Sachverhalte gibt, die sich nur unter Voraussetzung des Prinzips der organischen Einheiten angemessen verstehen lassen, ist noch keine Antwort auf die Frage gegeben, wie denn der Zusammenhang der sie konstituierenden Werte positiv verstanden werden kann (Ewing gibt ja nur die negative Bestimmung, dass er sich nicht aus der Addition der Einzelwerte, wie sie außerhalb der Einheit bestehen, ergibt). Die axiologische Diskussion im Anschluss an Moore hat zwei distinkte Theorien eben dieses Zusammenhangs erarbeitet, die von Thomas Hurka prägnant charakterisiert und voneinander abgegrenzt werden:

> On what I will call a 'variability' interpretation of this principle [sc. dem Prinzip organischer Einheiten, C. H.], the value of a part can change when it enters a whole, so *a*'s value can go from five to ten when it is related by *R* to *b*. Moore rejected this possibility, saying 'The part of a valuable whole retains exactly the same value when it is, as when it is not, a part of that whole' […]. Instead, he assumed a 'holistic' interpretation, on which if a whole's value differs from the sum of the values of its parts, that is because alongside the unchanged values in those parts

---

[61] Brentano definiert das *bonum progressionis* wie folgt: „Wenn wir uns einen Prozeß vorstellen, der von Gutem zu Schlechtem oder von größerem Guten zu geringerem Guten führt und ihn mit dem in umgekehrter Richtung verlaufenden vergleichen, so scheint uns dieser als der vorzügliche. Und dies auch dann, wenn die Summe des Guten hier und dort die gleiche wäre. Auch diese Bevorzugung ist als richtig charakterisiert. Man kann in diesem Sinne von einem *bonum progressionis* und einem *malum regressus* sprechen." (Brentano 1978: 214), vgl. a. die Diskussion bei Katkov (1937: 58–59). Für eine kritische Auseinandersetzung mit dem *bonum progressionis* vgl. Kauppinen (2012: 348–350). Einen Überblick über die Debatte über die zeitliche Gestalt des Lebens insgesamt und deren Bedeutung für das Wohlergehen gibt Fletcher (2016: Kap. 7).

there is a further value in the whole 'as a whole' that must be added to the values in its parts to determine its value 'on the whole' [...]. (Hurka 2014: 65)

Welche Konsequenzen ergeben sich aus diesen beiden Theorien organischer Einheiten für die Deutung von Übeln? Beide erlauben, dass Übel nicht bloß aufgewogen werden können durch größere Güter wie das der wiedergewonnenen Gesundheit im Fall des unangenehm schmeckenden Medikaments. Die Gefahr, der sich eine tapfere Person im Dienste des Guten ausgesetzt sieht, kann so etwa einen positiven Beitrag leisten zum Gesamtwert der organischen Einheit „tapferes Handeln". Der variabilistischen Interpretation des Prinzips organischer Einheiten zufolge tut sie dies, indem sie innerhalb der Einheit „tapferes Handeln" ihr eigenes evaluatives Vorzeichen ändert und nun selbst Träger positiven Wertes wird. Der holistischen Deutung zufolge behält sie ihren eigenen negativen Wert, trägt aber durch ihre Stellung innerhalb der Gesamtstruktur der Einheit (auf die sich etwa G. E. Moore als „whole as a whole" bezieht) dazu bei, dass dieser Einheit ein gegenüber ihrem Fehlen höherer Gesamtwert zukommt, der nicht durch die bloßen Einzelwerte, wie sie außerhalb der Einheit bestehen, bestimmt werden kann. Im Fall tapferen Handelns empfiehlt sich eindeutig die zweite, holistische Lesart: Dass die Gefahr etwas Schlechtes bleibt, auch wenn sich der Tapfere entschließt, ihr aus guten Gründen nicht auszuweichen, ermöglicht ja gerade den Wert des tugendhaften Handelns.

Ganz ähnlich scheint auch Retribution, also die Bestrafung eines Vergehens, nicht unter dem Gesichtspunkt von deren Folgen (z.B. Abschreckung, Prävention), sondern als eine durch das Vergehen selbst verdiente Reaktion und damit in dieser Hinsicht als ein Gut, eine holistische, nicht-variabilistische Deutung zu verlangen: Eine erlittene Strafe würde sich ja als Übel und damit auch als Strafe aufheben, wenn sie im Rahmen der organischen Einheit ihr negatives Vorzeichen verlieren würde; hinzu kommt, dass auch das Vergehen selbst sein negatives Vorzeichen behalten muss, um überhaupt den Gedanken der Retribution, dass hier eine Strafe verdient wird, verständlich zu machen.

Umgekehrt scheinen Fälle abnehmenden Grenznutzens eine variabilistische Deutung zu erfordern: Dass etwa jedes zusätzliche Exemplar einer bestimmten, seltenen und als solche wertvollen Spezies von Vögeln nicht einfach additiv zu dem Wert der bisher bestehenden Summe von Exemplaren, die die Gesamtpopulation ausmachen, hinzukommt, lässt sich Hurka zufolge kaum dadurch erklären, dass mit zusätzlichen Exemplaren gleichzeitig ein sich mit jedem neuen Exemplar reduzierender Wert der Einheit „as a whole" hervorgebracht wird. Im Gegenteil liegt es nahe, im Sinne der variabilistischen Interpretation davon zu sprechen, dass jedes zusätzliche Exemplar einen etwas geringeren Wert in die Welt bringt bzw. zusätzlich den Wert der schon vorhandenen Exemplare mindert.

In dieser hermeneutischen Konstellation liegt freilich kein Widerspruch: Auch wenn die beiden Deutungen der organischen Einheit distinkt sind, schließen sie einander nicht aus und können sogar zusammen auf denselben Fall angewendet werden. Freilich haben sich in der Debatte bisher keine von der Prüfung konkreter Arten von Fällen unabhängige Kriterien dafür ergeben, wann welche Deutung und wann sogar beide zusammen Anwendung finden können.

Ganz unabhängig von den Fragen nach solchen Kriterien ergibt sich aber aus beiden Deutungen ein Spielraum dafür, Übel nicht bloß durch größere Güter (oder die Vermeidung größeren Übels) *aufzuwiegen*, sondern sie durch Integration in organische Einheiten zu *besiegen* (im Englischen wird hier in der Regel der Begriff *defeat* gebraucht[62]): Die Gefahr, die tapferes Handeln ermöglicht, oder die Not, die Wohltätigkeit ermöglicht, können innerhalb dieser organischen Einheiten einen positiven Beitrag zu deren Gesamtwert leisten – sei es (variabilistisch) durch einen Vorzeichenwechsel oder sei es (holistisch) durch ihre Stellung innerhalb der als solche wertvollen Struktur der Einheit.

Besonders deutlich wird dieser Zusammenhang im ästhetischen Kontext: Für sich genommen abstoßende Farbpartien mögen innerhalb der Gesamtkomposition des Bildes unverzichtbar dafür sein, eine farbliche Harmonie zu ermöglichen, die ohne sie nicht möglich wäre: Das Bild würde keineswegs davon profitieren, auf solche Partien zugunsten der für sich genommen gefälligen Partien zu verzichten, sondern würde dadurch ganz im Gegenteil ästhetisch entwertet.[63] Augustinus zufolge spielen Sünden nun eben diese Rolle abstoßender Farbpartien, die ein gerechter Gott zu einem konstitutiven Teil der Schönheit seiner Schöpfung zu machen versteht:

> Hätte niemand darin gesündigt, so wäre die Welt nur mit guten Wesen geschmückt und erfüllt. Andrerseits ist deshalb weil die Sünde eintrat, nicht alles mit Sünden erfüllt, da ja in den himmlischen Sphären eine weit größere Zahl von Guten die ihrer Natur zukommende Ordnung bewahrt. Und dazu entgeht der böse Wille, weil er die Ordnung der Natur nicht bewahren will, deshalb ja doch nicht den Gesetzen des gerechten Gottes, der alles gut zu ordnen weiß. Denn wie ein Gemälde mit schwarzen Schatten an ihrem Platz, so ist das Weltall, wenn man es zu betrachten versteht, auch mit den Sündern schön, obgleich diese, in sich selbst betrachtet, durch ihre eigene Häßlichkeit besudelt sind. (Augustinus, *De civitate dei*, XI.23 (Bibliothek der Kirchenväter Bd. 16, 620 f.))[64]

---

62 Diese Terminologie geht maßgeblich auf den für die gesamte Debatte grundlegenden Aufsatz *The Defeat of Good and Evil* von Roderick Chisholm (1990) zurück, vgl. a. Adams (1999: 21).

63 Für die Bedeutung einer Auffassung der Welt als göttliches Kunstwerk für das Theodizeeproblem vgl. Streminger (1992: 85–103).

64 Vgl. a. Augustinus, *De civitate dei*, XII.4 (Bibliothek der Kirchenväter Bd. 16, 649): „Wenn also in den irdischen Regionen, wo derlei am Platz ist, das eine vergeht, das andere entsteht und das

Doch lässt sich das Übel der Sünde tatsächlich durch eine solche ästhetische Integration besiegen? Wenn es sich bei der Sünde um eine Form des Missbrauchs von Freiheit handelt, setzt die Beantwortung einer solchen Frage zunächst eine Diskussion des Wertes der Freiheit selbst voraus.

3.4.2 Der Wert der Freiheit

Der klassische Kandidat für den gesuchten Wert trägt den Namen: Freiheit. Frei zu sein scheint im Sinne von 1. selbst intrinsisch wertvoll zu sein – und bildet einen konstitutiven Bestandteil für hohe Werte wie Tugend oder Liebe. Auch wenn Freiheit sich etwa im Sinne von 2. notwendig angesichts der Herausforderungen durch Übel zu bewähren hat (die freie Ausübung von Mitleid etwa setzt die Realität von Leid voraus), könnten solche im Sinne von 3. dennoch durch das hohe Gewicht des Wertes der Freiheit und der durch sie partiell konstituierten anderen Werte wie die Tugend des Mitleids gerechtfertigt werden.

Vor diesem Hintergrund kann es nicht überraschen, dass in der christlichen Tradition die Freiheit schon in der spätantiken Patristik den zentralen Bezugspunkt für die Formulierung von Theodizeen dargestellt hat. Die beiden ideengeschichtlich einflussreichsten darunter sind ohne Zweifel die des hl. Augustinus, die insbesondere das lateinische Christentum entscheidend geprägt hat, und die des hl. Irenäus von Lyon, die im 20. Jh. im Werk des britischen Theologen und Religionsphilosophen John Hick eine originelle Erneuerung und Transformation gefunden hat. Die folgende Diskussion von Ontologie und Axiologie der Freiheit sowie von deren Implikationen für das Theodizeeproblem wird sich immer wieder an diesen beiden Ansätzen orientieren, insofern sie exemplarisch auf systematisch

---

Schwache dem Starken unterliegt und das Überwundene in die Beschaffenheit des Siegers übergeht, so ist das eben so die Ordnung, wie sie vergänglichen Dingen zukommt. Die Schönheit dieser Ordnung behagt uns nur deshalb nicht, weil wir selbst, nach Maßgabe unserer Sterblichkeit dieser Ordnung teilweise einverwoben, das Ganze, in das sich die uns unangenehmen Teilerscheinungen vortrefflich und harmonisch einfügen, nicht als Ganzes auf uns wirken lassen können. Daher wird uns mit vollem Rechte zur Pflicht gemacht, an des Schöpfers Vorsehung zu glauben bezüglich all jener Anordnungen, in denen wir sie zu schauen weniger imstande sind, damit wir uns nicht in dünkelhafter Unbesonnenheit herausnehmen, das Werk eines solchen Meisters in irgendeinem Punkte zu tadeln." Wolfhart Pannenberg bemerkt allerdings zu Recht, dass auch Augustinus „nicht soweit gegangen [sei], die Sünde und die Existenz von Verworfenen als für die Vollkommenheit des Universums geradezu notwendig auszugeben. Erst im mittelalterlichen Augustinismus ist dieser letzte Schritt, der den Gedanken der Schöpferliebe Gottes zu verdunkeln droht, getan worden" (Pannenberg 1991: 195).

zentrale Grundentscheidungen und deren Konsequenzen aufmerksam machen, aber auch Aporien einer Theodizee im Zeichen der Freiheit offenzulegen erlauben.

Einer Diskussion der Axiologie der Freiheit muss eine solche der Ontologie der Freiheit vorangehen. In der Debatte um die Ontologie der Freiheit stehen sich zwei grundlegende, miteinander unvereinbare Theorien gegenüber: Einer ersten Theorie zufolge ist eine Handlung x genau dann frei, wenn der Handelnde unter den gegebenen Umständen auch anders hätte handeln können, als er gehandelt hat. Diese anderen Umstände umfassen den Gesamtzustand der aktualen Welt zum Zeitpunkt der Handlung sowie die in dieser Welt geltenden Gesetze. Einer zweiten Theorie zufolge hingegen ist eine Handlung x genau dann frei, wenn sie in geeigneter Weise verursacht wurde – nämlich z. B. durch den Charakter, die Wünsche, Pläne o. ä. des Handelnden selbst. Eine für Freiheit ungeeignete Weise der Verursachung besteht demgegenüber im Zwang, sei es äußerem – der Handelnde wird etwa durch Ketten zur Unterlassung einer Handlung genötigt – oder inneren – die Wünsche bzw. Pläne des Handelnden werden durch Zwangsstörungen etc. deformiert. Die zweite Theorie erlaubt es, Freiheit selbst innerhalb einer vollständig determinierten Welt, in der jeder künftige Zustand durch die früheren zusammen mit den dort geltenden Gesetzen festgelegt ist, als möglich zu erachten: Charakter, Wünsche und Pläne des Handelnden mögen dann ihrerseits determiniert sein, was aber nicht daran ändert, dass sie eben dies sind – nämlich Charakter, Wünsche und Pläne des Handelnden und sie damit nicht disqualifiziert, Handlungen ihrerseits in für Freiheit geeigneter Weise zu verursachen. Die erste Theorie schließt eine solche Möglichkeit hingegen aus: Wenn die Handlung immer schon determiniert war, hätte sie eben in Widerspruch zur ersten Theorie nicht anders ausfallen können als sie faktisch ausgefallen ist – und kann damit auch nicht frei sein.

In der Debatte um Freiheit werden Theorien, die Freiheit und Determination für vereinbar halten, als kompatibilistische Theorien, solche, die sie für unvereinbar halten, als inkompatibilistische Theorien bezeichnet. Innerhalb des inkompatibilistischen Lagers gilt es zusätzlich zu unterscheiden zwischen zwei Weisen, Konsequenzen aus der von ihr konstatierten Unvereinbarkeit zu ziehen: Nihilisten in Bezug auf Freiheit betrachten die aktuale Welt als deterministisch und leugnen daher die Existenz von Freiheit in einer solchen Welt; Libertarianer hingegen halten an der Existenz von Freiheit fest und weisen den Determinismus zurück.

Insofern die folgende Diskussion die Existenz von Freiheit voraussetzt (eine nihilistische Position in Bezug auf Freiheit trägt offensichtlich nichts zur Bewältigung des Theodizeeproblems bei), sind für sie lediglich zwei der drei gerade unterschiedenen Theorien von Belang, nämlich der Libertarianismus und der Kompatibilismus. Schon ganz unabhängig von religionsphilosophischen Fragen stehen beide Theorien vor großen Herausforderungen, denen in diesem Zusammenhang nicht weiter nachgegangen werden kann: Der Libertarianer etwa darf es nicht bei der bloß negativen These belassen, dass freie Handlungen eben nicht determiniert sind. Bloß zufällige Handlungen, für die dies ebenso gilt, sind alles, aber keine freien Handlungen. Es bedarf also einer Konzeption einer nicht-deterministischen Verursachung durch den Handelnden selbst, wie sie etwa in Theorien der sog. *agent-causation* ausgearbeitet werden. Der Kompatibilist wiederum muss unter anderem plausibel machen, inwiefern unsere alltägliche Praxis der Zuschreibung von Verantwortung mit der Annahme vereinbar ist, dass jemand die Verantwortung für sein Handeln trägt, sofern er nur frei von äußerem und innerem Zwang war und „anders hätte handeln können, wenn er sich anders entschieden hätte" (Moore 1912: 200), wobei die Entscheidung selbst eben gar nicht anders ausfallen konnte als sie ausgefallen ist.

Auch ohne die Debatte zwischen Kompatibilisten und Libertarianern inhaltlich auszutragen, liegen die Konsequenzen von ersterem für die Theodizeedebatte auf der Hand: Ein Gott, der eine deterministische Welt erschafft, verursacht qua allmächtig alles in ihr und damit eben auch alle menschlichen Handlungen; qua allwissend weiß er auch, wie jede menschliche Entscheidung ausfallen und welche Handlungen aus ihr hervorgehen werden. Träfe der Kompatibilismus zu, könnte es in einer solchen Welt gleichwohl Freiheit geben. In keiner Weise lässt sich aber erklären, wieso es in einer solchen Welt einen Missbrauch von Freiheit etwa für böse Handlungen gäbe. Nichts im Begriff der so verstandenen Freiheit steht ja der Vorstellung entgegen, dass von ihr ein ausschließlich guter Gebrauch gemacht wird. Dass sich freie Wesen frei zum Guten entscheiden, bezeichnet jedoch nach theistischer Auffassung genau den von Gott gewollten Zustand seiner Schöpfung vor dem Sündenfall sowie den ihrer Vollendung im *Eschaton* – und Engel sind freie, personale Wesen, für die genau dies (sofern sie nicht selbst gefallen sind) ohnehin gilt. In der aktualen Welt wird Freiheit aber offensichtlich ständig und in hohem Maße missbraucht. Ihr Missbrauch verfestigt sich zudem auf individueller Ebene zu Charaktermerkmalen wie Lastern sowie auf intersubjektiver Ebene zu Unrechtsregimen, ausbeuterischen ökonomischen Verhältnissen etc. Warum Gott von seiner Möglichkeit, unter Wahrung von Freiheit ihren guten Gebrauch sicherzustellen, offenkundig keinen Gebrauch macht, lässt sich nur dann erklären, wenn er nicht länger als allgütig aufgefasst wird. Dies stellt aber, wie oben gezeigt, keine für eine Theistin akzeptable Position dar.

Auf der Grundlage eines libertarianischen Verständnisses von Freiheit kann sie hingegen darauf verweisen, dass eine solche Möglichkeit nicht einmal für einen allmächtigen und allwissenden Gott besteht – und dass es deshalb im Sinne von 1. nicht in seiner Verfügungsgewalt steht, sie zu realisieren. Wenn Freiheit impliziert, dass sich das jeweilige freie Wesen auch anders hätte entscheiden können, dann liegt die Entscheidung eben bei diesem freien Wesen und nicht bei Gott. Alvin

Plantinga erläutert diesen Zusammenhang am Beispiel eines Lokalpolitikers, dem ein Bestechungsangebot gemacht wird (vgl. Plantinga 1974: 173–180). Ohne Zweifel gibt es eine mögliche Welt, in der der Politiker die Bestechungssumme annimmt, und eine andere Welt, in der er sie ausschlägt. Unterstellt man, es handelt es sich in beiden Fällen um freie Handlungen im libertarianischen Verständnis von Freiheit, dann hätte auch ein allmächtiger Gott, sofern sich der Politiker in der aktuellen Welt für die Annahme der Bestechungssumme entscheidet, die mögliche Welt, in der er sie ausschlägt, nicht verwirklichen können – und umgekehrt: Sofern der Politiker sich in der aktuellen Welt gegen die Annahme entscheidet, muss eine Welt, in der er die Bestechungssumme annimmt, unrealisiert bleiben. Läge es bei Gott, zum Zeitpunkt der Entscheidung eine der beiden möglichen Welten zu realisieren, dann hätte eben er, Gott, frei entschieden, nicht aber der Politiker. Innerhalb einer solchen Welt gäbe es keine freien Wesen außer Gott selbst. Wenn es sie aber doch gibt, dann setzten ihre Entscheidungen auch Gott Grenzen – und entlasten ihn von der Verantwortung des schlechten Gebrauchs, der von der Freiheit gemacht wird.

Freilich gilt es hier, die Grenzen dieser Entlastung genau zu bestimmen: Gott trägt zwar keine Verantwortung für den Missbrauch der eigenen Freiheit durch das jeweilige frei sich entscheidende und handelnde Wesen, wohl aber dafür, das Risiko einer Welt, die solche nicht-göttlichen, freien Wesen umfasst, allererst eingegangen zu haben.[65] Für Gott hätte ja auch die Möglichkeit bestanden, eine beliebig gute Welt zu schaffen, die lediglich auf den Wert der Freiheit verzichtet, also z. B. ein hedonisches Paradies, in dem alle empfindungsfähigen Wesen ständig lustvolle Erfahrungen machen. Träfe der Kompatibilismus zu, dann wäre es Gott in der Tat möglich gewesen, sich gegen dieses Risiko abzusichern, in dem er eben Entscheidungen und Handlungen so determiniert, dass sie immer zum Guten ausfallen. In der aktuellen Welt hat Gott jedoch von dieser Möglichkeit der Risikovermeidung keinen Gebrauch gemacht – und dafür ist, wie gerade gezeigt, kein Grund ersichtlich. Nur vor dem Hintergrund eines libertarianischen Verständnisses von Freiheit steht Gott hingegen vor einer echten Entscheidung, nämlich entweder Freiheit zusammen mit den Risiken ihres Missbrauchs zu ermöglichen oder ganz auf Freiheit zu verzichten. Die aktuelle Welt enthält nun ganz offensichtlich Wesen, die ihre Freiheit missbrauchen. Gott hat also faktisch angesichts dieser Alternative für das Risiko optiert. Lässt sich diese Entscheidung Gottes rechtfertigen?

---

[65] Bereits Katkov (1937: 112) vertritt die These, kein vollkommenes Wesen dürfe das Risiko der Freiheit eingehen, wenn dies „die Möglichkeit überwiegender Übel für auch nur ein einziges Individuum mitenthielte".

Die Beantwortung dieser Frage setzt nach der Diskussion der Ontologie der Freiheit die ihrer Axiologie voraus: Um was für eine Art von Wert handelt es sich eigentlich bei der Freiheit und wie stark ist dieser zu gewichten?

Richard Swinburne etwa schreibt der libertarianisch aufgefassten Freiheit selbst einen intrinsischen Wert zu:

> An intended good action, when fully caused, is the better if the agent is fully behind it; if the inclinations (i.e. desires) which lead him to act are not in conflict with each other. We value the spontaneous pursuit of the good, the pursuit of the good which the agent fully desires to pursue. We value the willingly generous action, the naturally honest, spontaneously loving action. But we value even more that the pursuit of the good should result from a free choice of the agent between equally good actions, that is, one resulting from the exercise of (libertarian) free will. It is a good for any agent to have such a free choice; for that makes him an ultimate source of the way things happen in the Universe. He is no longer totally at the mercy of forces from without, but is himself an autonomous mini-creator. And in both of these cases—the spontaneous good action and the freely chosen good action—the action is better if efficacious, if it does make the intended difference to how things are in the world outside the agent. (Swinburne 1998: 90)

Wer libertarianische Freiheit besitzt, bildet Swinburne zufolge keinen bloßen Spielball von Kräften mehr, sondern rückt selbst im Rahmen des für Geschöpfe Möglichen in die göttliche Rolle eines Schöpfers ein – und das ist gut für das freie Wesen. Swinburne betrachtet daher Freiheit als *gut für* das freie Wesen im Sinne eines intrinsischen, prudentiellen Werts. Ob eine freie Handlung gelingt, also das intendierte Handlungsziel auch erreicht wird, liegt demgegenüber nicht vollständig in der Hand des Handelnden. Er kann sich entsprechende Fertigkeiten aneignen, die einen Erfolg wahrscheinlich machen, vermag die äußere Handlung aber nie vollständig dem Spiel für ihn nicht verfügbarer Kräfte (Naturgesetzte, Handeln anderer freier Wesen) zu entziehen. Libertarianische Freiheit stellt also zwar schon als solche einen intrinsischen Wert dar, der allerdings Swinburne zufolge entlang von drei Dimensionen zu- bzw. abnimmt, die hier exemplarisch benannt werden sollen:

Erstens unterscheidet Swinburne zwischen drei Arten von freiem Willen:
1. freier Willen *simpliciter*, wie er bei der Wahl zwischen zwei Gütern ausgeübt werden kann (vgl. die Frage des Flugbegleiters: „süß oder salzig?").
2. ernsthafter freier Willen, wie er bei der Wahl zwischen einem Gut und einem Übel ausgeübt werden kann (vgl. die Frage, ob ich einen kurzfristigen Schmerz – eine Zahnbehandlung – im Dienste eines langfristigen Guts – dauerhafte Befreiung von Zahnproblemen – akzeptieren soll).
3. sehr ernsthafter freier Willen, wie er bei der Wahl zwischen einer moralisch verbotenen und einer moralisch erlaubten Handlung ausgeübt werden kann

(vgl. die Frage, ob ich jemand anderem zu meinem eigenen Vorteil schaden soll).

Zweitens unterscheidet Swinburne unterschiedliche Grade der Ausübung des freien Willens in allen seinen drei Arten. Diese Grade ergeben sich aus den Widerständen, die sich – kantisch gesprochen – aus widerstrebenden Neigungen bzw. – in Swinburnes Terminologie – aus Versuchungen ergeben, die der Verfolgung der Handlungsabsicht entgegenstehen. Irrationale Zeitpräferenzen etwa mögen dazu führen, dass auf die notwendige Zahnbehandlung verzichtet wird, um sich den unmittelbar bevorstehenden Schmerz der Wurzelbehandlung zu ersparen, auch wenn diese Unterlassung langanhaltende Zahnschmerzen zur Folge haben mag. Und der lebhaft vorgestellte eigene Vorteil mag das moralische Verbot, einer anderen Person zu schaden, in den Hintergrund treten lassen. Für Swinburne steigt nun der Wert einer Handlung in dem Maße, als sie dem Widerstand von Neigungen bzw. Versuchungen abgerungen wurde, die handelnde Person sich also in ihren Handlungsabsichten und deren Realisierung erfolgreich gegen solchen Widerstand behauptet hat. Widerstrebende Neigungen bzw. Versuchungen sind aus dieser Sicht sogar zu begrüßen, weil sie eine Chance zur Steigerung des Werts der Handlung eröffnen, die bei deren Fehlen ebenfalls nicht bestehen würde: „But the less the [...] temptation, the less is the goodness of the act done in resisting it." (Swinburne 1998: 93 f., vgl. a. ebd.: 134)

Ob eine solche Korrelation zwischen (überwundener) Versuchung und Gutheit der Handlung tatsächlich besteht, ist zumindest fraglich. Swinburne stellt *de facto* die aristotelische Hierarchie zwischen tugendhaftem und bloß selbstbeherrschtem Handeln auf den Kopf (vgl. Aristoteles, NE VII.1–11): In ihrem beobachtbaren Handeln besteht keinerlei Unterschied zwischen dem Tugendhaften und dem Selbstbeherrschten, allerdings zeichnet sich der Tugendhafte Aristoteles zufolge dadurch aus, dass er als solcher Freude daran hat, das Richtige zu tun, und erst gar keine Versuchung verspürt, fragwürdige Alternativen in Betracht zu ziehen. Anders beim Selbstbeherrschten, der sehr wohl solche Versuchungen verspürt, diese aber qua selbstbeherrscht und im Unterschied zum Unbeherrschten erfolgreich zu meistern versteht und sich daher in seinem Handeln nicht vom Tugendhaften unterscheiden wird. Aristoteles betrachtet es gerade als Vorzug des Tugendhaften gegenüber dem bloß Selbstbeherrschten, dass ersterer es nicht mehr nötig hat, sich gegen Versuchungen durchzusetzen – aus Swinburnes Sicht jedoch bringt sich der Tugendhafte mit seiner Freude an der richtigen Handlung gerade um die Chance, den Freiheitsgrad seines Handelns und damit dessen Wert zu erhöhen.

Drittens schließlich nimmt der Wert freien Handelns Swinburne zufolge in dem Maße zu oder ab, als es einen größeren oder geringeren Unterschied macht: Die Erfindung eines Impfstoffs gegen Corona ist wertvoller als das erfolgreiche

Zubinden der eigenen Schnürsenkel. Erstere Handlung erhält bzw. steigert das Wohl der gesamten Weltbevölkerung, letztere lediglich das des Trägers der Schuhe.

Im libertarianischen Sinne freies Handeln ist also, so bleibt festzuhalten, Swinburne zufolge in allen seinen Arten intrinsisch wertvoll (wobei Swinburne annimmt, dass Menschen *de facto* über sehr ernsthafte Freiheit und damit über die wertvollste Art derselben verfügen) und die Ausübung der Freiheit gewinnt an Wert durch die internen Widerstände, gegenüber denen sie sich zu behaupten hat, sowie durch die gestaltende Kraft, die sie in der Wirklichkeit zu entfalten vermag. Zugleich kommen bei Swinburne bereits in seiner Analyse des Wertes der Freiheit auch andere Arten von Werten in den Blick: Moralische Werte wie etwa Tugenden sind konstitutiv auf die regelmäßige Ausübung sehr ernsthaft freien Handelns angewiesen, das sich dann zu stabilen Charaktermerkmalen des Handelnden verfestigt. Ähnliches gilt für prudentielle Werte wie den der Leistung im Sinne des erfolgreichen Erreichens eigener Ziele durch das eigene Handeln. Gott oder eine andere Person mag jemandem das von ihm Angestrebte schlicht zum Geschenk machen – sie sind aber nicht in der Lage, ihm zu einer Leistung im definierten Sinne zu verhelfen: Leistung setzt eben den eigenen Einsatz voraus, in den natürlich weitere Personen einbezogen werden können, der aber durch diese nicht substituiert werden kann.

Hier wird exemplarisch deutlich, wie Swinburne der Sache nach versucht, den drei oben genannten Anforderungen Rechnung zu tragen (vgl. o. S. 98): Libertarianische Freiheit bildet sowohl selbst einen intrinsischen Wert als auch eine konstitutive Voraussetzung für andere Arten von intrinsischen Werten (also etwa moralische wie Tugenden oder prudentielle wie Leistung), die qua konstitutiv mit logischer Notwendigkeit besteht: Wer von Tugenden als moralischen Werten spricht, dabei aber der tugendhaften Person Freiheit beim Erwerb der Tugenden abspricht, setzt sich zu Recht dem Verdacht aus, stillschweigend das Thema gewechselt zu haben. Gleichzeitig sind damit auch die Grenzen des selbst für einen allmächtigen Gott Verfügbaren abgesteckt: Natürlich kann er etwa zu moralisch richtigen Entscheidungen ermutigen, günstige Umstände für sie schaffen und die Verfolgung unserer Ziele erleichtern, erschweren oder sogar zunichtemachen. Dennoch setzen die genannten Werte konstitutiv Entscheidungen voraus, die der Handelnde jeweils auch anders hätte fällen können, als er es faktisch getan hat – und damit bleiben sie eben auch dem Handelnden zurechenbar. Dasselbe gilt für die aus seinem Handeln erwachsenden Unwerte: Ernsthafte Freiheit bleibt offen für Scheitern, sei es moralisch oder sei es prudentiell; Handlungsmuster mögen sich zu Lastern anstatt zu Tugenden verstetigen; ambitionierte Herausforderungen mögen die Grenzen der eigenen Willenskraft oder des eigenen Geschicks aufzeigen usf. Der für das Theodizeeproblem entscheidende Zusammenhang besteht hier wiederum darin, dass Tugenden ohne die Möglichkeit von Lastern und Erfolg ohne die Möglichkeit des Scheiterns eben unmöglich sind: Ein vor Scheitern geschützter Erfolg wäre kein Erfolg im Sinne einer genuinen Leistung mehr, und Tugenden wären keine Tugenden im Sinne moralischer Werte, wenn dem Charakter nur eine Richtung, nämlich die zum Guten, in seiner Entwicklung offenstehen würde.

Die hier exemplarisch rekonstruierten Thesen von Swinburne sind je für sich genommen in hohem Maße begründungsbedürftig; sie sind aber auch mit Blick auf das Theodizeeproblem, in dessen Kontext sie von Swinburne ausgearbeitet werden, keineswegs alternativlos. Dies wird durch einen Blick auf die von John Hick vertretene Position deutlich, die sich als ein alternativer Versuch lesen lässt, den oben genannten drei Anforderungen gerecht zu werden.

Hicks Grundidee besteht darin, den Zusammenhang zwischen Freiheit und Übel nicht – in der Tradition Augustins – in *genetischer* Perspektive: das Übel als Ergebnis eines Missbrauchs der Freiheit, wie ihn der adamitische Sündenfall im Paradies oder bereits zuvor der Fall der Engel darstellt, sondern vielmehr *teleologisch* zu verstehen: Das Übel ist ihm zufolge zwingend notwendig, um einen Prozess des Freiheitsgebrauchs zu ermöglichen, den Hick als *soul-making* bezeichnet: Das Ziel dieses Prozesses besteht darin, den Menschen zu einer liebenden Gemeinschaft mit Gott zu befähigen. Hick unterscheidet zwischen zwei fundamental verschiedenen Stadien der Schöpfung: Für das erste Stadium trägt der allmächtige Gott die volle und alleinige Verantwortung. Es besteht in der Auslösung und Verwirklichung eines evolutionären Prozesses, an dessen Ende die Emergenz personal verfassten Lebens steht. In dem sich anschließenden zweiten Stadium jedoch stößt die göttliche Allmacht an Grenzen:

> It [sc. das zweite Stadium, C.H.] cannot be performed by omnipotent power as such. For personal life is essentially free and self-directing. It cannot be perfected by divine fiat, but only through the uncompelled responses and willing co-operation of human individuals in their actions and reactions in the world in which God has placed them. (Hick 1978: 255)

Die Vervollkommnung personalen Lebens kann also nicht an einen evolutionären Prozess delegiert werden, sondern muss sich dessen eigenem freien Handeln verdanken. Bemerkenswerterweise vertritt Hick implizit eine Ontologie der Freiheit, die ihn keineswegs auf ein libertarianisches Verständnis derselben festlegt. So hält er die Schöpfung nicht nur von freien, sondern sogar von tugendhaften Wesen (die also ihre Tugenden nicht erst durch ihr eigenes freies Handeln allmählich erwerben müssen, sondern von vornherein über sie verfügen wie etwa auch über ihre Blutgruppe o. ä.) ausdrücklich für möglich:

> The value-judgement that is implicitly being invoked here is that one who has attained to goodness by meeting and eventually mastering temptations, and thus by rightly making re-

sponsible choices in concrete situations, is good in a richer and more valuable sense than would be one created *ab initio* in a state either of innocence or of virtue. (Hick 1978: 255)

Ein allmächtiger Gott ist also Hick zufolge fähig, Wesen zu erschaffen, die schon zum Zeitpunkt ihrer Schöpfung über Tugenden verfügen – letztere können sich daher qua Voraussetzung nicht dem freien Handeln dieser Wesen verdanken. Und ein solcher Gott kann auch dafür sorgen, dass sich seine Geschöpfe immer für die moralisch richtige Handlung entscheiden, ohne dass dies ihre Freiheit in Frage stellen würde. Ein libertarianisches Verständnis von Freiheit ergibt sich für Hick also keineswegs zwingend aus der Ontologie von Freiheit. Vielmehr wird erst aus deren Axiologie heraus verständlich, warum sich Gott dagegen entschieden hat, freie Wesen zu schaffen, die ihre Freiheit nie missbrauchen: Eine von Gott auf das Richtige festgelegte Freiheit hebt sich zwar nicht, wie ein Liberatarianer meint, als solche auf, sie ist aber weniger wert als eine anspruchsvollere Freiheit, die sich etwa, wie Hick an der gerade zitierten Stelle hervorhebt, gegen Versuchungen zu behaupten hat, insofern es dem Handelnden gleichermaßen offensteht, den Versuchungen nachzugeben wie sie erfolgreich zu überwinden. Nicht Freiheit überhaupt, sondern eine hinreichend wertvolle Freiheit im Sinne der dritten Anforderung, die aufgrund ihres hohen Werts in der Lage ist, die ihr innerhalb der Theodizee zugedachte Aufgabe der Rechtfertigung von Übeln zu bewältigen, erlaubt daher keine bloß kompatibilistische Deutung.

Wenn aber für Hick kompatibilistische Freiheit sogar für die Zwecke der Moral ausreichen würde, dann behält Gott auch die volle Verantwortung für unmoralisches Handeln: Schließlich hätte er ja über die Möglichkeit verfügt, Menschen von vornherein mit Tugenden zu schaffen, die einen Missbrauch der Freiheit zu unmoralischem Handeln ausschließen, ohne die Freiheit der Handelnden zu unterlaufen. Es ist schließlich ihr eigener Charakter und kein äußerer Zwang oder äußere Manipulation, der sie zum richtigen Handeln veranlasst. Logisch notwendig ist libertarianische Freiheit also Hick zufolge keineswegs für moralische Werte wie Tugenden und noch weniger für nicht-moralische wie etwa den prudentiellen Wert der Leistung. Tatsächlich notwendig ist sie Hick zufolge nur für eine *bestimmte* Art von Wert, die allerdings auch die höchste Art von Wert darstellt, nämlich für religiöse Werte, in denen sich die Beziehung von Gott und Mensch realisiert, auf die letzterer als nach Gottes Bild geschaffen angelegt ist, die er aber erst im Prozess des erfolgreichen *soul-making* zu realisieren vermag, also Werte wie Liebe, Vertrauen und Glaube als Haltungen gegenüber einem allmächtigen, allwissenden und allgütigen Gott (vgl. Hick 1978: 274). Ohne libertarianische Freiheit wären wir Hick zufolge bloße Marionetten, unfähig, eine wahrhaft personale Beziehung („any truly personal relationship" (ebd.)) einzugehen. Wie Hick auf die hier naheliegende Rückfrage antworten könnte, warum eine kompatibilistische Freiheit für eine interpersonale Beziehung zu Gott nicht ausreichen soll, sehr wohl aber für interpersonale Beziehungen zwischen Menschen, in denen etwa moralische Tugenden kultiviert werden können, ist nur schwer zu sehen. Auch Hick konstatiert freilich, dass Gott sich *de facto* entschieden hat, von der Möglichkeit, kompatibilistische Freiheit ohne Risiko des Missbrauchs zu schaffen, keinen Gebrauch zu machen. Im Einklang mit der christlichen Tradition lässt er etwa jederzeit die Möglichkeit zu, dass eine Person sich frei zu einer Handlung entscheidet, die im Widerspruch zu ihrem eigenen Charakter steht, und zwar auch dann, wenn das Verhältnis von Mensch zu Gott dadurch in keiner Weise berührt wird.

Für die Zwecke dieses Abschnitts bleibt aber festzuhalten, dass Hicks Argumentation sich nicht weniger als die von Swinburne innerhalb des durch die drei oben genannten Anforderungen aufgespannten Rahmens bewegt. Beide vertreten dabei bemerkenswert unterschiedliche Konzeptionen von Freiheit: Während Swinburne Freiheit insgesamt libertarianisch begreift, hält Hick eine solche Freiheit nur für die Beziehung von Mensch und Gott für zwingend, die freilich das Telos des menschlichen *soul-making* darstellt. Dann stellt sich aber die Frage, warum Gott sich dagegen entschieden hat, ein hedonisch-moralisches Paradies zu schaffen, in dem personale Wesen über Freiheit verfügen, deren Gebrauch außer in Beziehung auf Gott risikolos auf das Richtige festgelegt ist. Für Swinburne hingegen stellt eine nicht-libertarianische Konzeption von Freiheit aus ontologischen Gründen keine Option dar – und damit besteht auch für Gott hier keine Entscheidungsoption (damit entfällt freilich auch die Notwendigkeit, Gott für seine Entscheidung angesichts dieser Option zu rechtfertigen). Seine Wahl beschränkt sich darauf, entweder eine Welt mit Wesen zu schaffen, die im libertarianischen Verständnis frei sind, dann aber auch *ipso facto* diese Freiheit missbrauchen können, oder aber auf eine Welt mit freien Wesen von vornherein zu verzichten.

Swinburne wie Hick kommen freilich in der grundlegenden Annahme überein, dass insbesondere besonders gewichtige Werte wie moralische Tugenden (Swinburne) oder solche der rechten Beziehung zu Gott (Hick) mit logischer Notwendigkeit auf anspruchsvolle, libertarianische Formen von Freiheit konstitutiv angewiesen sind. Im Hintergrund steht hier die starke Intuition, dass genau das, was Freiheit wertvoll macht, auch ein Risikopotential birgt. Wie genau dieser Zusammenhang zu explizieren ist, kann hier offenbleiben und setzt neben Überlegungen zur Theorie der Freiheit auch solche zu Werttheorie, Handlungstheorie, Moralpsychologie und Tugendlehre voraus. Mit libertarianischer Freiheit, so bleibt festzuhalten, steht ein aussichtsreicher Wert bereit, der geeignet ist, den drei oben genannten Anforderungen zu genügen.

Selbst wenn aber libertarianische Freiheit sowohl selbst einen intrinsischen Wert darstellt als auch einen konstitutiven Bestandteil anderer Arten von Werten (z. B. von Tugenden) bildet, und beides um den logisch unvermeidbaren Preis, die von solcher Freiheit vorausgesetzten wie die aus ihr folgenden Übel in Kauf nehmen zu müssen, bleibt es eine offene Frage, ob ein allgütiger Gott zu Recht eine Welt wie die aktuale geschaffen hat, die Wesen mit libertarianischer Freiheit umfasst, anstatt sich mit einer Welt zu begnügen, die weder Freiheit noch die dadurch ermöglichten Werte und Unwerte enthält. Hick jedenfalls hält es für ein „ethically [im Sinne einer axiologischen, nicht bloß moralischen Gesamtbewertung, C.H.] reasonable judgement" (Hick 1978: 256), dass genau dies der Fall ist, und Swinburne würde ihm darin zustimmen.

Um ein solches Urteil rechtfertigen zu können, bedarf es indes einer Reihe von zusätzlichen, materialen axiologischen Annahmen, die sowohl die Hierarchie der dabei zu berücksichtigenden Werte und Unwerte betreffen, wie deren Gewichtung, Menge und Verteilung. Erneut kann es hier nur darum gehen, auf einige zentrale Annahmen aufmerksam zu machen, die für die Verteidigung einer theistischen Position angesichts des Theodizeeproblems als unverzichtbar erscheinen.

Eine solche Verteidigung wird aus den genannten Gründen den Akzent auf Werte legen, die der ersten Anforderung genügen. Den einzigen aussichtsreichen Kandidaten dafür stellt die Freiheit dar, die sich allerdings ihrerseits als konstitutiv für eine Reihe von anderen Arten von Werten erweist.[66] Wären Tugenden und Laster nicht durch regelmäßiges freies Handeln vom Handelnden erworben und ihm daher zuzurechnen, würden sie sich nicht länger von Persönlichkeitsmerkmalen wie Charme oder Ängstlichkeit unterscheiden, die ihm vorgegeben sind, denen wir aber auch geringeren Wert (bzw. Unwert) zuschreiben als Tugenden oder Lastern. Tugenden als eine Spezies moralischer Werte würde es dann nicht einmal geben können.

---

[66] Auch die Diskussion innerhalb der christlichen Theologie der Gegenwart zeichnet sich durch eine eher noch totalere Dominanz des Wertes der Freiheit für die Bewältigung des Theodizeeproblems aus, als sie in der allgemeinen Religionsphilosophie zu konstatieren ist. Ob Freiheit geeignet ist, die Last eines solchen Quasi-Monopols zu tragen, muss indes zumindest fraglich bleiben. Probleme aus einem solchen Monopol ergeben sich insbesondere für die natürlichen Übel. Armin Kreiner etwa vertritt im Sinne eines solchen Quasi-Monopols, das Freiheit zusätzlich noch teleologisch auf deren sittlichen Gebrauch hin orientiert versteht, die These, dass selbst „das Reich Gottes nur auf dem Boden des Sittlichen wachsen" (Kreiner 1997: 390) könne. Als möglicher „‚Sinn' der Tiere" (ebd.) verbleibt dann für Kreiner nur die Funktion, „negative Inklinationen [...] als das Erbe der animalischen Vorgeschichte" (ebd.) in die Evolution des Menschen eingebracht zu haben, die wiederum die Voraussetzung für sittliche Bewährung darstellen. Tierisches Leid kommt so aber nur ‚systemisch' in den Blick als Voraussetzung etwa für eine sittlichkeitsaffine Naturordnung (vgl. ebd.: 321 sowie die Diskussion der natürlichen Übel in ebd.: Kap. 12), die zum einen Menschen als sittliche Subjekte im Zuge der Evolution erst ermöglicht, zum anderen den Gegenstandsbereich seiner sittlichen Verantwortung über den bloß interpersonalen Bereich hinaus erweitert, insofern Menschen durchaus Pflichten gegenüber Tieren haben, ohne dass diese ihrerseits solche Pflichten reziprok übernehmen können.

Eine Tugend wie die Tapferkeit setzt aber in mehrfacher Hinsicht sowohl die Möglichkeit wie auch die Wirklichkeit von Übeln voraus: Erstens kann sich selbst eine tugendhafte Person auch zu einem Handeln *out of character* entscheiden, also etwa zu einer feigen Handlung. Ob der Wert einer tapferen Handlung, wie Swinburne annimmt, tatsächlich sogar mit der Größe des Widerstandes zunimmt, der ihr durch Neigungen, der Gefahr auszuweichen, entgegengesetzt wird, kann dabei offenbleiben. Zur Tapferkeit gehört es aber zweitens, die drohende Gefahr als solche zur Kenntnis zu nehmen und nicht etwa zu verdrängen, zu beschönigen etc. Tapferkeit als Tugend besteht gerade darin, solche Gefahren um eines größeren Guten willen, das einen entsprechenden Einsatz verdient, in Kauf zu nehmen. Von Gefahren kann aber nur dann die Rede sein, wenn dem Tapferen tatsächlich Übel drohen: Deckt etwa ein tapferer Soldat den Rückzug seiner Einheit gegen die feindliche Übermacht, mag er mit hoher Wahrscheinlichkeit den Verlust seiner Gesundheit oder sogar seines Lebens gewärtigen müssen. Die bloße Imagination der Bewährung angesichts von fiktiven Erfahrungen macht niemand zu einem tapferen Menschen. Darin besteht etwa die Grundidee von Joseph Conrads Roman *Lord Jim*, dessen Protagonist sich lebhaft eigene Heldentaten auf See auszumalen versteht, in der Situation tatsächlicher Gefahr jedoch feige die ihm anvertrauten Passagiere im Stich lässt. Drittens setzt tapferes Handeln ganz unabhängig von der Natur der Tapferkeit als Tugend und ganz unabhängig von der Natur tugendhaften Handelns bereits qua Handeln konstante Rahmenbedingungen, also etwa invariante Naturgesetze voraus, die zurechenbare und verantwortliche Entscheidungen des Handelnden allererst ermöglichen.[67] Auch solche Rahmenbedingungen führen wegen der für sie konstitutiven Invarianz unvermeidlich zu Übeln – die Kräfte der Gravitation ermöglichen uns als körperlichen Wesen, uns auf der Erde zu bewegen, führen aber z. B. unvermeidlich den Sturz von jemandem, der aus dem Fenster fällt, herbei. Die Realisierung des moralischen Werts der Tugend setzt also auf mindestens drei Ebenen konstitutiv und damit logisch zwingend Übel voraus.

Noch nicht beantwortet sind damit allerdings zwei Fragen: Erstens die schon erwähnte, ob dieser Wert groß genug ist, um solche Übel rechtfertigen zu können, zweitens aber auch die, ob nicht solche Werte durch die ihnen korrespondierenden Unwerte, im Falle etwa der Tugenden also durch Laster, überwogen oder sogar besiegt werden. Selbst wenn man annimmt, dass ein moralischer Wert wie der der Tugend den hedonischen Unwert von Schmerzen oder den prudentiellen einer Behinderung, die den Preis für den tapferen Einsatz im Kampf darstellen mögen, überwiegt oder besiegt, bleibt doch festzuhalten, dass die Gefahr im Kampf nicht nur tapferes, sondern ebenso auch feiges Handeln und den Erwerb des entspre-

---

67 Vgl. van Inwagen (1995: 82f.); (2006: 120ff.).

chenden Lasters der Feigheit ermöglicht. Dies gilt für moralische Tugenden nicht weniger als für religiöse: Der theologischen Tugend der Hoffnung steht das Laster der Verzweiflung ebenso entgegen wie der moralischen Tugend der Tapferkeit das Laster der Feigheit. Ist es möglich, diese scheinbare Symmetrie zwischen Werten und Unwerten zugunsten ersterer zu durchbrechen?

Richard Swinburnes Erläuterung der Kategorie des Von-Nutzen-Seins (*being of use*) lässt sich exemplarisch als Beitrag zu einer positiven Beantwortung dieser Frage verstehen (vgl. Swinburne 1998: 99–111). Wenn etwa B ahnungslos ist, was die ökonomischen Rahmenbedingungen der Gesellschaft angeht, in der B lebt, dann ist es für ihn ohne Zweifel gut, von A über diese Bedingungen aufgeklärt zu werden – und zwar in mehrfacher Hinsicht: Wenn sich das Unwissen von B in Wissen verwandelt, ist dies gut für B – Wissen stellt einen prudentiellen Wert für den Wissenden dar. Es ist aber auch gut für A, B von Nutzen sein zu können, hier durch die Aufklärung über die ökomischen Rahmenbedingungen. Darin liegt ein moralischer Wert: Das Handeln von A lässt sich z.B. als Ausübung der Tugend der Hilfsbereitschaft oder der Wohltätigkeit beschreiben. Schließlich hält es Swinburne aber auch schon für gut für B, dass A überhaupt positiven Anteil an ihm und seinem Wohl nimmt, B A also etwa nicht einfach gleichgültig lässt. Auf allen drei Ebenen gibt das Unwissen von B als Unwert A Gelegenheit, von Nutzen sein zu können: als Quelle von Wissen, als moralischer Akteur und als jemand, der seinen Mitmenschen gegenüber eine wohlwollende Haltung einnimmt. All dies ist nun Swinburne zufolge gut nicht nur für B, sondern auch für A selbst: von Nutzen sein zu können, stellt für den, der nützt, ein Privileg (vgl. ebd.: 99) dar. Dies gilt sogar dann, wenn das Erbringen des Nutzens durch Dritte erzwungen wird, dem Nützlichen also gar nicht als dessen eigene moralische Leistung zugerechnet werden kann: Dass arbeitslose Personen zum Arbeitseinsatz zugunsten ihrer Mitmenschen gezwungen werden, hält Swinburne nicht nur insgesamt für gerechtfertigt, sondern er betrachtet einen solchen Arbeitszwang sogar als Beitrag zum Wohl der so Gezwungenen: Sie seien zwar in einem solchen Fall (zumindest dann, wenn sie den Arbeitszwang selbst ablehnen) lediglich Werkzeuge zur Erzeugung von Nutzen von Dritten, die durch andere, z.B. staatliche Akteure, dafür eingesetzt werden, einen solchen Nutzen zu erbringen, und dennoch stelle bereits diese Rolle in einer Kausalkette, die zum Nutzen führt, ein prudentielles Gut für die so instrumentalisierten Personen dar (ähnliches gilt Swinburne zufolge für die Zwangsverpflichtung von Soldaten für den Einsatz in einem gerechten Krieg).

Swinburne sieht in der fehlenden Anerkennung der axiologischen Bedeutung des Von-Nutzen-Seins ein zentrales Merkmal säkularer Werttheorien gegenüber solchen, wie sie in den theistischen Traditionen selbst zugrunde gelegt werden: „Geben ist seliger als nehmen" (Apg. 35,11) stellt ein Herrenwort Jesu Christi dar, das aus säkularer Perspektive jedoch zumeist ganz selbstverständlich missverstanden werde: Zu geben mag seliger sein, weil es gut ist für den, der etwas erhält – nicht aber, wie biblisch gemeint, weil es in der Tat besser ist für den Gebenden, etwas abzugeben und damit von Nutzen zu sein, als das entsprechende Gut für sich zu behalten.

Selbst wenn man Swinburne zugesteht, dass das Von-Nutzen-Sein nicht bloß instrumentell wertvoll ist, insofern durch seine Folgen der Gesamtwert in der Welt gesteigert wird, sondern eben auch intrinsisch wertvoll, insofern es den Nützlichen prudentiell wie moralisch besser macht, gilt es auch hier, die Gegenrechnung im Auge zu behalten: Bs Unwissen kann ja auf kalte Indifferenz stoßen, in der niemand sich zu dessen Beseitigung veranlasst sieht. In dieser Weise im Stich gelassen zu werden, ist schlecht für beide Seiten – für B, dem kein Ausweg aus seinem Unwissen gewiesen wird, und für diejenigen, die es sowohl unterlassen, das Gut des Wissens bei B herbeizuführen, als auch, insofern sie dies unterlassen, das moralische Laster der Indifferenz an den Tag legen. Selbst in dem Umstand, dass Menschen als soziale Lebewesen für die Erfüllung fast aller ihrer Bedürfnisse direkt oder indirekt aufeinander angewiesen sind, sieht Swinburne allerdings selbst wiederum eine Quelle von Wert: Füreinander Verantwortung übernehmen zu können, steigert den Wert der Freiheit bzw. deren Ausübung, deren Folgen sich eben nicht nur auf die freie Person selbst beschränken. Erneut liegt der Wert der Übernahme und Ausübung von Verantwortung nicht nur bei der anderen Person, die davon profitiert, sondern schon – und sogar partiell unabhängig von ihrem Erfolg – bei der Person selbst, die sie übernimmt.

Ob es gelingen kann, mithilfe von Swinburnes Axiologie das Nullsummenspiel der Verteilung knapper Wertressourcen zu überwinden zugunsten einer Spirale positiven Wertes, der aus der wechselseitigen Verantwortungsübernahme und Fürsorge erwächst, deren Wert weit über den Wert der zu verteilenden Ressourcen selbst hinausgeht, muss sowohl axiologisch wie mit Blick auf konkrete Fälle offenbleiben. Entscheidend ist jedoch, die Scharnierfunktion des Wertes der Freiheit bzw. von Werten, die (anders als etwa Schmerz oder Lust) Freiheit konstitutiv voraussetzen, im Blick zu behalten. Sowohl Swinburne wie Hick legen (i) eine pluralistische Axiologie zugrunde, die (ii) hierarchisch abgestuft ist zugunsten von Werten, die Freiheit voraussetzen, und die (iii) in eine teleologische Perspektive eingerückt ist: Diese teleologische Perspektive steht ganz explizit im Zentrum von Hicks Theodizee der Seelenbildung, die ihm zufolge den „primary purpose" (Hick 1978: 259) der Schöpfung bildet; aber auch Swinburne schreibt der Charakterbildung eine „immense significance" (Swinburne 1998: 98) zu. Hier verschiebt sich der Schwerpunkt von der Frage nach der Wertmaximierung im Sinne einer bestmöglichen Welt zu der Frage, inwiefern das Leben jedes einzelnen freien Wesens zu einer diesem Wesen gemäßen Vollendung geführt werden kann – und da es sich eben um ein freies Wesen handelt, muss es selbst an dieser Vollendung beteiligt sein, kann von Gott also nicht bloß passiv mit ihr beschenkt werden.

Gerade weil die Verwirklichung der Freiheit voraussetzenden Werte also notwendig mit dem Risiko des Scheiterns verbunden ist und weil sie weitere Arten von Unwerten als ihre Voraussetzungen bzw. Konsequenzen impliziert, kann es aus theistischer Sicht nicht überraschen, dass die aktuale Welt, insofern sie solche Werte realisiert, eine ganze Reihe von Unwerten aufweist. Ein hedonisches Paradies, das nur Lustempfindungen empfindungsfähiger Wesen enthält, in dem Schmerzempfindungen aber nie vorkommen, stellt eine logische und daher für Gott realisierbare Möglichkeit dar, muss aber eben auch notwendig auf solche höhere Arten von Wert wie etwa moralische Tugenden verzichten. Doch wenn Gott sich entscheidet, die mit solchen Wertarten notwendig verbundenen Risiken sowie die mit ihnen verbundenen Unwerte in Kauf zu nehmen, muss er natürlich diese Entscheidung selbst rechtfertigen können. Die deontologischen Rahmenbedingungen für eine solche Rechtfertigung werden unten in Kap. 3.5 näher zu diskutieren sein. Zunächst gilt es aber, das Tableau der dabei zu berücksichtigenden Arten von Gütern und Übeln zu erweitern. Wenigstens exemplarisch sollen im Folgenden religiöse Güter einerseits, furchtbare sowie natürliche Übel andererseits auf ihre axiologische Struktur sowie auf die Herausforderungen und Potentiale, die ihnen bei der Bewältigung des Theodizeeproblems zukommen, hin geprüft werden.

3.4.3 Religiöse Werte

Aus theistischer Sicht ist, wie die Diskussion des skeptischen Theismus gezeigt hat, damit zu rechnen, dass es Arten von Werten und Übeln sowie Abhängigkeits- und Konstitutionsbeziehungen zwischen ihnen gibt, die uns epistemisch unzugänglich bleiben. Zu den uns epistemisch zugänglichen Werten und Übeln zählen nun aber sowohl solche – wie Lust und Freiheit –, die von Theisten wie Nicht-Theisten gleichermaßen anerkannt werden. wie auch solche – nämlich spezifisch religiöse Werte und Übel –, die nur von theistischer Seite überhaupt anerkannt werden. Würde es darum gehen, die Debatte zwischen Theisten und Nicht-Theisten auf werttheoretisch neutralem Boden auszutragen, müssten letztere außer Betracht bleiben. Oben in Kapitel 1.5 wurde aber bereits gezeigt, dass eine solche Forderung zurückgewiesen werden muss: In Frage steht ja die Position des Theismus insgesamt. Zu dieser Position gehören ganz wesentlich auch deren werttheoretische Implikationen. Dass etwa die liebende Gemeinschaft mit Gott das höchste für den Menschen erreichbare Gut darstellt, setzt offensichtlich die Existenz Gottes voraus. Aber es gilt eben auch das Umgekehrte: Wenn Gott existiert, kann dies werttheoretisch gar nicht folgenlos bleiben. Ein personaler Gott, der freie Wesen schafft und in Beziehung zu ihnen treten will, eröffnet damit eben werttheoretische Perspektiven wie die einer liebenden Gemeinschaft von endlichen Wesen mit ihm, die in einem nicht-theistischen Rahmen keinen Platz haben. Es dem Theisten zu verwehren, in der Formulierung einer Theodizee auf religiöse Werte Bezug zu nehmen, würde also keineswegs einen neutralen Boden für die Debatte ermöglichen, sondern den Theisten zu einer Deformation seiner eigenen Position nötigen. Was im Rahmen einer Theodizee verteidigt werden soll, ist eben nicht die isolierte Existenz Gottes, die künstlich von ihren werttheoretischen Implikationen isoliert wird, sondern der Gottesbegriff des elaborierten Theismus (vgl. o. Kap. 1.2), wie ihn die religiöse Praxis voraussetzt, einschließlich der sich durch ihn eröffnenden werttheoretischen Perspektiven.

Worum aber handelt es sich bei den genannten religiösen Werten? Aus theistischer Sicht steht hier an erster Stelle die Gutheit, die Gott selbst zukommt. Aus einer solchen Sicht ist allenfalls strittig, ob überhaupt etwas Nicht-Göttliches Träger intrinsischen Wertes sein kann (dies wird etwa von Murphy (2017: 69 und Kap. 4.4) ausdrücklich bestritten); unstrittig bleibt aber aus theistischer Sicht, dass jede Welt, in der Gott existiert, schon allein deshalb bei weitem intrinsisch wertvoller ist als eine Welt, in der er nicht existiert (vgl. Plantinga 2004: 7).[68] Allerdings trägt diese Überlegung für die Zwecke einer Theodizee nichts aus. Gott existiert ja nach theistischer Auffassung notwendig. Damit gibt es keine Welt, in der er nicht existiert. Und nicht einmal Gott selbst steht es frei, eine Welt zu schaffen, die ohne ihn selbst auskommen müsste. Was ihm sehr wohl freisteht, wäre aber, auf die Schaffung einer nicht-göttlichen Welt ganz zu verzichten – in dieser Welt gäbe es dann nur Gott und es würde sich *ipso facto* um eine sehr gute Welt handeln.

Die notwendige Existenz Gottes eröffnet aber zusätzlich die Möglichkeit für die Existenz religiöser Güter, die nicht ihrerseits in jeder möglichen Welt realisiert sind. Zentral für die christliche Variante des Theismus ist etwa die Annahme, dass Gott selbst sich in einer seiner drei Personen, nämlich in Jesus Christus, inkarniert hat, um als Fleisch gewordener Gott durch sein Leiden und Sterben Sühne zu leisten für die Sünden der Menschen und durch dieses Erlösungshandeln die Grundlage für eine erneuerte Beziehung von Gott und Mensch zu schaffen. Gott hätte sowohl auf die Inkarnation wie auf sein sühnendes Leiden verzichten können – er war dazu weder moralisch verpflichtet noch gar metaphysisch gezwungen. Alvin Plantinga hat nun mit Blick auf die Inkarnation und das sühnende Leiden als religiöse Güter die folgenden beiden Thesen vertreten:

---

68 Diese Annahme wird freilich durch den sog. „anti-theism" bestritten, demzufolge wir die Nicht-Existenz Gottes seiner Existenz vorziehen sollten – und zwar aus dem axiologischen Grund, dass sich eine Welt, in der Gott existiert, als schlechter erweist als eine Welt, in der dies nicht der Fall ist. Für die Ausarbeitung und Verteidigung eines solchen Anti-Theismus vgl. Kahane (2011).

1. Jede Welt, die Inkarnation und sühnendes Leid umfasst, ist besser als eine Welt, die ohne beide Güter auskommt.
2. Der Wert beider Güter hat lexikalische Priorität vor allen anderen, nicht-religiösen Werten. (vgl. Plantinga 2004: 10)

Die zweite These impliziert, dass keine noch so große Menge an nicht-religiösen Gütern den Wert der beiden genannten Güter auf- oder gar überwiegen kann. Eine Welt mit sühnendem Leid der zweiten Person der göttlichen Trinität etwa ist einer beliebig lustvollen und sogar einer beliebig tugendhaften Welt immer vorzuziehen. Ein religiöses Gut wie das des sühnenden Leids setzt aber voraus, dass es etwas gibt, was überhaupt der Sühne bedarf und damit dann auch die Inkarnation als Ermöglichung für das sühnenden Leiden erforderlich macht. Damit eröffnet sich eine Möglichkeit zur Rechtfertigung des moralischen Übels, das Gott durch die Schaffung von freien Wesen zwar nicht selbst geschaffen, aber zumindest zugelassen bzw. riskiert hat. Die moralische Schuld des Menschen wird so in der Formulierung der traditionellen katholischen Ostervigil zur „felix culpa", insofern sie einen Erlöser wie Jesus Christus erst möglich gemacht hat.

An dieser Stelle muss auf eine eingehende Prüfung von Plantingas „felix culpa"-Theodizee verzichtet werden (so wäre z. B. mit Vitale (2020: 78) zu fragen, ob nicht auch die Inkarnation als solche schon ganz ohne den Anlass einer durch die Existenz der Sünde erforderlichen Sühnehandlung ein so überragend großes Gut darstellt, dass eine Welt mit Inkarnation und ohne Sünde und Sühne besser sein könnte als eine Welt – wie die aktuale aus christlicher Sicht – mit Sünde, Inkarnation und Sühne, vgl. a. die erhellende Diskussion und Kritik bei Adams (2008)). Im Zentrum steht ja die Frage nach der strukturellen Leistungsfähigkeit von religiösen Gütern im Rahmen des Theodizeeproblems. Hier blieb festzuhalten, dass solche Güter bei Plantinga unter dem Gesichtspunkt ihres Beitrags zum Gesamtwert der jeweiligen Welt in den Blick kommen. Die Maximierung des Gesamtwerts einer Welt mag nun aber ein legitimes Ziel zwar nicht für endliche Wesen, wohl aber für Gott darstellen. Doch rechtfertigt es die Verfolgung dieses Ziels tatsächlich, nicht nur Übel überhaupt, sondern Übel in großer Menge, ungerechter Verteilung und in furchtbaren Varianten zuzulassen? Plantinga selbst fühlt sich an das sog. Münchhausen-Syndrom „by proxy" (Plantinga 2004: 14) erinnert: Eltern, die an einem solchen Syndrom leiden, fügen ihren Kindern Verletzungen zu, um sie dann in einer heroischen Rettungsaktion vor deren Folgen zu bewahren. Selbst wenn zugestanden wird, dass es sich bei Inkarnation und Sühne um Werte mit großem Gewicht handelt, rechtfertigt das keineswegs selbstverständlich die Instrumentalisierung von Geschöpfen zum Zwecke ihrer Ermöglichung. Wäre Gott nicht verpflichtet gewesen, sich mit einer weniger guten Welt zu begnügen, die ohne Inkarnation und Sühne auskommt, dafür aber auch ohne die Übel, die sie erforderlich machen, zumal wenn es sich dabei um die furchtbaren Übel etwa von ohnmächtigen Opfern der Böswilligkeit anderer handelt? Auf solche Probleme deontologischen Typs wird unten in Kap. 3.5 zurückzukommen sein.

Freilich werden auch schon bei Plantinga selbst zwei Strategien sichtbar, die geeignet sein könnten, solchen Problemen angemessen zu begegnen: Erstens kann sich Gott, insofern er an moralische Pflichten gegenüber seinen Geschöpfen gebunden ist und ihnen zudem mit einer Haltung der liebenden Zuwendung begegnet, *constraints* bei der Verfolgung eigener Pläne wie der einer möglichst guten Schöpfung auferlegen. Zu diesen *constraints* könnte gehören, dass einem Geschöpf im Zuge seines instrumentellen Beitrags zur Verwirklichung dieser Pläne nur dann Leiden zugemutet werden können, wenn dieses Leiden zumindest auch zu dessen eigenem Wohl beiträgt (auch wenn ihm selbst dies erst in der Rückschau etwa des ewigen Lebens klar werden mag) (vgl. Plantinga 2004: 24 f.). Zweitens ermöglichen religiöse Güter wie Inkarnation und Sühne eine Teilhabe, die selbst das Wohl derer, die in dieser Weise an ihnen partizipieren, fördert. Die Inkarnation vollendet sich ja nicht schon in ihrem bloßen Stattfinden, sondern stellt ebenso wie das sühnende Leiden Christi eine Einladung dar, an ihr teilzuhaben. Die Identifikation des eigenen Leidens mit dem Christi etwa stellt in der religiösen Tradition des Christentums eine einzigartige Weise dar, sowohl eine Gemeinschaft mit Christus als zweiter Person der Trinität und damit mit Gott einzugehen, wie auch durch diese Gemeinschaft schon im Diesseits das Ziel menschlichen Lebens überhaupt wenigstens antizipierend zu realisieren (vgl. Plantinga 2004: 18).

3.4.4 Furchtbare Übel

Die Kategorie des furchtbaren Übels steht quer zu der Unterscheidung zwischen moralischen und natürlichen Übeln. Letztere Unterscheidung ergibt sich aus der Frage nach den Ursachen der entsprechenden Übel – verdanken sie sich dem Handeln freier, zur Übernahme von Verantwortung befähigter Subjekte (moralische Übel) oder ist dies nicht der Fall (natürliche Übel)? Furchtbare Übel hingegen werden über ihre Folgen definiert (vgl. o. Kap. 1.2): Wer ein solches Übel erleidet, bei dem steht in Frage, ob sein Leben überhaupt noch „a great good to him/her on the whole" (Adams 1999: 26) sein kann. Welchen Ursachen sich diese Übel verdanken, ist für ihre Klassifikation als furchtbare Übel also irrelevant. Die meisten furchtbaren Übel werden allerdings moralische sein: Menschen als soziale Wesen, die sich ihrer Identität über sinnstiftende Erzählungen vergewissern, erweisen sich als besonders verwundbar durch Handlungen anderer Menschen, die ihre Selbstachtung unterlaufen, ihre Würde in Frage stellen oder sie schlicht in den Bereich des Nicht-Menschlichen abdrängen. Eine Erkrankung kann etwa medizinisch dieselben Folgen zeitigen wie Folter, wobei nur im letzteren Fall ein furchtbares Übel vorliegen könnte. In diesem Fall würden nicht die Verletzungen selbst und die damit verbundenen gesundheitlichen Beeinträchtigungen, sondern diese als Ausdruck einer radikalen Instrumentalisierung des Opfers für die Interessen des Folterers das furchtbare Übel konstituieren.

Furchtbare Übel sind dabei, wie Vitale (2020: 8) zu Recht hervorhebt, in zwei Hinsichten personen-relativ: Sie sind zum einen davon abhängig, was die sie erleidende Person zu ertragen vermag und sie sind zum anderen relativ auf das Selbstverständnis dieser Personen. Natürlich wird ein kleiner Kratzer am Ringfinger in keinem Fall als furchtbares Übel gelten können. Wohl aber kann ein Verrat durch ein Familienmitglied von der einen Personen ertragen und in das eigene Selbstverständnis etwa als Mutter oder Vater integriert werden können, von einer anderen hingegen nicht – ohne dass hier sinnvoll nach einer objektiven und personen-invarianten Grenze gefragt werden könnte, ab der die Kategorie des furchtbaren Übels Anwendung finden könnte.

An der Existenz furchtbarer Übel besteht kein Zweifel. Solche Übel werfen im Rahmen des Theodizeeproblems ganz spezifische Probleme auf, wie sie sich für nicht-furchtbare Übel gar nicht erst stellen. Ein nicht-furchtbares Übel wie Schmerz lässt sich etwa durch ein Gut wie Lust aufwiegen: Das instrumentell notwendige Übel der schmerzhaften Verabreichung eines Medikaments erscheint unproblematisch gerechtfertigt durch die dadurch erreichte Vermeidung einer längeren Erkrankung oder die Steigerung des eigenen Wohlbefindens. Die Vorstellung, eine erlittene Folter durch eine entsprechende Entschädigung zu kompensieren oder sogar zu überwiegen, erscheint hingegen als abwegig. Dasselbe gilt für die axiologische Alternative, ein solches Übel nicht aufzuwiegen, sondern es durch Integration in ein organisches Ganzes zu besiegen. Der schiere Schrecken der erlittenen Folter sperrt sich gegen jede Verrechnung mit anderen Gütern und kompromittiert gleichsam jedes Ganze, in das ein solches Widerfahrnis integriert werden könnte (vgl. Adams 1999: 205).

Bezogen auf das Theodizeeproblem führen furchtbare Übel damit aber Verteidigungen durch Verweis auf größere Güter an ihre Grenzen: Das Zufügen oder Zulassen von furchtbaren Übeln mag die notwendige Bedingung für ein noch so großes Gut darstellen. Insofern es jedoch das Leben dessen, der es erleidet, daran hindert, überhaupt noch als gut für diese Person gelten zu können und von ihr bejaht zu werden, scheint es sich für einen allgütigen Gott zu verbieten – sei es, weil er damit gegen Pflichten seinen Geschöpfen gegenüber verstoßen würde (vgl. zu dieser deontologischen Problemdimension u. Kap. 3.5), sei es, weil er, selbst wenn kein solcher Verstoß vorläge, nicht länger als liebender Gott aufgefasst werden könnte.

An dieser Stelle könnte es als naheliegend erscheinen, den Umstand, dass furchtbare Übel in der Regel zu den moralischen Übeln zu rechnen sind, also von freien Wesen anderen freien Wesen zugefügt werden, zur Entlastung Gottes heranzuziehen. Eine solche Strategie stößt jedoch schnell an ihre Grenzen:

Erstens werden furchtbare Übel in vielen Fällen nicht als solche intendiert: Was als harte, aber gerechte Bestrafung eines Kindes intendiert sein mag, wird von diesem Kind als traumatisierende Demütigung erfahren. Daraus ergibt sich eine zumindest partielle Entlastung des Urhebers solcher Übel und die Frage an Gott, warum er solches „überschießendes" Übel zulässt (vgl. a. Adams 1999: 60).

Zweitens sprengen furchtbare Übel qua Voraussetzung den Rahmen des Vorstellbaren. Dies gilt aber nicht nur für die Seite derer, die sie erleiden, sondern auch für die, die sie zufügen. Für Folgen einer Tat, die sich zumindest in einigen Dimensionen jeder Vorstellbarkeit entziehen, gilt aber zumindest eine Einschränkung der Verantwortung des Täters. Wiederum verbleibt ein unabgegoltener Teil der Verantwortung bei Gott (vgl. Adams 1999: 36 ff.; Vitale 2020: 11).

Drittens können sich auch natürliche Übel als furchtbar erweisen – ein Erdbeben mag jemanden für Tage bei absoluter Dunkelheit und in dauernder Lebensgefahr in einem Schacht einschließen. In solchen Fällen steht keine nichtgöttliche Instanz zur Verfügung, die Verantwortung für solche natürlich-furchtbaren Übel übernehmen könnte.

Nicht nur mit Blick auf die Frage nach der Verantwortung für sie wirft die Kategorie der furchtbaren Übel besonders große Probleme im Rahmen des Theodizeeproblems auf. Bereits die Definition solcher Übel scheint nämlich auch jede Möglichkeit zu ihrer Rechtfertigung durch andere, durch sie ermöglichte Güter auszuschließen: Weder lassen sie sich durch kompensierende Güter – selbst dann, wenn diese dem Opfer selbst zugutekommen – überwiegen noch lässt sich ein Kandidat für eine organische Einheit vorstellen, die es ermöglichen würde, sie im Sinne von Chisholms Definition zu besiegen (vgl. für diese Unterscheidung oben Kap. 3.4.1). Das *soul-making* etwa als ein Kandidat für eine solche Einheit, also das Ausbilden einer Persönlichkeit, die gerade angesichts von Herausforderungen Charaktertugenden erwirbt, an sozialer Kompetenz gewinnt etc., wird ja gerade durch das Erleiden furchtbarer Übel verhindert. Solche Übel überfordern *per definitionem* die sinnstiftenden Fähigkeiten ihrer Opfer – nicht nur sie selbst versperren sich jeder fruchtbaren Integration, sie unterlaufen auch langfristig die Identität der Opfer und damit die Grundlagen dafür, überhaupt einen Charakter zu kultivieren und anderen als Persönlichkeit mit Selbstachtung gegenüberzutreten.

Die Herausforderung, mit der furchtbare Übel den Theisten konfrontieren, bleibt also unvermindert bestehen: In jeder Welt gibt es trivialerweise ein schlimmstes Übel (oder mehrere gleichermaßen schlimmere als alle anderen) –

aber dieses schlimmste Übel muss eben keineswegs die Schwelle zum furchtbaren Übel überschreiten.

Um der Herausforderung aus furchtbaren Übeln angemessen zu begegnen, muss der Theist zunächst der Struktur solcher Übel angemessen Rechnung tragen. Sie betreffen eben nicht die Frage nach den ermöglichenden Bedingungen für eine möglichst gute Welt insgesamt, sondern stellen sich jeweils für konkrete Personen, insofern sie es ihnen unmöglich machen, ihr eigenes Leben insgesamt als gut zu bejahen. Furchtbare Übel lassen sich mithin nicht besiegen, ohne die Perspektive dieser Personen selbst miteinzubeziehen. Eine ethisch zentrale Form einer solchen Einbeziehung besteht darin, sie um ihre Zustimmung zu bitten. Furchtbare Übel werden nun aber qua Voraussetzung erlitten – es handelt sich um passive Widerfahrnisse, die gerade als solche die sinnstiftenden Fähigkeiten ihrer Opfer überfordern. Die Frage einer Zustimmung kann sich also allenfalls rückblickend stellen. Plantinga (2004: 23f.) hält eine kontrafaktische Zustimmungs*fähigkeit* zu furchtbaren Übeln für hinreichend, um Gott darin zu rechtfertigen, sie zuzulassen. Wenn ihr Opfer unter Bedingungen vollständiger Informiertheit (also etwa Einsicht in den Beitrag, den die furchtbaren Übel zur Verbesserung der aktualen Welt leisten) und eines durch Tugenden geordneten Charakters (der also z.B. keine egoistischen Ansprüche mehr beinhaltet) einem furchtbaren Übel zustimmen würde, könne dieses Plantinga zufolge auch dann als gerechtfertigt gelten, wenn faktische Zustimmung ausbleibe.

Eine solche kontrafaktische Bedingung erscheint jedoch als zu schwach. Wenn nicht im Augenblick des Erleidens eines furchtbaren Übels und dessen Folgen, dann doch zumindest in der Perspektive eines Rückblicks auf den Verlauf des eigenen Lebens, etwa aus der Perspektive des jenseitigen Lebens auf das vergangene diesseitige Leben insgesamt, muss eine solche Zustimmung tatsächlich auch *aktual* erfolgen. Deren Ausbleiben *ipso facto* als Anzeichen mangelnder Informiertheit oder charakterlicher Defizite zu betrachten, bildet eine unzulässige Immunisierung gegenüber der Herausforderung furchtbaren Übels. Gerade weil die Perspektive der Person, die es erleidet, konstitutiv für diese Art des Übels ist, kann sie normativ nicht im Namen eines überlegenen Gottesstandpunkts übergangen werden.

Was aber sollte ein Opfer furchtbaren Übels selbst in einer solchen Situation des Rückblicks überhaupt dazu veranlassen, diese Zustimmung zu erteilen? Zum einen könnte ihm im Rückblick klar werden, dass das Übel die notwendige Voraussetzung für ein für ihn selbst ansonsten unerreichbares Gut gewesen ist. Zum anderen könnte ihm klar werden, dass das Übel dazu notwendig war, für ihn selbst einen ansonsten unabwendbaren Schaden zu vermeiden. Mit Blick auf „the justificatory asymmetry between pure and harm-averting benefits" (Vitale 2020: 39) wäre die rechtfertigende Kraft einer Überlegung der zweiten Art größer als die einer der ersten: Rettungskräfte sind etwa darin gerechtfertigt, massive Eingriffe in die körperliche Unversehrtheit mit potentiell furchtbaren Konsequenzen wie zum Beispiel Amputationen von Gliedmaßen vorzunehmen, wenn dies zur Rettung etwa eines eingeklemmten Opfers notwendig ist. Gleichermaßen weitreichende Eingriffe sind aber auch dann nicht gerechtfertigt, wenn sie dem Opfer beispielsweise durch Erhalt einer hohen Versicherungssumme ein weitaus besseres Leben ohne einen Körperteil, aber mit dem entsprechenden Vermögen bescheren könnten als eines mit Körperteil und ohne das Vermögen aus der Versicherungsleistung.

Diese Asymmetrie gilt auch für Gott – und zwar in noch stärkerem Maße als für Menschen: Als allmächtiges und allwissendes Wesen sollte es ihm möglich sein, alternative Wege zu finden, Menschen zu Gütern zu verhelfen als durch das Erleiden von furchtbaren Übeln. Und welcher Schaden sollte so groß sein, dass er zu seiner Abwendung furchtbare Übel rechtfertigen würde? Selbst der Tod erscheint vielen Opfern furchtbarer Übel als vorzugswürdig gegenüber einem Weiterleben im Schatten solcher Übel. Allenfalls ein religiöses Übel käme hier in Frage. So schlägt Eleonore Stump (2012: 406 ff.) vor, dass einzig furchtbare Übel geeignet sein könnten, die gefallene Menschheit auf ihre eigene Erlösungsbedürftigkeit aufmerksam zu machen und zur Umkehr zu Gott zu bewegen. Unterlassen sie diese Umkehr, stehe ihnen eine Fortexistenz in der Hölle bevor (ebd.: 398), ein Schicksal also, das auch prudentiell als das furchtbarste aller Übel gelten kann. Doch ist es auch nur ansatzweise plausibel, dass ein allmächtiger und allgütiger Gott auf eine solche Pädagogik der furchtbaren Übel angewiesen bleibt, um die *condition humaine* über ihre wahre Verfassung aufzuklären?[69] Vitale (2020: 140) etwa weist in diesem Zusammenhang zu Recht darauf hin, dass Ausdruckshandlungen liebender Zuwendung für Zwecke der Aufklärung und der Verhaltensänderung mindestens ebenso effizient sein können wie Drohungen unter Einsatz furchtbarer Übel – zumal letztere gerade im Maße ihres Erfolgs die Freiwilligkeit der als Grundlage der Erlösung geforderten Umkehr unterlaufen. Was ist eine solche Umkehr wert, wenn sie durch das Erleiden eines furchtbaren Übels mit Aussicht auf dessen unendliche Verstetigung in der Hölle erzwungen wurde?

Fragt man umgekehrt nicht nach den größeren Übeln, die durch furchtbare Übel verhindert werden, sondern nach Gütern, die sie ermöglichen, muss das Verständnis von furchtbarem Übel zunächst so modifiziert werden, dass es das Besiegen solchen Übels zumindest nicht schon *per definitionem* ausschließt. Selbst wenn man dies tut und damit die Frage nach Gütern, die solches Übel besiegen könnten, offenhält, ist Adams (1990b) darin zuzustimmen, dass nicht-religiöse

---

[69] Eine solche These steht auch im Zentrum von Robert Spaemanns Überlegungen zur Theodizee, vgl. Spaemann (1977) und (1986).

Güter nicht in der Lage sein werden, dies zu leisten. Noch so große Mengen an Lust und sogar ein moralisches Wachstum, das durch entsprechende Erfahrungen ausgelöst worden sein mag, erscheinen als ungeeignet, das furchtbare Übel etwa von Folter oder Vergewaltigung in ein größeres Ganzes aufzuheben, das dann als solches rückblickend bejaht werden könnte. Hier bedarf es zumindest eines Rekurses auf die (oben in Kapitel 3.4.3 diskutierte) Kategorie religiöser Güter, die sich aus der Güte Gottes selbst ableiten. Gerade insofern solche Güter aber Adams (1990b: 218) zufolge inkommensurabel mit allen nicht-religiösen Gütern, aber eben auch Übeln sind (wobei inkommensurabel hier nicht im Sinne bloßer Unvergleichbarkeit gemeint sein muss, sondern im Sinne einer Überlegenheit, die sich nicht auf eine gemeinsame Skala abbilden lässt), könnten sie geeignet sein, Kontexte bereitzustellen, die ein „besiegen" oder sogar „verschlingen" (ebd.) selbst furchtbaren Übels ermöglichen. In christlicher Tradition steht hier etwa der Gedanke einer Teilhabe am erlösenden Leiden Christi im Zentrum, wie sie nicht durch bloße gläubige Annahme des Erlösungshandelns Christi zu gewinnen ist, sondern nur durch eine Umwidmung des eigenen Leidens im Lichte des göttlichen Heilsgeschehens.

Selbst wenn Gott durch eine nachträgliche Einwilligung, die das Opfer im Lichte eines größeren Gutes wie der liebenden Gemeinschaft mit Gott rückblickend tatsächlich erteilt, darin gerechtfertigt werden könnte, furchtbare Übel zuzulassen, legt eine solche Rechtfertigungsstrategie auf eine These fest, die zumindest in der orthodoxen Tradition des Christentums bisher keine Zustimmung gefunden hat, nämlich die der abschließenden Rettung aller, wie sie etwa in der Patristik Origenes unter dem Begriff der *apokatastasis panton* vertreten hat.[70] Furchtbare Übel führen im diesseitigen Leben nämlich keineswegs notwendig zu einer Einsicht in die eigene Erlösungsbedürftigkeit und noch weniger zu einem Prozess des *soul-making*, der geeignet ist, die Schwächen des eigenen Charakters zu überwinden. Häufig stellt sich gerade umgekehrt eine Haltung des trotzigen Beharrens ein, das sich gegen solche Einsichten und Zumutungen systematisch verschließt. In solchen Fällen bedarf es also zumindest eines Weiterlebens im Jenseits und zugleich eines dort fortgesetzten Prozesses des *soul-making*, der dann in eine rückblickende Zustimmung zu den erlittenen furchtbaren Übeln einmünden muss. John Hick etwa hält es für eine zumindest praktische Gewissheit, dass Gott dies bei jeder einzelnen

---

70 Für diese These spricht sich von philosophischer Seite etwa auch A.C. Ewing im Rahmen seiner Diskussion des Theodizeeproblems explizit aus, vgl. Ewing (1973: 229f.). Für eine Diskussion der Schwierigkeiten, der „Signifikanz und Ernsthaftigkeit" menschlichen Lebens angemessen Rechnung zu tragen, wenn im Sinne eines solchen Heilsuniversalismus der eschatologische Ausgang eines jeden menschlichen Lebens von vornherein feststünde, vgl. Kreiner (1997: Kap. 11.5).

Person tatsächlich auch gelingt: „[D]espite the logical possibility of failure the probability of His success amounts [...] to a practical certainty" (Hick 1978: 344).

Die beiden genannten Bedingungen – ein Weiterleben nach dem Tod und eine Versöhnung mit Gott für alle – erweisen sich jedoch philosophisch wie theologisch als alles andere als trivial und werfen im Rahmen des Theodizeeproblems je eigene Probleme auf.

Erstens wird gerade von theistischer Seite darauf verwiesen, dass Gottes Liebe selbst noch im ewigen Leben derer präsent ist, die sich ihr endgültig verweigern. Sogar für die Hölle gelte:[71]

> [E]ven here God's love is at work. The lost are, after all, full participants in securing their tragic destiny; and while a life ruined by final rebellion is morally indefensible, it is still morally meaningful. Through their actions, the lost carve out for themselves a character which, though not upright, represents a real option for a free creature. To the extent, therefore, that moral autonomy is a good, it can be willed for a creature by a loving God even when it takes this form. So we should not suppose God is not lovingly involved in the lives of the reprobate, as well as in their end. (McCann 2012: 129)

Selbst wenn man die Frage übergeht, warum der bloße Respekt Gottes vor einer fatalen Entscheidung seiner Geschöpfe schon als Ausdruck seiner Liebe gelten kann, lassen sich die durch furchtbare Übel aufgeworfenen Probleme auf diese Weise nicht bewältigen. Ein Wesen, das sich Gott und seiner Liebe endgültig verschließt, wird ja *ipso facto* die Einwilligung in von ihm erlittene furchtbare Übel verweigern – und dies auf ewig. Ihm selbst werden sie lediglich als weitere Belege dafür erscheinen, dass der Schöpfer einer Welt, die seine Geschöpfe Übeln solcher Art aussetzt, nichts anderes als Verachtung verdient.

Zweitens könnte es als folgerichtig erscheinen, dass diejenigen, die sich im Diesseits unwiderruflich gegen das Versöhnungsangebot Gottes entschieden haben, anstatt ewige Höllenstrafen zu erleiden, schlicht durch den physischen Tod auch ans Ende ihrer Existenz überhaupt gelangen. Wenn Gott nicht nur der Schöpfer, sondern auch der Erhalter allen Seins ist, dann würde sich (sofern Gott dies zulässt) ein Wesen, das sich jeder Gottesbeziehung verweigert, auch um seine eigene Existenz bringen. Gerade so würde Gott zudem die freie Entscheidung seines Geschöpfs respektieren und deren Wert durch diese größtmögliche Tragweite noch

---

71 Hier bedarf es freilich einer ausgearbeiteten Theorie dessen, was Gottes Liebe für seine Geschöpfe und namentlich für personale Geschöpfe beinhaltet. Für einen sorgfältig ausgearbeiteten Vorschlag, der bei der sowohl im *common sense* wie in der biblischen Tradition verankerten Vorstellung ansetzt, dass personale Kreaturen über einen ihnen inhärenten intrinsischen Wert verfügen, durch den sie sich als geeignete Objekte für Gottes Liebe qualifizieren, vgl. Wesslings sog. „value account of divine love" in ders. (2020: Kap. 2).

zusätzlich steigern. Unter Gesichtspunkten sowohl der Retribution wie der Achtung vor der freien Verweigerung mag eine solche Option aussichtsreich erscheinen, sie löst aber die durch furchtbare Übel aufgeworfenen Probleme gerade nicht: Die göttliche Pädagogik ist in solchen Fällen ja endgültig gescheitert. Wenn dies aber dazu führt, dass mit der diesseitigen Existenz auch die Existenz überhaupt zum Ende kommt, gibt es qua Voraussetzung kein Wesen mehr, dass nachträglich in die von ihm erlittenen furchtbaren Übel einwilligen könnte.

3.4.5 Natürliche Übel

Natürliche Übel sind im Unterschied zu moralischen Übeln dadurch definiert, dass sie sich *nicht* auf Einstellungen und Handlungen freier, verantwortlicher Wesen zurückführen lassen (vgl. o. Kap. 1.2). Damit scheinen sie sich *per definitionem* einer Rechtfertigung über den Wert des freien Willens und der durch ihn konstituierten Güter zu entziehen. Das Leiden eines Hirsches, der in einem von einem Blitzeinschlag ausgelösten Waldbrand qualvoll verendet, ist keinerlei freiem Handeln geschuldet (es sei denn dem Gottes, der eine Welt erschafft, die einen solchen Vorgang ermöglicht), und der Hirsch ist auch selbst kein freies Wesen, das sich etwa durch Kultivierung von Tugenden wie Geduld oder Hoffnung zu dem, was ihm hier widerfährt, frei verhalten könnte. Aus diesem Grund ergeben sich gerade aus den natürlichen Übeln besonders große Herausforderungen für den Theismus. Nicht nur scheint es an Kandidaten für rechtfertigende Güter zu fehlen, auch das schiere Ausmaß natürlicher Übel erweist sich als erdrückend: Lange vor dem Auftreten des Menschen im Prozess der Evolution hat eine unüberschaubare Zahl an Organismen im Laufe ihres Lebenszyklus mehr oder minder häufige und mehr oder minder intensive Leiderfahrungen gemacht. Zudem ermöglicht gerade die Evolution komplexer Lebewesen mit einem reichen mentalen Leben und anspruchsvollen Selbstverhältnissen neue Formen des Übels, denen ein besonders großes Gewicht zukommt: Viele Primaten etwa können nicht nur instantanen Schmerz verspüren, sondern sich auch um ihre Rolle im eigenen sozialen Umfeld der Horde sorgen, sich an Verletzungen und Kränkungen in der Vergangenheit erinnern und um ihre zukünftige Entwicklung fürchten etc. Selbst der Tod stellt ein größeres Übel für Wesen dar, die sich auf die Zukunft hin entwerfen können, die ihnen durch ihren Tod verstellt wird, als für Wesen, die nur im gegenwärtigen Augenblick ihr Leben führen.

Vor diesem Hintergrund gilt es zunächst zwei radikale Strategien zu prüfen, die das Problem natürlicher Übel gar nicht erst aufkommen lassen, nämlich erstens die Leugnung der Existenz solcher Übel und zweitens deren Reduktion auf moralische Übel.

Die eliminative Strategie geht von der Annahme fundamentaler Unterschiede zwischen dem Menschen einerseits, nicht-menschlichen Lebewesen andererseits aus und stellt auf dieser Grundlage die Existenz von nicht-instrumentellen Übeln zumindest in Bezug auf letztere in Frage. Descartes etwa betrachtet Tiere als bloße Maschinen (*automata*): Auch Maschinen können in ihren Abläufen gestört werden oder auseinanderfallen. Dabei handelt es sich aber durchweg um instrumentelle Übel – mit einer gestörten Waschmaschine lässt sich die Wäsche nicht waschen etc. Nichts davon stellt ein Übel für die Maschine dar: Ihr fehlt jegliches mentales Leben, das sie solche Störungen in irgendeiner Weise empfinden ließe – und deshalb sind Maschinen auch unfähig zum Leiden. Selbst wenn Tiere nicht als bloße Maschinen betrachtet werden, bestehen doch ohne Zweifel erhebliche Unterschiede zwischen ihrem mentalen Leben und dem des Menschen. Je stärker etwa das Bewusstsein eines kontinuierlichen Selbst im Strom der wechselnden Erfahrungen ausfällt, desto größer werden die Möglichkeiten von Leiderfahrungen – angefangen mit der dadurch ermöglichten Befürchtung, der in der Gegenwart erlebte Schmerz könnte andauern. Wenn aber ein Bewusstsein vollständig fehlt, stellt sich die Frage, ob überhaupt noch von Leiden gesprochen werden kann: Die Störung von normalen Abläufen durch externe Einflüsse mag (wie etwa auch bei einem Rauchmelder) eine Signalfunktion erfüllen und bestimmte Reaktionen veranlassen; es fehlt aber eine Instanz wie eben das Bewusstsein, das diese Störung als Schmerz erfahren könnte.

Ob eine solche neo-cartesianische Position in der Philosophie des Mentalen plausibel gemacht werden kann, muss hier ebenso offen bleiben wie die Frage, ob aus ihr tatsächlich eliminative Konsequenzen für das natürliche Übel folgen.[72] Verzichtet man zudem auf einen Descartes'schen Substanzdualismus und sieht den Menschen als Produkt einer kontinuierlichen Evolution, fällt es schwer, einen so tiefgreifenden Unterschied im mentalen Leben von menschlichen Lebewesen einerseits, nicht-menschlichen andererseits zu identifizieren, der nur erstere, nicht aber letztere als leidensfähig qualifiziert. Selbst wenn Menschen dazu neigen, ihr eigenes mentales Leben auf andere, ihnen evolutionär (Primaten) oder durch Haltung und Umgang (Nutz- und Haustiere) nahestehende Tiere unkritisch zu projizieren, sprechen doch starke empirische Befunde für die Existenz von Leiderfahrungen in großen Teilen des Tierreichs. Kontrovers sind allenfalls deren Arten, Komplexität und damit verbunden auch ihre Intensität als Leiden.

Die Reduktionsstrategie gesteht anders als die der Elimination die Existenz auch nicht-instrumenteller *Übel* im Sinne von Übeln, die nicht-menschliche Lebe-

---

[72] Für eine Diskussion neo-cartesianischer Positionen und ihrer Relevanz für das Problem natürlicher Übel vgl. Murray (2008: Kap. 2).

wesen erleiden, zu, bestreitet aber, dass es sich dabei eben um *natürliche* Übel handelt. Die für die christliche Tradition bestimmenden Lehren vom Fall der Engel sowie vom Sündenfall Adams im Paradies stellen Varianten einer solchen Reduktionsstrategie dar. Das Paradies wird biblisch als ein Ort frei von Übel vorgestellt, in dem Pflanzen, Tiere und Menschen in harmonischer Gemeinschaft miteinander und mit Gott als ihrem Schöpfer existieren. Diese der Schöpfung gemäße Form der Existenz wird nun durch die Entscheidung freier Wesen – sei es Adams im Paradies oder bereits der Luzifer/Satans vor seinem Fall, der Adam dann im Paradies in Versuchung führen kann – unmöglich gemacht. Der Engelfall bzw. die Vertreibung aus dem Paradies hat indes, und das ist in diesem Zusammenhang entscheidend, Konsequenzen nicht nur für diejenigen, die eine solche Entscheidung gegen Gottes Gebote getroffen haben, sondern für die gesamte Schöpfung (vgl. etwa in Genesis 3,17 die Verfluchung des Ackers um Adams willen). Die *gesamte* Schöpfung leidet und bleibt angewiesen auf Erlösung, nicht nur die Menschen (vgl. Römerbrief 8,19 ff.). Insofern aber selbst das Leiden einer Schlange im Dschungel in der Gegenwart, die nie einen Menschen zu Gesicht bekommen hat, auf die Verfluchung der Spezies Schlange durch Gott als Strafe für Adams Sündenfall zurückgeht, handelt es sich auch bei diesem Leiden nicht um ein natürliches, sondern um ein moralisches Übel. Auch solche Übel bedürfen natürlich, wie gezeigt, einer Bewältigung durch den Theisten, aber das *spezifische* Problem natürlicher Übel wird durch die Reduktionsstrategie in der Tat zum Verschwinden gebracht.

Dass die Reduktionsstrategie mit Annahmen wie der der Existenz von Engeln, eines kosmischen Ordnungsgefüges, das durch Entscheidungen freier Wesen insgesamt nachhaltig gestört werden kann etc., operiert, die nur innerhalb eines elaborierten Theismus plausibel erscheinen werden, stellt für sich genommen noch keinen Einwand gegen sie dar, wie die einleitenden methodologischen Überlegungen in Kap. 1.5 gezeigt haben.

Doch selbst wenn man unterstellt, dass solche Annahmen zutreffen, bleiben interne Spannungen: Wenn nicht zusätzlich eine wörtliche Lesart der Schöpfungsgeschichte, derzufolge die Tiere nur ein bzw. zwei Tage vor dem Menschen geschaffen wurden, vertreten, sondern angenommen wird, dass es eine lange Geschichte der Evolution vor dem Auftreten menschlichen Lebens gegeben hat, stellt sich etwa die Frage, wie die natürlichen Übel in dieser großen Zeitspanne zu erklären sind: Aus Adams Fall können sie ja nicht resultieren, also vielleicht aus dem der Engel? Bleiben gefallene Engel seit dem Engelsfall aktiv und verursachen auch innerhalb der gefallenen Schöpfung zusätzliches Leid? Wie ist dies dann aber mit der Regelmäßigkeit dieser Welt vereinbar, die doch die Voraussetzung freien Handelns bildet?

Noch schwerer wiegt die Frage, warum der Fall freier Wesen überhaupt zu einem Fall der Schöpfung insgesamt geführt hat. Hätte ein allgütiger Gott nicht eine

Welt geschaffen, die mehr Resilienz aufweist in dem Sinne, dass nicht auch der Acker und das nicht-menschliche Leben auf ihm in Mithaftung genommen wird für moralisch falsche Entscheidungen freier Wesen? Selbst wenn Gott einem Tier anders als einem freien Wesen nichts schuldig sein sollte, bleibt doch das Problem, dass das qualvolle Verenden des Hirsches im Waldbrand nicht bloß eine Konsequenz entweder aus einer lang zurückliegenden moralischen Fehlentscheidung oder die eines zufälligen Eingreifens böser Mächte bilden kann, ohne entweder die Allmacht oder die Allgüte des Schöpfers in Frage zu stellen. Die Reduktionsstrategie bleibt also selbst dann, wenn sie extensional adäquat sein sollte (dies ist sie dem eigenen Anspruch nach qua Voraussetzung, rechnet sie doch mit einem Fall der gesamten Schöpfung), auf Ergänzung durch weitere Strategien der Rechtfertigung des natürlichen Übels angewiesen, selbst wenn dieses immer zumindest auch eine moralische Dimension aufweisen sollte.

Wenn entgegen der eliminativen Strategie die Realität natürlicher Übel im Bereich des nicht-menschlichen wie des menschlichen Lebens anerkannt wird und wenn entgegen der Reduktionsstrategie zugestanden wird, dass diese Übel sich zumindest nicht vollständig auf moralische Übel reduzieren lassen, bedarf es also zusätzlicher Argumente, um verständlich zu machen, warum sie Teil der Schöpfung eines allmächtigen, allgütigen und allwissenden Gottes sind.

Es liegt hier nahe, zunächst nach Analogien zu Argumenten zu suchen, wie sie für eine bestimmte Art von Lebewesen, nämlich den Menschen, und *dessen* natürliche Übel, denen er als eine bestimmte Art von Tier seinerseits ausgesetzt ist, entwickelt worden sind. Gerade in dem Maße, in dem auch höheren Tieren ein reiches mentales Leben zugeschrieben wird, erhöht sich nicht nur ihre Anfälligkeit für Erfahrungen von Leid, sondern es wachsen ebenso Fähigkeiten, deren Ausübung selbst einen beträchtlichen intrinsischen wie instrumentellen Wert für diese Tiere selbst besitzt: So sind höhere Tiere in der Lage, durch ihr Verhalten einen signifikanten Unterschied in der Wirklichkeit zu machen. Sie können sich zudem in ihrem Verhalten am Guten orientieren, etwa in ihrer Sorge um Schutz und Förderung des eigenen Nachwuchses. Ein Philosoph wie Richard Swinburne geht sogar so weit, zumindest einigen Arten von Tieren die Fähigkeit zu rudimentären Formen freien Handelns zuzuschreiben, und dies in einem Maße, das sogar den Erwerb von Tugenden ermöglicht: „The redness of nature ‚in tooth and claw' is the red badge of courage." (Swinburne 1998: 179) Den eigenen Nachwuchs zu verteidigen realisiert dann beispielsweise gerade wegen der damit verbundenen Gefahren auf mehreren Ebenen ein Gut für das Muttertier: Es vermag so die Wirklichkeit gemäß den eigenen Vorstellungen zu gestalten; es übernimmt die mit seiner Rolle verbundene Verantwortung und es trägt bei zum Erwerb oder Erhalt eines tugendhaften Charakters. Um aber zu solchen Handlungen wie der wirkungsvollen Verteidigung des Nachwuchses befähigt zu sein, müssen Tiere aus leidvollen Erfahrungen lernen können: Nur weil sie Zeuge untauglicher Versuche der Abwehr von Feinden geworden sind, weil sie das Beuteverhalten dieser Feinde in früheren Fällen beobachten konnten und Erfahrungen mit eigener Schwäche und Verwundbarkeit gemacht haben, wird es ihnen möglich, wenn auch im Rahmen instinktiver Vorgaben eigene Formen erfolgreichen Schutzverhaltens zu entwickeln.

Die Gefahr eines naiven und mit den Erkenntnissen evolutionärer Biologie unvereinbarer Anthropomorphismus sollte jedoch vor übertriebenen Analogien zwischen Tier und Mensch bewahren – wenn Swinburne so weit geht, Tieren selbst Heroismus zuzutrauen (vgl. Swinburne 1998: 177), erliegt er eindeutig dieser Gefahr.

Noch weniger als für den Erwerb von moralischen Tugenden qualifizieren sich selbst hochentwickelte nicht-menschliche Lebewesen für die Teilnahme am Prozess der Seelenbildung. John Hick etwa als Begründer der sog. *soul-making* Theodizee hat die Möglichkeit zur Seelenbildung ausdrücklich Menschen vorbehalten (vgl. Hick 1978: 309–317), und Philosophinnen wie Marilyn McCord Adams haben zusätzliche Gründe geliefert, die diese Auffassung Hicks stützen (vgl. Adams 1999: 27): Seelenbildung setzt Fähigkeiten zur Sinnstiftung voraus, für die wiederum genau jene mentalen Fähigkeiten und jene Dimensionen personaler Identität zwingend notwendig sind, die sich ausschließlich bei Menschen finden lassen. Auch in jüngster Zeit unternommene Versuche, Tiere in die Reichweite einer Theodizee der Seelenbildung einzubeziehen, bestätigen diese skeptischen Befunde eher als dass sie sie in Frage stellen: So sieht etwa Trent Dougherty ausdrücklich (Dougherty 2014b: 3) im Rahmen seiner Diskussion des Problems natürlicher Übel nicht nur ein Leben nach dem biologischen Tod auch für Tiere vor, sondern sogar innerhalb dieses post-mortalen Lebens den Erwerb zusätzlicher Fähigkeiten (insbesondere die sprachlicher Kommunikation) und selbst den Erwerb des Status von Personen, verstanden als „rational substances" (vgl. ebd.: Kap. 6–9). Selbst zugestanden, dass eine solche Heiligung (im Zentrum von Doughertys Variante der Seelenbildung steht die Kategorie des *saint-making*) es tatsächlich erlauben würde, die Leiden in der diesseitigen, vor-personalen tierischen Existenzphase so zu integrieren, dass sie insgesamt einen unverzichtbaren Beitrag zu dem dadurch ermöglichten Gut der gesamten Existenz leisten, liegen hier doch drei Einwände nahe:

Erstens gibt es für die genannten, voraussetzungsreichen Thesen nur schwache Anhaltspunkte innerhalb der theistischen Traditionen, die ganz im Gegenteil eine Reihe von mit ihnen klar unvereinbaren Annahmen umfassen (wie die der Sonderstellung des Menschen als das einzige Wesen, das zu einer personalen Gottesbeziehung befähigt ist). Zweitens gelingt es Dougherty, Tiere in den Prozess der Seelenbildung einzubeziehen, nur um den Preis, gerade ihre bloß tierische Existenzphase zum Vorläufer einer personalen herabzustufen, die dann das axiologische Gewicht der Rechtfertigung tierischen Leidens trägt. Als tierisches bleibt es aber weiter unvermindert problematisch – von der Frage ganz abgesehen, welchen unverzichtbaren Beitrag bloß tierisches Leid, das nicht einmal als solches erinnert werden mag, überhaupt zur Heiligung leisten sollte. Und drittens ist nicht klar, ob eine Theorie diachroner Identität entwickelt werden kann, die es erlaubt, den rein biologischen, nicht-personalen Lebenszyklus eines Tieres einerseits, seine postmortale, personale Entwicklung andererseits als unterschiedliche Phasen der Existenz ein und desselben Wesens zu begreifen.

Aussichtsreicher als die Versuche, Tieren (und auch hier nur einem kleinen Teil von ihnen) ein reiches mentales Leben und eine Befähigung zu intentionalem Handeln zuzuschreiben, ist der Ansatzpunkt bei den basalen Bedingungen für in einem Organismus verkörpertes Leben innerhalb einer durch konstante Naturgesetze strukturierten Umgebung. Schmerz erfüllt hier, wie oben in Kapitel 1.2 bereits erwähnt, für alle Arten von Tieren, einschließlich dem Menschen, Funktionen, die keineswegs offensichtlich durch funktionale Äquivalente ersetzt werden können: Dass etwa eine heiße Herdplatte eine Gefahr darstellt, könnte einem Lebewesen auch über instinktive Reflexe (die es vor heißen Oberflächen zurückschrecken lassen, ohne dass sich das Überschreiten der für es gefährlichen Temperaturgrenze für es in irgendeiner Weise anfühlen würde) vermittelt werden oder über entsprechende Überzeugungen, dass eine Gefahr vorliegt, die aber ebenfalls keine phänomenale Qualität aufweisen könnten (vgl. Murray 2008: Kap. 4.2). Gerade das *Erleben* von Schmerz besitzt aber gegenüber diesen beiden Alternativen offensichtliche Vorzüge: Es erlaubt, Rückmeldungen direkter und durch verzerrende Einflüsse wie Wunschdenken, Rationalisierung etc. ungefilterter zu geben als das für solche Verzerrungen anfällige Bilden von Überzeugungen, und es ermöglicht anders als Reflexe Lernprozesse, weil es die Gefahr für das Lebewesen in einer Weise auch später noch präsent hält, wie dies bei durch bloße Reflexe vermiedenen Gefahren nicht der Fall ist.

Bei den bisher diskutierten Gütern, zu denen natürliche Übel wie Schmerzen einen konstitutiven oder instrumentellen Beitrag leisten, handelt es sich um Güter, die den Lebewesen, die ihnen ausgesetzt sind, selbst zugutekommen. Davon zu unterscheiden ist die instrumentelle Rolle, die solche Übel für andere Lebewesen erfüllen: Dazu zählt an erster Stelle der Mensch – und insofern der Mensch ein in Swinburnes Sinne sehr ernsthaft freies Wesen ist, eröffnet sich hier die Möglichkeit, eine nicht-reduktionistische Verbindung zwischen natürlichen Übeln und Freiheit herzustellen: Natürliche Übel nicht als Folgen des Missbrauchs von Freiheit, sondern als ermöglichende Bedingungen für deren Ausübung, ob nun eine gute oder schlechte.[73]

Dieser ermöglichende Zusammenhang lässt sich am besten über die Frage nach den Bedingungen der Möglichkeit für eine ernsthaft freie Wahl zwischen dem moralisch Guten und dem moralischen Schlechten aufzeigen. Um in dieser Weise wählen zu können, bedarf es auf Seiten des Wählenden epistemisch hinreichend gerechtfertigter Überzeugungen über die Folgen der von ihm in Betracht gezogenen Handlungsoptionen – denn diese Folgen sind es ja, die Handlungen moralisch gut oder schlecht machen.[74] Dies gilt für die gesamte konsequentialistische Dimension der Moral, aber auch die Erfüllung von Pflichten wie derjenigen zur Wiedergutmachung von einem selbst zu verantwortenden Schaden oder derjenigen zur Wohltätigkeit ist auf Folgenbewertungen angewiesen. Solche Überzeugungen können aber nur dann gebildet werden, wenn sie sich auf regelmäßige Zusammenhänge wie etwa Naturgesetze in der Wirklichkeit stützen können, die es ermöglichen, Erfahrungen mit ihnen zu machen, sie in ihrer gesetzesartigen Struktur einzusehen und zum Ausgangspunkt von verlässlichen Erwartungen in Bezug auf die Folgen des eigenen Handelns zu nehmen. Insofern die Wirklichkeit durch Naturgesetze bestimmt wird, nimmt aber deren Geltung keine Rücksicht auf die Erzeugung individuellen Leids: Die Gravitationsgesetze ermöglichen sicheres Gehen auf der Erde ebenso wie den tödlichen Fall in einen Abgrund. Erfahrungen mit den Auswirkungen solcher Gesetze bilden die Grundlage des kumulativen Aufbaus von moralischem Wissen: Zur Unterlassung des Schädigens einer anderen Person verpflichtet zu sein, mag eine selbst-evidente moralische Wahrheit darstellen, die *a priori* für jeden zugänglich ist, der versteht, was sie beinhaltet. Um hingegen zu wissen, dass die Nutzung von Langstreckenflügen Schäden verursacht, die sich aus komplexen physikalischen Kausalketten ergeben und denen kein unmittelbar greifbarer Geschädigter zugeordnet werden kann, bedarf es eines Lernprozesses, der aber seinerseits neben der Realisierung von moralischen auch die von Werten anderer Art ermöglicht: Wissen bildet selbst einen Kandidaten für den Status intrinsischen Wertes, und dessen Erwerb ermöglicht die Kultivierung epistemischer Tugenden.

Zwar könnte ein allmächtiger Gott die natürlichen Übel, die sich aus der Geltung der Naturgesetze ergeben, abmildern oder sogar ganz beseitigen, müsste dann aber freie Wesen, die eine solche Welt bevölkern, systematisch darüber täuschen: Die moralisch geforderte Entscheidung, die einem Ertrinkenden geschuldete, aber für den Retter mühsame und gefährliche Hilfe zu leisten, setzt ja die Überzeugung

---

73 Vgl. Murray (2008: 81f.) für die Unterscheidung zwischen Übeln als Folgen freien Handelns und als deren ermöglichende Bedingungen (*antecedent conditions*).
74 Für ein solches Argument aus den Bedingungen der Möglichkeit des für ernsthaft freie Entscheidungen unverzichtbaren Wissens vgl. Swinburne (1998: Kap. 9).

voraus, dass die entsprechende Person im Fall der Unterlassung tatsächlich ertrinken wird – und nicht etwa durch einen Eingriff Gottes ans sichere Ufer gelangt. Mehr noch: Eine gelegentliche wohltätige Täuschung über die Folgen einzelner Handlungen genügt nicht. Wer jemand anderem einen Schaden zufügt, der von Gott verhindert wird, wobei Gott ihn glauben lässt, tatsächlich einen solchen Schaden verursacht zu haben, muss sich etwa als zur Wiedergutmachung verpflichtet betrachten. Wenn er dieser Pflicht genügt und moralisch richtig handelt, insofern er der vermeintlich geschädigten Person Schadensersatz anbietet, muss auch diese Person, die ja durch die Intervention Gottes gar keinen Schaden erlitten hat und sich über das Angebot des Schadenersatzes wundern wird, von Gott in geeigneter Weise getäuscht werden, um die ursprüngliche Intervention Gottes nicht doch erkennbar zu machen. Spätestens angesichts eines solchen Geflechts von systematischen Täuschungen stellt sich die Frage, ob Gott mit einer Strategie der Verhinderung oder Minderung natürlicher Übel bei gleichzeitiger Ermöglichung sehr ernsthafter Freiheit nicht selbst gegen eine Pflicht verstößt: Gott mag sicher nicht verpflichtet sein, seine Geschöpfe über seine Pläne vollständig zu informieren (was angesichts deren begrenzten epistemischen Möglichkeiten ohnehin unmöglich wäre), aber sehr wohl, sie nicht systematisch über die Folgen der eigenen freien Handlungen und das sich daraus ergebende moralische Beziehungsgeflecht zu täuschen (vgl. u. Kap. 4.5). Wenn für Gott eine solche Pflicht zur Unterlassung systematischer Täuschungen aber tatsächlich besteht,[75] muss er sich der Wahl zwischen einer Welt mit sehr ernsthafter Freiheit, aber auch den sie ermöglichenden und den aus ihr folgenden natürlichen Übeln, oder aber einer Welt ohne beide stellen.

Sehr ernsthafte Freiheit stellt indes keineswegs den einzigen Kandidaten für eine Art von Gut dar, das als Bedingung seiner Möglichkeit Naturgesetze und damit auch die mit ihnen einhergehenden natürlichen Übel voraussetzt. Schon hingewiesen wurde auf epistemische Güter wie Wissen oder intellektuelle Tugenden, deren Wert und Reichweite radikal beschnitten würden, wenn sie sich bloß auf das *a priori* Zugängliche wie logische Wahrheiten beschränken müssten. Auch basale Güter, die durch intentionales Handeln selbst (ganz unabhängig von der Frage nach dessen moralischer Bewertung) realisiert werden können wie etwa das des „Einen-Unterschied-Machens" mit Blick auf die Gestaltung der Wirklichkeit, setzen einen durch Naturgesetze abgesicherten Zusammenhang zwischen Handeln und dessen Folgen voraus. Selbst ein metaphysischer Wert wie der der Diversität scheint ein hohes Maß an Regularität vorauszusetzen, wie es durch die Naturgesetze ge-

---

75 Für Swinburne ergibt sich eine solche Unterlassungspflicht aus dem „Principle of Honesty", das wir bei Gott unterstellen müssen, vgl. Swinburne (1998: 146).

währleistet wird (vgl. Murray 2008: 143 f.). Diversität als Wert beinhaltet mehr als die bloße unverbundene Existenz unterschiedlicher Arten von Entitäten: Vielmehr stehen diese untereinander in einem Zusammenhang, in dem die eine Art die andere voraussetzt – und sei es als Fressfeind oder im Verhältnis von Parasit und Wirt. Augustinus charakterisiert diesen Zusammenhang wie folgt:

> Nun kommt einer und fragt: Warum schaden dann die wilden Tiere sich gegenseitig? Ihnen haften doch keinerlei Sünden an, so daß man von einer Strafe sprechen könnte, und sie können sich auch nicht mit einer solchen Plage eine Tugend wiedererobern. So ist es daher auch kein Wunder, daß die einen selbstverständlich der Fraß für die anderen sind, und wir haben kein Recht zu sagen, die einen brauchten nicht zu sein, von denen die anderen leben. Denn alle haben sie, solange sie sind, ihre Maße, Zahlen und Ordnungen und werden, wenn man sie als Ganzes betrachtet, mit Recht gelobt, denn mit einer geheimen Lenkung zeigt sich auch ihre jeweilige zeitliche Schönheit, wenn sie sich, eines ins andre übergehend, wandeln. (Augustinus, *De genesi ad litteram*, 1,3,16)

Ob sich die Vorstellung einer solchen geordneten Vielfalt, die biblische Traditionen der Schöpfungslehre mit griechischen Kosmos-Vorstellungen verbindet und ihren paradigmatischen Ausdruck in der Konzeption einer „großen Kette der Wesen" (Arthur Lovejoy) findet, vor dem Hintergrund von Evolutionstheorie und moderner Kosmologie noch verteidigen lässt, muss hier offenbleiben.[76]

Ebenso wenig kann die Frage diskutiert werden, welches Maß an Spielraum in der Wahl von Naturgesetzen überhaupt besteht: Sollte die These zutreffen, dass Leben überhaupt nur innerhalb von kosmologischen Rahmenbedingungen möglich ist, die etwa Naturkonstanten mit genauen Werten beinhalten, die nicht auch nur um ein geringes verändert werden können, ohne diese Möglichkeit wieder zunichte zu machen, wäre Gott nicht nur darauf festgelegt, überhaupt für gesetzesförmige Regularitäten zu sorgen (wobei diese ganz unterschiedlich ausfallen könnten), sondern er müsste eine bestimmte Menge solcher Regularitäten realisieren, insofern sie die notwendige Bedingung für Leben und alle es voraussetzenden Güter darstellt. Wäre letzteres der Fall, würde sich die Frage, warum Gott nicht zumindest für Naturgesetze gesorgt hat, die weniger natürliche Übel zur Folge haben als die in der aktuellen Welt gültigen, nicht einmal mehr stellen lassen. Selbst wenn es sich dabei aber um eine sinnvolle Frage handeln sollte, ist nicht zu sehen, wie sie mit den dem Menschen zur Verfügung stehenden Mitteln beantwortet werden kann.[77] Nicht weniger als Allwissenheit scheint hier erforderlich zu sein,

---

76 Für den Versuch einer kritischen Aneignung und Erneuerung der Kosmos-Vorstellung unter den Bedingungen der Gegenwart vgl. Siep (2004).
77 Darauf weist etwa Murray (2008: 147) zu Recht hin.

um abschätzen zu können, welche Folgen Änderungen in den Naturkonstanten für die in der jeweiligen Welt realisierbaren Güter und Übel haben würden.

Klar ist jedenfalls, dass die für eine Rechtfertigung der natürlichen Übel relevanten Güter ihrerseits in holistischen Zusammenhängen stehen, die eine bloße Addition von Gütern bzw. Übeln unmöglich machen. Zumindest einige allgemeine Beobachtungen zur Dialektik der Debatte sind aber möglich:

Erstens provozieren Strategien, die sich auf den instrumentellen Wert natürlicher Übel namentlich für vom Menschen realisierte Güter stützen, die Suche nach funktionalen Äquivalenten: Bedarf es wirklich einer hunderte von Millionen Jahre andauernden Evolution des Lebens, innerhalb derer immenses Leid von Tieren erfahren wird, nur um für den evolutionären Neuankömmling Mensch einen Nutzen zu erbringen?[78] (Die alternative Vorstellung einer gleichzeitigen Schöpfung von Welt und Mensch bei sorgfältiger Simulation einer evolutionären Vorgeschichte derselben etwa durch Fossilien im Hochgebirge etc. wirft freilich ihrerseits Probleme wie das bereits diskutierte einer unzulässigen systematischen Täuschung der Geschöpfe durch Gott auf.[79]) Und hätte dieser Nutzen nicht auch durch Wesen mit einem weniger komplexen mentalen Leben als dem der höher entwickelten Tierarten erzielt werden können, die damit sowohl intensiveren Erfahrungen von Leid als auch ganz neuer Arten desselben (Trauer um Verlust des Partners etc.) ausgesetzt sind?

Zweitens jedoch verlangt ein metaphysischer Wert wie der einer zu einer großen Kette geordneten Vielfalt von Wesen eben jene Kontinuität von Wesen mit unterschiedlich komplexen Formen mentalen Lebens und den damit verbundenen Potentialen für natürliche Übel, die den Menschen nicht von seinen Bezügen auf seine biologische Umwelt abschneidet und ihn isoliert allen anderen Wesen gegenüberstellt, die lediglich über basale Formen von Bewusstsein und entsprechend eingeschränkte Verhaltens-, aber eben auch Leidensmöglichkeiten verfügen.

Drittens kann sich der Theist in diesem Zusammenhang neben den substantiellen Gütern wie Wissen, sehr ernsthafte Freiheit und moralische Tugenden zusätzlich auf strukturelle Güter wie das o. S. 100 diskutierte *bonum progressionis* berufen. Der intrinsische Wert einer synchronen Ordnungsstruktur wie der großen Kette der Wesen, die innerhalb von vor-evolutionären Weltbildern konzipiert

---

78 John Schneider (2014) verweist hier in seiner Rezension von Dougherty (2014b) auf das eindrucksvolle Beispiel des offenbar wegen großflächigem Parasitenbefall und chronischen Erkrankungen typischerweise qualvollen Lebens von Dinosauriern – die ihrerseits einen evolutionär folgenlosen Nebenzweig der Reptilien bilden.

79 Hinzu kommt der von Peter van Inwagen gegen eine solche entwicklungslos aus dem Nichts im Sinne einer wörtlichen Lesart des Sechs-Tage-Werks der biblischen Genesis geschaffene Welt erhobene Vorwurf der massiven Irregularität, vgl. van Inwagen (2006: 117ff.).

wurde, könnte nämlich in diachroner Perspektive ergänzt werden durch den intrinsischen Wert eines kontinuierlichen Komplexitätszuwachses, der immer vielfältigere Arten von Wesen in immer anspruchsvollere Ordnungsmuster integriert (vgl. für die Diskussion einer solchen *chaos-to-order*-These exemplarisch Murray (2008: 115–144)).

Viertens jedoch erhöht die Berufung auf solche strukturellen Güter wiederum an anderer Stelle die Beweislasten für eine Rechtfertigung natürlicher Übel: Eingebunden zu sein in einen solchen Prozess des Komplexitätszuwachses stellt zwar eine Teilhabe an einem intrinsischen Gut dar, ist aber eben nicht notwendig auch gut für das einzelne Exemplar einer Tierart, das etwa dem Angriff eines besser angepassten Artgenossen erliegt. Existiert nun auch für nicht-personale Tiere ein Instrumentalisierungsverbot analog zu dem Verbot, Menschen als bloße Mittel zu gleich wie wertvollen Zwecken zu gebrauchen? In diesem Fall müsste Gott sicherstellen, dass das Leiden jedes einzelnen Tiers nicht nur durch seinen Beitrag zum Gesamtwert der aktualen Welt gerechtfertigt wird. Es müsste sich dann zusätzlich auch lokal so in das Leben des einzelnen Tieres integrieren lassen, dass dieses als insgesamt gut beurteilt werden kann. Dass dies in allen Fällen möglich ist, erscheint aber als ausgeschlossen: Das Leben eines von Geburt an behinderten Tieres mag in jedem einzelnen Augenblick qualvoll verlaufen sein und ein noch qualvolleres Ende gefunden haben. Wird erst einmal eine Rechtfertigungspflicht auf dieser individuellen Ebene bejaht, bleibt als einziger Ausweg, erneut die Möglichkeit einer post-mortalen Existenz auch von Tieren in Betracht zu ziehen, die eine Kompensation für und eine Versöhnung mit Leid nach dem Abschluss des biologischen Lebenszyklus ermöglicht. Auf die Schwierigkeiten, eine solche Annahme plausibel zu machen, wurde aber oben bereits aufmerksam gemacht.

3.5 Gottes Pflichten

3.5.1 Deontologische und konsequentialistische Normativität

Verteidigungen Gottes durch Verweis auf größere Güter oder geringere Übel versuchen plausibel zu machen, dass Gott deshalb darin gerechtfertigt ist, ein Übel Ü zuzulassen, weil Ü zuzulassen die notwendige Bedingung dafür darstellt, entweder ein größeres Gut G, das Ü überwiegt oder besiegt, herbeizuführen, das ohne Ü zuzulassen nicht hätte herbeigeführt werden können, oder aber ein noch größeres Übel als Ü zu verhindern, das ohne Ü zuzulassen nicht hätte verhindert werden können. Selbst angenommen, eine Verteidigung dieser Art könnte erfolgreich geführt werden, würde dies aber dennoch nicht ausreichen, alle Theodizee-Einwände gegen Gott abzuweisen. Der Grund dafür besteht darin, dass eine erfolgreiche

Verteidigung durch Verweis auf größere Güter (oder geringere Übel) die Frage offenlässt, ob Gott überhaupt das Recht dazu hat, ein Übel zuzulassen, und zwar selbst dann, wenn es ein größeres Gut (oder geringeres Übel) ermöglicht.

Eine solche Frage würde sich nur dann gar nicht erst stellen, wenn das Verhältnis von Gott und seiner Schöpfung (und hier insbesondere der von ihm geschaffenen, vernünftigen Wesen) durch eine rein konsequentialistische Moral bestimmt wäre. Dem Handlungs-Konsequentialismus zufolge ist eine Handlung genau dann moralisch richtig, wenn sie unter den dem Handelnden zur Verfügung stehenden Optionen absehbar die bestmöglichen Folgen nach sich zieht. Die Handlungsoption mit den bestmöglichen Folgen ist richtig im Sinne von moralisch gefordert – alle anderen Optionen sind moralisch falsch im Sinne von verboten. Erlaubt, aber nicht geboten, können mehrere Handlungsoptionen nur dann sein, wenn sie absehbar gleich gute Folgen nach sich ziehen und es keine weitere Option mit absehbar noch besseren Folgen gibt. Die Frage nach der Begründung für eine solche konsequentialistische Konzeption von Moral kann hier ebenso wenig diskutiert werden wie die nach ihren unterschiedlichen Typen. In diesem Zusammenhang bleibt lediglich festzuhalten, dass in einem handlungs-konsequentialistischen Rahmen keinerlei Raum für die Frage bleibt, ob Gott das Recht hat, ein Übel zuzulassen, das ein größeres Gut ermöglicht: Wenn Gott vor der Wahl steht zwischen zwei Weltzuständen, von denen der eine ohne das fragliche Übel, aber auch ohne das durch ihn ermöglichte Gut auskommt, der andere aber sowohl das Übel wie das durch es ermöglichte Gut enthält und der letztere Weltzustand besser ist als der erstere, dann ist er aus konsequentialistischer Sicht *verpflichtet*, den ersteren Weltzustand herbeizuführen.

Sowohl der moralische *common sense* wie auch die religiöse Tradition des Theismus, insofern sie Aussagen über die moralischen Normen trifft, die das Verhältnis von Gott zu seiner Schöpfung regeln, wecken jedoch Zweifel daran, ob ein solches rein konsequentialistisches Verständnis von Moral adäquat sein kann.[80] Dass konsequentialistische Erwägungen in der Moral unverzichtbar sind, duldet keine Zweifel – wer sich moralisch verpflichtet sieht, die Not eines Freundes zu lindern, wird darauf achten müssen, dass sein Handeln geeignet ist, auch tatsächlich eine solche Linderung herbeizuführen. Bloße Ausdruckshandlungen, die die eigene Haltung von Mitgefühl und Hilfsbereitschaft artikulieren, aber absehbar nichts an der Not des Freundes ändern, sind moralisch klar fragwürdig.

Dennoch scheinen konsequentialistische Erwägungen den Raum moralischer Normativität auch nicht zu erschöpfen. Neben Erwägungen dieser Art gibt es na-

---

[80] Vgl. dazu Adams (1987: 52). Einen Überblick über grundlegende Kritiklinien am Konsequentialismus in der Ethik gibt etwa Nida-Rümelin (1993: Teil III).

mentlich auch solche deontologischer Art. Sie ergeben sich insbesondere aus dem, was David Ross in seiner Kritik am Konsequentialismus den „highly personal character of duty" (Ross 1930: 22) genannt hat: Wer etwa einer anderen Person ein Versprechen gegeben hat, ist dieser Person gegenüber verpflichtet, das Versprechen auch zu halten – und zwar ganz unabhängig von den Folgen, die die Einhaltung des Versprechens nach sich ziehen wird. Der Grund der Verpflichtung liegt hier in der Vergangenheit, eben in dem Akt der Selbstverpflichtung, die die Person, die das Versprechen abgegeben hat, eingegangen ist. Die Verpflichtung zur Einhaltung gilt sogar dann, wenn der Bruch des Versprechens dazu führen würde, dass in Zukunft eine Vielzahl von Versprechen eingehalten werden. Wer versprochen hat, einen Freund zu treffen, stattdessen aber einen Vortrag halten könnte, der mehrere Zuhörer dazu bewegt, in Zukunft ihre Versprechen einzuhalten, was sie ansonsten nicht getan hätten, wäre aus rein konsequentialistischen Gesichtspunkten heraus verpflichtet, den Vortrag zu halten. Eine solche Auffassung lässt aber außer Betracht, was Ross mit dem persönlichen Charakter solcher deontologischer Verpflichtungen im Blick hatte: Die Einhaltung des Versprechens ist der Person, der es gegeben wurde, geschuldet – nur diese Person etwa hat das Recht, jemandem aus dem gegebenen Versprechen zu entlassen oder den Bruch des Versprechens zu verzeihen. Wer sich im Sinne einer Verteidigung durch Verweis auf größere Güter hier darauf beruft, dass der einmalige Bruch eines Versprechens ja das Einhalten einer Vielzahl anderer Versprechen ermöglicht hat, wird zurecht mit dem Vorwurf konfrontiert werden können, dass er schlicht kein Recht dazu hatte, die eingegangene Verpflichtung eigenmächtig etwa aus solchen konsequentialistischen Erwägungen zu brechen.

Auch wenn keine freiwillig eingegangenen Beziehungen zu anderen Personen wie etwa das Abgeben von Versprechen oder auch die Zufügung von Schaden bestehen, die deontologische Verpflichtungen wie das Einhalten des Versprechens oder die Wiedergutmachung des Schadens begründen, gibt es Verpflichtungen, die jedem vernünftigen Wesen als solchem geschuldet sind. Dazu gehört etwa aus kantischer Sicht das Instrumentalisierungsverbot: Niemand darf zum bloßen Mittel für die Realisierung der eigenen Zwecke gemacht werden. Dies gilt sogar dann, wenn diese Zwecke paternalistisch darin bestehen, das Wohl einer anderen Person zu fördern: Eltern sind auch dann verpflichtet, paternalistisches Handeln etwa gegenüber ihren erwachsenen Kindern zu unterlassen, wenn dieses Handeln tatsächlich geeignet wäre, deren Wohl zu fördern.

Deontologische Verpflichtungen wie die zum Einhalten von Versprechen oder zum Unterlassen paternalistischer Handlungen stellen Beispiele für sog. *pro tanto*-Pflichten dar, die durch andere *pro tanto*-Pflichten überwogen werden können: Wer ein Versprechen, zum gemeinsamen Abendessen zu erscheinen, nur halten kann, wenn er eine Person in akuter Lebensgefahr im Stich lässt, der wird sich *all things considered* verpflichtet sehen, sein Versprechen auch ohne Einwilligung der Person, der es gegeben wurde, zu brechen – sich freilich im Nachhinein für sein Verhalten entschuldigen und so das Fortbestehen der entsprechenden normativen Verpflichtung, selbst dann, wenn sie zu Recht durch eine konkurrierende Verpflichtung überwogen wurde, anerkennen. Allerdings könnte es auch deontologische Verbote von bestimmten Handlungstypen geben, die in dem Sinne absolut gelten, dass sie durch keine konkurrierenden Gesichtspunkte anderer Art überwogen werden können. Dies mag insbesondere für Unterlassungspflichten von Handlungstypen wie Folter gelten: Ganz gleich, welche positiven Folgen es hätte, eine andere Person zu foltern, und ganz gleich, welche anderen Verpflichtungen dadurch erfüllt werden könnten, scheint es zu genügen, dass eine Handlung des Typs „Foltern" vorliegt, um sie *all things considered* als moralisch verboten zu qualifizieren.

Die Frage, wie sich die konsequentialistische zur deontologischen Dimension moralischer Normativität verhält, führt weit über die Grenzen dieses Buches hinaus. Sog. Schwellendeontologen würden etwa deontologische Gesichtspunkte nur bis zu einer Schwelle hin für verpflichtend halten, jenseits derer die Folgen ihrer Beachtung so katastrophal wäre, dass dies ihren normativen Anspruch aufhebt. Zu beachten bleibt aber auch hier, dass die Motivation für eine solche Einschränkung deontologischer Verpflichtung gerade nicht in der Ermöglichung eines größeren Gutes, sondern in der Vermeidung eines gewaltigen Übels zu finden ist: Selbst Schwellendeontologen sind in der Regel nicht bereit, deontologische Normen wie das Folter-Verbot deshalb außer Kraft zu setzen, weil sich durch das Zulassen einer entsprechenden Handlung die Möglichkeit ergibt, die Welt zu einem (sogar viel) besseren Ort zu machen. Einen Beteiligten am Diebstahl von herausragenden Kunstwerken im Isabella Stewart Gardner-Museum zu foltern, um künftigen Generationen einen Genuss der bis heute verschollenen Werke zu ermöglichen, erscheint als klar unzulässig, nicht aber, ihn zu foltern, um etwa ein nukleares Attentat auf Boston zu vermeiden.

Unabhängig von der Frage nach dem relativen Gewicht von konsequentialistischen Gesichtspunkten einerseits, deontologischen andererseits bleibt jedenfalls festzuhalten, dass die moralische Normativität, die die Beziehungen von Menschen zueinander leitet,[81] nicht bloß eine konsequentialistische, sondern auch eine deontologische Dimension aufweist: Eine Handlung kann selbst dann *all things considered* verboten sein, wenn sie unter den verfügbaren Optionen die absehbar

---

[81] Beziehungen zu Kunstwerken etwa könnten hingegen allein durch konsequentialistische Gesichtspunkte normiert sein. Niemand ist einem Kunstwerk (wohl aber möglicherweise z.B. seinem Besitzer oder dem Künstler als seinem Urheber) etwas schuldig.

besten Folgen nach sich zieht, z. B. dann, wenn sie ein Abwehrrecht wie das, nicht gefoltert zu werden, verletzt.

3.5.2 Gottes Pflichten: Herausforderungen für die Bewältigung des Theodizeeproblems

Doch gilt diese deontologische Dimension auch für das Verhältnis von Gott als Schöpfer zu seiner Schöpfung und insbesondere zu Menschen als vernunftbegabten Geschöpfen Gottes?[82] Ausgangspunkt einer Beantwortung dieser Frage muss wiederum die Erinnerung daran sein, dass sich das Theodizeeproblem nur deshalb überhaupt stellt, weil Gott zumindest in der theistischen Tradition das Attribut der Allgüte zugewiesen wird. Doch beinhaltet die Allgüte auch, dass Gott Pflichten gegenüber seinen Geschöpfen zukommen bzw. dass diese Geschöpfe Rechte geltend machen können, die auch Gott als deren Schöpfer zu beachten hat?[83] Selbst innerhalb der theistischen Tradition wird dies durchaus bestritten. Gott könnte in der Tat rein konsequentialistisch eine herausragend gute Schöpfung realisieren, die im Modus des Geschaffenen seine All-Attribute adäquat zum Ausdruck bringt – und dabei im Sinne der ästhetischen Analogie eines Gemäldes mit hässlichen Teilen, die aber die Schönheit des Ganzen steigern, furchtbare Übel für einzelne Wesen im Dienste der Schöpfung insgesamt in Kauf nehmen. Haben solche Wesen ein Recht darauf, dass Gott sich mit einer insgesamt weniger guten Schöpfung begnügt, um ihnen solche Übel zu ersparen?[84] Auf Fragen wie diese wird zurückzukommen sein.

---

[82] Die Wiederentdeckung der deontologischen Dimension des Theodizeeproblems geht maßgeblich auf die Arbeiten von David McNaughton zurück, vgl. McNaughton (1995), (2002).

[83] Bestritten wird dies etwa von Hugh Rice, der dem Leidenden keinerlei solche Rechte zubilligt, die Gott einschränken könnten, sofern nur sein Leiden sich eben in einer konsequentialistischen Logik als unabdingbar erweist: „The [...] important worry is the worry about a loving God. If he cares for me so much, how could he let me suffer so much? But surely we *have* an answer to that question. He lets you suffer so much because there are other good things which would not otherwise be obtainable. He loves you; but you are not the only thing he loves; you are not the only thing he cares about." (Rice 2000: 113). Eine Antwort wie diese hätten freilich auch Stalin oder Mao den Opfern ihrer Kollektivierungskampagnen geben können.

[84] Bestritten wird dies etwa durch Adams (1992: 181) sowie durch McCann (2012), für den Gott keinerlei Pflichten gegenüber seinen Geschöpfen hat (vgl. ebd. 135). Die Geschöpfe wiederum seien zu vollständiger und bedingungsloser Unterwerfung unter den Willen Gottes verpflichtet (ebd. 152; vgl. a. ders. (2009: 182)). Vgl. bereits John Miltons prägnanten Widerspruch gegen jeden Versuch, Gott als gegenüber dem Menschen verpflichtet aufzufassen:

Zu beachten gilt es jedenfalls, dass viele Beschränkungen konsequentialistischer Forderungen, die auch Konsequentialisten im Bereich menschlichen Handelns als notwendig anerkennen, in Bezug auf Gott gerade nicht überzeugend begründet werden können: Für ein endliches Wesen wie den Menschen mag es geboten sein, das Foltern selbst eines Terroristen zu unterlassen, weil er z.B. nicht weiß, ob seine Folter eine geeignete Strategie darstellt, das nächste Attentat zu verhindern oder weil er sich nicht sicher sein kann, dass die Folter nicht zu einer Verrohung seines (des Folterers) Charakters führen könnte, die ihn auch in künftigen Fällen zur Folter greifen lässt, ohne dass dies aus konsequentialistischen Gründen gerechtfertigt wäre. Für Gott entfallen solche Gründe für eine Einschränkung konsequentialistischer Forderungen, weil für ihn die sie begründenden kognitiven und motivationalen Einschränkungen nicht gelten: Qua allwissend weiß Gottes alles, was zu wissen logisch möglich ist, und er muss sich auch keiner innerpsychologischen Widerstände gegen das von ihm als richtig Erkannte erwehren oder sich um seinen Charakter sorgen. Doch stellt nicht eine solche gerade im Fall Gottes unbeschränkte konsequentialistische Logik dessen Attribut der Allgüte nur umso stärker in Frage?

Wie genau das Attribut der Allgüte verstanden werden sollte, lässt sich nicht rein stipulativ klären und bedarf einer Hermeneutik der einzelnen theistischen Traditionen. Dennoch soll im Folgenden gezeigt werden, dass eine Deutung von Allgüte, die sie von der Beachtung deontologischer Normativität vollständig freihält, als aussichtslos erscheinen muss.

Erstens nämlich unterliegt Gott sogar dann, wenn Allgüte im Sinne von „love and moral goodness" *nicht* zu seinen Attributen gerechnet wird, wie Mark Murphy (2017: 108), behauptet, deontologischen moralischen Normen. Murphys Diskussion der für Gott gültigen moralischen Normen steht in der Tradition mittelalterlicher Theologen wie namentlich Anselm von Canterbury, die Gott zentral als vollkommenes Wesen begreift, das, insofern es „absurdly greater" (vgl. ebd.: 131) ist als seine Geschöpfe, deren Verehrung und Gehorsam verdient. Zu diesen Vollkommenheitsattributen rechnet Murphy aber eben nicht Liebe und Güte im moralischen Sinne.

Als Konsequenz daraus bestreitet Murphy explizit, dass es für Gott überhaupt deontologische Verpflichtungen gibt, das Wohl seiner Geschöpfe zu fördern. Zwischen Menschen gilt etwa neben anderen deontologischen Pflichten wie die, seine Versprechen einzuhalten, Schaden wiedergutzumachen etc. auch die der Wohltätigkeit, also die Pflicht, das Wohlergehen anderer zu fördern. Bei dieser Pflicht

---

„As if they would confine th' interminable,
And tie him to his own prescript,
Who made our laws to bind us, not himself" (*Samson Agonistes*, 307–309).

handelt es sich zwar insofern um eine unvollkommene Pflicht, als ihr kein Recht auf Seiten des Empfängers der Wohltat gegenübersteht: Jeder hat das Recht, von seinem Gesprächspartner nicht belogen zu werden, aber nicht jeder, dessen Wohlergehen durch das Handeln seines Gegenüber gesteigert werden könnte, hat das Recht, dies von seinem Gegenüber zu verlangen. Dennoch nehmen wir etwa an, dass jemand, der durch einen schlichten Ratschlag, der ihn selbst nichts kostet, das Wohlergehen der eigenen Nachbarn erheblich steigern könnte, *pro tanto* auch verpflichtet ist, ihnen diesen Ratschlag zu geben.

Genau diese Pflicht zur Wohltätigkeit besteht aber Murphy zufolge nur zwischen Menschen, nicht aber für Gott in Bezug auf die Menschen (oder andere Wesen, die über ein Wohl verfügen wie Tiere). Für Gott gebe es zwar gute Gründe, die ihn darin rechtfertigen, das Wohl seiner Geschöpfe zu fördern, aber keine Gründe, die dies in einem deontologischen Sinne von ihm verlangen. Nicht einmal der intrinsische Wert von Geschöpfen wie etwa vernünftigen Wesen begründet für Gott solche Verpflichtungen gegenüber deren Wohl – und zwar schlicht deshalb, weil für Murphy intrinsischer Wert ausschließlich dem vollkommenen Gott zukommt und dessen Geschöpfe allenfalls an diesem Wert partizipieren, nicht aber zu dessen Träger eigenen Rechts werden können.[85]

Selbst innerhalb eines solchen metaphysischen Rahmens, der die Distanz zwischen Schöpfer und Geschöpf akzentuiert und daraus die Konsequenz zieht, dass zentrale, zwischen-menschliche deontologische Verpflichtungen wie die zur Wohltätigkeit für Gott in Bezug auf seine Geschöpfe nicht gelten, bleibt indes auch Murphy zufolge eine andere Art von deontologischer Verpflichtung bestehen, die sich auch für Gott als verbindlich erweist: Auch wenn von Gott nicht die Förderung des Wohls seiner Geschöpfe verlangt werden kann, muss sehr wohl von ihm verlangt werden, die Beeinträchtigung ihres Wohls nicht zu beabsichtigen. Diese Pflicht ist deutlich schwächer als die zur Wohltätigkeit. Es handelt sich um eine Unterlassungspflicht, der leicht zu genügen ist. Murphy rechnet diese Pflicht zur Kategorie der Respektpflichten: Einem leidensfähigen Geschöpf etwa ist es Gott aus Respekt schuldig, dessen Leiden nicht als solches zu beabsichtigen (geschweige denn, es in der Verfolgung solcher Absichten herbeizuführen). Bemerkenswerterweise sind solche Respektpflichten Murphy zufolge nur ihrem *Inhalt* nach den zu respektierenden Personen geschuldet – etwa insofern die Unterlassung des Zufügens von Leid, des Belügens etc. solchen Personen zugutekommt. Ihrer *Begründung* nach jedoch ist es Gott *sich selbst* schuldig, kein Übel zu beabsichtigen.[86] Der Grund

---

[85] Vgl. Murphy (2017: 69 und 75–82).
[86] Für eine solche Begründung spricht sich bereits Pierre Bayle im *Dictionnaire historique et critique* aus, vgl. Bayle (2003: 222).

dafür liegt darin, dass solche Absichten „a marring of the Anselmian being's agency" (Murphy 2017: 100) darstellen würden. Schon der Umstand, dass ein Übel als solches zu den Erfolgsbedingungen des eigenen Handelns gehört, schränke die Vollkommenheit des göttlichen Handelns ein. Auch ganz ohne die Annahmen von Rechten der Geschöpfe und ihnen korrespondierende Pflichten Gottes, nicht die Beeinträchtigung von deren Wohl als solche zu intendieren, ergeben sich damit für Gott verbindliche Gründe, entsprechende Handlungen zu unterlassen.

Wie weit diese Gründe reichen, bedarf eigener Diskussion: Gelten sie etwa nur für intendierte Ziele und die dafür notwendigen und als solche gleichermaßen intendierten Mittel, oder auch für notwendige Mittel, die nicht als solche intendiert, sondern lediglich in Kauf genommen werden? Unabhängig davon, wie diese Frage beantwortet werden sollte, bleibt jedenfalls festzuhalten, dass sogar dann, wenn den Geschöpfen Gottes weder intrinsischer Wert noch Rechte gegenüber Gott zugesprochen werden, starke Gründe dafür sprechen, auch Gott verpflichtende deontologische Gründe zuzuschreiben, zumindest kein Übel (sei es als Zweck oder als notwendiges Mittel) zu intendieren.

Eine zweite Quelle von verpflichtenden Gründen für Gott, die gleichermaßen ganz ohne die Annahme auskommt, dass seine Geschöpfe intrinsischen Wert oder Rechte besitzen, in denen solchen Pflichten begründet wären, besteht darin, dass Gott sich aus freien Stücken auf eine normative Ordnung festlegt, die ihn mit seinen Geschöpfen verbindet. Eine solche Festlegung ist für Gott selbst ihrerseits in keiner Weise verpflichtend – es liegt bei ihm, ob er sie eingeht oder dies unterlässt. Das Schließen eines Bundes, etwa im Alten Testament mit Israel als Gottes auserwähltem Volk, stellt ein Beispiel für die Einrichtung einer solchen normativen Ordnung dar. Sobald Gott seinem Volk jedoch etwa konditionale Zusagen macht, die sein Heilshandeln an die Erfüllung bestimmter Bedingungen binden, verfügt auch Gott über verpflichtende Gründe, im Fall einer Einhaltung solcher Bedingungen auch seinerseits die damit verbundenen Zusagen einzuhalten. Auch wenn man etwa mit Murphy annimmt, dass Gottes Geschöpfen keinerlei intrinsischer Wert eignet und sie selbst keine Quelle für Respektpflichten Gottes darstellen, ist unstrittig, dass sie innerhalb einer solchen Ordnung für Gott zu einem Träger von Rechten werden, die selbst Gott als solche zu respektieren hat.

Damit eröffnet sich im Sinne einer einflussreichen Unterscheidung von Michael Thompson ein neues deontisches Register: Ganz unabhängig von der Frage, ob Gott überhaupt falsch in Bezug auf seine Geschöpfe handeln kann (in Thompsons Terminologie: *acting wrongly in phi-ing with respect to [his creatures]*), kann er ihnen innerhalb einer solchen normativen Ordnung tatsächlich Unrecht tun (*wronging them in phi-ing*).[87] Während es sich bei „in Bezug auf jemandem richtig oder falsch handeln" um eine monadische Eigenschaft handelt, zeichnet sich das Unrechttun durch seine wesentlich bipolare Struktur aus: Es bedarf sowohl eines Täters wie eines Opfers. Und es ist dieses Opfer, das als solches über bestimmte normative Privilegien verfügt, die einem außenstehenden Dritten, der etwa daran interessiert ist, Handlungen des Unrechttuns zu minimieren, nicht zukommen. So ist das Opfer der primäre Adressat einer Entschuldigung und nur das Opfer hat das Recht, dem Täter zu verzeihen. Indem Gott aber etwa in Form eines Bundesschlusses in eine normative Ordnung eintritt, die sich dann in Form von Geboten und Verheißungen artikuliert, erhalten seine Geschöpfe innerhalb dieser Ordnung Rechte, denen auf Seiten Gottes Pflichten gegenüberstehen. Gott ist nunmehr nicht bloß dazu verpflichtet, es zu unterlassen, eine Beeinträchtigung des Wohlergehens seiner Geschöpfe zu beabsichtigen, sondern etwa auch, seine Verheißungen zu erfüllen, wenn von Seiten der Geschöpfe die dafür vereinbarten Bedingungen erfüllt sind. Zumindest aus christlicher Sicht mündet die Dynamik der göttlichen Beziehungsangebote in das Geschehen der Inkarnation ein, in dem Gott durch seine eigene Menschwerdung das Angebot, mit ihm in eine Beziehung einzutreten, die zumindest auch eine normative Dimension von wechselseitigen Pflichten und Rechten aufweist, auf die gesamte Menschheit ausweitet (vgl. dazu Murphy 2017: 167). Damit wäre spätestens unter den Vorzeichen des neuen Bundes *post Christum natum* jeder einzelne Mensch einbezogen in das Angebot einer bipolaren Beziehung zu Gott, und dies selbst dann, wenn Gott keinerlei Pflichten hätte, außerhalb einer solchen normativen Ordnung das Wohlergehen seiner Geschöpfe zu fördern.

Die Auffassung, dass Gott keinerlei Pflichten gegenüber seinen Geschöpfen hat, und für ihn im Zuge der Ermöglichung einer möglichst guten Schöpfung keinerlei deontische Einschränkungen gelten, muss also selbst dann zurückgewiesen werden, wenn Liebe und moralische Güte nicht zu den Attributen göttlicher Vollkommenheit gerechnet und den Geschöpfen als solchen keinerlei Rechte gegenüber Gott zugeschrieben werden. Sogar in einem solchen Rahmen ist es Gott (i) sich selbst schuldig, keine Beeinträchtigung des Wohlergehens seiner Geschöpfe zu beabsichtigen und (ii) es steht ihm frei, in eine normative Ordnung mit einigen oder allen seiner Geschöpfe (natürlich nur insofern diese Geschöpfe für normative Gesichtspunkte überhaupt empfänglich sind) einzutreten, um dann innerhalb dieser Ordnung auch selbst Träger von Pflichten gegenüber diesen Geschöpfen im Rahmen einer bipolaren normativen Beziehung zu werden.

---

87 Vgl. Thompson (2004: 344) sowie die Diskussion der Bedeutung dieser Unterscheidung für die Klärung der normativen Beziehung zwischen Gott und seinen vernünftigen Geschöpfen bei Murphy (2011).

Beide Prämissen einer solchen Position erscheinen aber sowohl als Rekonstruktion des Selbstverständnisses zumindest des christlichen Gottesbildes, wie auch aus normativen Gründen als fraglich: Der Gott Abrahams, Isaaks und Jakobs, wie er sich in den biblischen Schriften darstellt, offenbart sich immer schon als beziehungswilliger und als liebender Gott. Überhaupt etwas zu schaffen oder darauf zu verzichten liegt in der Tat im Bereich des freien göttlichen Beliebens,[88] aber *nach* der Entscheidung zugunsten einer Schöpfung Geschöpfe, die über ein Wohlergehen verfügen und für gute Gründe empfänglich sind, lediglich als Objekte von Unterlassungspflichten in Bezug auf übelwollende Absichten und als mögliche Partner innerhalb von ihrerseits dem göttlichen Belieben anheimgestellten normativen Ordnungsgefügen zu sehen, ließe sich kaum mit dem auch für eine natürliche, philosophische Theologie verpflichtenden Anspruch in Einklang bringen, dem Selbstverständnis der religiösen Tradition zumindest in dessen konstitutiven Merkmalen gerecht zu werden.

Was in den bisher diskutierten Modellen für ein Verständnis der deontologischen Beziehungen zwischen Gott und Mensch fehlt, scheint eine Kategorie zu sein, die spätestens seit der von der Vollversammlung der Vereinten Nationen 1948 verabschiedeten *Allgemeinen Erklärung der Menschenrechte* als fundamental für das Verständnis der normativen Beziehungen zwischen Menschen gilt, nämlich die von Rechten, die Menschen eben als solchen zukommen – und zwar ganz unabhängig von der Frage, ob sie etwa in konkreten Rechtsordnungen festgeschrieben sind. Umgekehrt bilden die Menschenrechte normative Kriterien, denen adäquate Rechtsordnungen ihrerseits genügen sollten. Zu den Menschrechten gehören nun sowohl – in der Typologie von Rechten, die der amerikanische Rechtstheoretiker Wesley Hohfeld formuliert hat (vgl. Hohfeld (1913)) –
Privilegien:

> A has a privilege to φ if and only if A has no duty not to φ

wie Anspruchsrechte:

> A has a claim that B φ if and only if B has a duty to A to φ.

Privilegien-Rechte markieren Handlungen, die zu unterlassen ihr Inhaber nicht verpflichtet ist, etwa das Recht auf freie Meinungsäußerung. Ihnen korrespondieren aber anders als Anspruchsrechten keine reziproken Verpflichtungen (außer natürlich der trivialen, das entsprechende Privilegien-Recht zu achten, also etwa

---

[88] Für eine Diskussion der Kategorie des göttlichen Beliebens vgl. Halbig (2020).

auf Zensur, Einschüchterung etc. zu verzichten). Wer aber etwa ein Versprechen abgegeben hat, hat damit *ipso facto* auf Seiten dessen, dem gegenüber es abgegeben wurde, ein Anspruchsrecht auf dessen Einhaltung begründet – und zwar durch denjenigen, der das Versprechen abgegeben hat und nunmehr einer entsprechenden Pflicht auf Einhaltung unterliegt. Während aber Anspruchsrechte, die auf Versprechen beruhen, voraussetzen, dass solche Versprechen überhaupt abgegeben wurden, gelten Menschenrechte wie das auf Bildung ganz unabhängig davon, ob jemand normative Verpflichtungen wie eben die eines Versprechens übernimmt: Dem Menschenrecht auf Bildung korrespondiert etwa auf Seiten des Staates die Verpflichtung, durch Einrichtung von Schulen, Beschäftigung von Lehrern etc. dafür Sorge zu tragen, dass jeder Bürger die Möglichkeit erhält, ein angemessenes Niveau an Bildung zu erreichen.

Gibt es nun Menschenrechte, die nicht nur bei anderen Menschen oder bei menschlichen Institutionen wie dem Staat, der Familie etc. Pflichten begründen, sondern auch bei Gott? Ein minimales solches Recht, das etwa der kantischen Menschheits-Zweck-Formel des Kategorischen Imperativs zugrunde liegt, verlangt etwa folgendes:

> Handle so, dass du die Menschheit sowohl in deiner Person, als in der Person eines jeden anderen jederzeit zugleich als Zweck, niemals bloß als Mittel brauchst. (GMS, AA IV 429)

Darin liegt das Verbot der Instrumentalisierung, das etwa für Gott bedeuten würde, dass er keines seiner personalen Geschöpfe bloß als Mittel zur Ermöglichung einer möglichst guten Schöpfung gebrauchen darf. Doch wie kann Gott jedes seiner personalen Geschöpfe „als Zweck" respektieren? Dazu gehören zumindest zwei distinkte Dimensionen:

Zum einen hat Gott die Autonomie solcher Wesen zu achten, muss ihnen also die Möglichkeit geben, sich z. B. frei auch gegen die Beachtung der göttlichen Gebote zu entscheiden. Daraus würde etwa für Gott die Verpflichtung folgen, die eigene Allmacht als Schöpfer, Erhalter und Vollender aller Dinge nicht so offenkundig werden zu lassen, dass eine freie Entscheidung gegen seine Gebote schon aus Motiven wie Unterlegenheitsgefühlen, Angst vor Bestrafung etc. unmöglich wird.

Zum anderen aber scheint Gott durchaus die Pflicht zu haben, das Wohlergehen seiner personalen Geschöpfe zumindest insoweit bei der Befolgung der eigenen Pläne zu respektieren, dass sichergestellt ist, dass das Leben eines jeden personalen Geschöpfs ein insgesamt gutes für dieses Geschöpf ist.

Die Frage, für *wie viele* Wesen diese Bedingung erfüllt ist, lässt sich nur schwer beantworten. Kant und Leibniz kommen jedenfalls zu diametral entgegengesetzten Antworten, die sie jeweils für schlicht selbstverständlich zutreffend halten.

Kant etwa weist ein Argument wie das Swinburnes, das die schlichte Tatsache der Unterlassung eines Suizids als hinreichenden Beleg dafür nimmt, dass das entsprechende Leben ein insgesamt gutes sein muss,[89] in aller Schärfe zurück:

> Allein man kann die Beantwortung dieser Sophisterei sicher dem Ausspruche eines jeden Menschen von gesundem Verstande, der lange genug gelebt und über den Werth des Lebens nachgedacht hat, um hierüber ein Urtheil fällen zu können, überlassen, wenn man ihn fragt: ob er wohl, ich will nicht sagen auf dieselbe, sondern auf jede andre ihm beliebige Bedingungen (nur nicht etwa einer Feen-, sondern dieser unserer Erdenwelt) das Spiel des Lebens noch einmal durchzuspielen Lust hätte. (Theodizee, AA VIII 259)

Kant rechnet fest mit einer negativen Antwort auf eine solche Frage. Dagegen konstatiert Leibniz:

> Hätten wir keine Kenntnis des zukünftigen Lebens, so würden sich, glaube ich, nur wenige finden, die beim Herannahen des Todes nicht zufrieden wären, das Leben noch einmal bei gleich großen Gütern und Übeln zu durchleben, besonders wenn diese nicht von derselben Art sind. Man wäre mit der bloßen Veränderung zufrieden, ohne einen besseren Zustand als den erlebten zu verlangen. (Theodizee I, § 13; vgl. auch III, § 253)[90]

Unabhängig davon, wie die zwischen Kant und Leibniz strittige Frage entschieden werden sollte, wird man Kant zumindest darin Recht geben müssen, dass die bloße Unterlassung des Suizids durch eine Person nicht schon *ipso facto* den Nachweis darstellt, dass diese Person ein für sie gutes Leben führt, das sie deshalb auch nicht bereit ist aufzugeben. Gerade ein besonders schlechtes Leben kann so lähmend wirken, dass sich eine Option wie die des Suizids psychologisch oder sogar physisch gar nicht erst eröffnet. Sicher aber wird man sagen können, dass diese Bedingung nicht für alle personalen Geschöpfe erfüllt ist, wenigstens sofern ihr Leben im Diesseits den Gegenstand der Bewertung bildet. Dies gilt etwa für Kinder, die nach einer schmerzhaften Erkrankung oder nach Erfahrungen von grober Vernachlässigung oder sogar Missbrauch versterben, aber auch für erwachsene Personen, die dauerhaft schwerstem physischen oder psychischen Leid ausgesetzt sind und zudem durch ein übermächtiges, ungerechtes Regime systematisch in der Entfaltung ihrer Möglichkeiten und der Wahrnehmung ihrer Rechte frustriert werden.

Nun unterstellt aber gerade die durch das Theodizeeproblem vorausgesetzte theistische Perspektive in der Tat eine diachrone personale Identität, die über den physischen Tod hinausreicht. Die Frage, ob ein personales Wesen ein insgesamt für

---

89 Vgl. Swinburne (1998: 247).
90 Zu diesen angeblich wenigen gehört etwa die dänische Autorin Tove Ditlevsen, die in ihrem Abschiedsbrief lapidar konstatiert: „Es gibt mehr Grund zur Trauer über mein Leben als über meinen Tod."

sie gutes Leben führt, kann damit nur unter Berücksichtigung von dessen diesseitiger wie von dessen jenseitiger Dimension gestellt und beantwortet werden. Mit Blick auf Personen, die im Diesseits ein für sie insgesamt schlechtes Leben führen, ergäben sich für Gott Kompensationspflichten im Jenseits, deren Erfüllung sicherstellt, dass auch sie ein insgesamt für sie gutes Leben führen. Zu beachten bleibt hier, dass solche Pflichten ihrerseits zunächst konsequentialistischer Natur sind: Sie beinhalten ja, dass Gott das Wohlergehen solcher Personen zumindest soweit fördert, dass das Leben als insgesamt gut für die Person, die es führt, bewertet werden kann. Ihre deontologische Dimension erhalten auch solche Pflichten allerdings in zwei Hinsichten: Zum einen im Sinne des bipolaren Charakters dieser Pflichten als solchen Personen geschuldet und zum anderen in dem distributiven Sinn, dass Gott sie jeder einzelnen Person schuldet – und damit etwa verpflichtet ist, selbst eine erhebliche Steigerung des Gesamtwohls aller Personen um den Preis, dass eine kleine Minderheit ein Leben führen müsste, das für sie insgesamt schlecht wäre, zu unterlassen.

Doch selbst wenn Gott alle entsprechenden Pflichten erfüllt, ist keineswegs klar, ob Gott das Recht hat, einzelne Personen auch nur im Diesseits ein für sie insgesamt schlechtes Leben führen zu lassen (und sei es im Dienste der Steigerung des Wohls der großen Mehrheit), solange er seine Kompensationspflichten im Jenseits erfüllt. Könnte nicht auch eine Person, die unter einem ungerechten Regime, gegen das sie vergeblich ankämpft, ein durch physisches und psychisches Leiden bestimmtes Leben fristet, Gott das Recht absprechen, ihr ein solches Leben im Diesseits zuzumuten? Aus der Perspektive einer rein quantitativen Logik wird, wie Richard Swinburne lapidar feststellt, angesichts einer auf maximal kaum mehr als 100 Jahre begrenzten Spanne des Lebens im Diesseits, auf die ein ewiges Leben im Jenseits folgt, eine solche Kompensation im Sinne eines Aufwiegens von negativem Wohlergehen zu einer zumal für Gott nahezu trivialen Aufgabe: „And if the long term is very long, the short term [sc. nämlich der Zeitraum eines insgesamt schlechten Lebens im Diesseits] may not be very short" (Swinburne 2002: 305). Eine solche Logik des Aufwiegens verfehlt aber den oben im Zusammenhang mit furchtbaren Übeln bereits diskutierten Stachel eines solchen Lebens im Diesseits. Wenn etwa Eltern einem von ihnen abhängigen Kind eine jahrelange, traumatische Lebensphase zumuten würden, wobei sie sicher sein könnten, dass es ihnen möglich wäre, diese Phase durch geeignete Therapie und spätere Entschädigungen in ein insgesamt für das Kind gutes Leben integrieren zu können, würde dies eine klare Verletzung von dessen Rechten darstellen.

Allenfalls die Beachtung von zwei zusätzlichen Kriterien könnte verhindern, dass auch in Bezug auf Gott eine solche Verletzung von Rechten konstatiert werden müsste:

Erstens nämlich könnte gefordert werden, dass die Lebensphasen, die insgesamt schlecht für eine Person sind, nicht lediglich durch das in anderen Lebensphasen erreichte Niveau an Wohlergehen überwogen werden müssen, sondern zusätzlich, dass solche Lebensphasen einen konstitutiven Beitrag leisten zu diesem Wohlergehen. Wenn es etwa gelingt, eigene Erfahrungen mit Unrecht und Demütigung produktiv zu machen für den Kampf gegen solche Übel und dieser Kampf nicht bloß als moralische Verpflichtung, sondern als konstitutiver Teil des eigenen, guten Lebens erfahren wird, ergibt sich die Möglichkeit, diese Erfahrungen als integralen Teil der eigenen Biographie wahrzunehmen und anzuerkennen, nicht bloß als negativ zu bewertende Phasen, die man am liebsten aus dem eigenen Leben ausscheiden würde.

Zweitens ermöglicht eine solche Wahrnehmung in vielen Fällen eine rückblickende Zustimmung zu den erlittenen Übeln. Die Frage, ob eine solche Zustimmung die Verletzung von Rechten rückwirkend zu heilen vermag, kann hier nicht näher diskutiert werden.[91] Entscheidend ist aber, dass sie ihre normative Kraft nur dann entfalten kann, wenn sie aus freien Stücken gegeben wurde. Dann aber ist es auch Gott verwehrt, im Voraus zu wissen, dass seine Zumutungen später die Zustimmung der Person, die sie zu erleiden hat, finden werden – was seinerseits einen hinreichenden Grund darstellen müsste, solche Zumutungen zu unterlassen.

Beide Bedingungen sind zudem unabhängig voneinander: Auch prudentielle Übel, die einer Person lediglich zugunsten von Dritten auferlegt wurden und die ihr selbst in keiner Weise zugutekommen, können zum Gegenstand einer rückblickenden Zustimmung werden. Umgekehrt scheint es aber auch zulässig, selbst Übeln, die einen notwendigen Beitrag zur Steigerung des eigenen Wohlergehens geleistet haben, eine solche zurückblickende Zustimmung zu verweigern. Zustimmungsfähigen Personen werden etwa medizinische Behandlungen auch dann nicht aufgenötigt, wenn sie mit größter Wahrscheinlichkeit geeignet sind, selbst massiven Beeinträchtigungen des Wohlergehens eben dieser Personen abzuhelfen.

Bisher unbeachtet blieb allerdings die Frage, ob nicht auch ohne Zweifel bestehende Rechte in bestimmten Kontexten legitimerweise eingeschränkt werden können. Dies gilt sogar für so fundamentale Rechte wie das auf das eigene Leben. Ein Staat etwa hat, wenn er durch einen anderen Staat angegriffen wird, durchaus das Recht, Rekruten einzuziehen und sie Kampfhandlungen auszusetzen, die ihr Leben in akute Gefahr bringen. Und er hat das Recht, etwa durch eine Vermögenssteuer in die Eigentumsrechte seiner Bürger einzugreifen. Solche Eingriffe setzen die Existenz der entsprechenden Rechte voraus (die also nicht einfach bestritten oder als inexistent angenommen werden), insofern sie z. B. unter dem

---

91 Zur Bedeutung der Kategorie der Zustimmung vgl. o. S. 98.

Vorbehalt der Verhältnismäßigkeit stehen: Eine Vermögenssteuer von 99 % wäre ein ebenso unverhältnismäßiger Eingriff in das Recht auf Eigentum wie das sinnlose Opfern von Soldaten in einer aussichtslosen Schlacht, nur um der Nachwelt ein Zeichen des eigenen Heroismus zu hinterlassen. Die Einschränkung der Rechte erfolgt dabei jeweils im Dienst eines höheren Gutes, das nur durch eine solche Einschränkung erreicht werden kann. Sicherheit gegenüber äußeren Bedrohungen und das Vertrauen auf elementare Sozial- und Gesundheitsleistungen für alle Bürger etwa stellen grundlegende Güter dar, die ein gedeihliches Zusammenleben in einem Staat erst ermöglichen. Dennoch ist es keineswegs zwingend, dass solche Güter die Eingriffe in entsprechende Rechte aus der Perspektive der jeweiligen Person, in deren Rechte eingegriffen wird, überwiegen: Ein Multimilliardär etwa mag der Vermögenssteuer unterliegen, auch wenn er mühelos in der Lage wäre, auf staatliche Sozial- und Gesundheitsleistungen vollständig zu verzichten und seine Sicherheit selbst bei sozialen Unruhen aus eigener Tasche zu finanzieren. Das höhere Gut sozialer Sicherheit und einer elementaren Gesundheitsvorsorge rechtfertigt in einem solchen Fall also auch nicht-kompensierte Eingriffe in individuelle Rechte.

Eine noch größere Autorität in Bezug auf legitime Eingriffe in Rechte ergibt sich aus dem Verhältnis von Eltern zu ihren Kindern. Bei Kindern handelt es sich ja qua Voraussetzung noch nicht um mündige Personen, die dazu befähigt sind, selbstbestimmte Entscheidungen über ihr eigenes Leben zu fällen. Es ist gerade die Aufgabe der Eltern, einerseits Sorge für das Wohlergehen der eigenen Kinder zu tragen, ihnen andererseits aber auch die Möglichkeit zu gewähren, zu mündigen Personen zu reifen, die in der Lage sind, solche Entscheidungen selbst zu fällen. Um solche mit der Rolle der Elternschaft verbundene Pflichten erfüllen zu können, muss ihnen aber auch eine entsprechende Autorität im Verhältnis zu ihren Kindern zukommen. Das bedeutet zum einen, dass Kinder bestimmte Rechte nicht besitzen. Das Recht etwa auf Schutz vor paternalistischen Eingriffen, die im Dienste des eigenen Wohls erfolgen, gegen die eigenen Eltern (*pater* bzw. *mater*) geltend zu machen, wäre offenbar absurd. Das Paternalismus-Verbot setzt Fähigkeiten wie die zur Selbstbestimmung voraus, die im Rahmen des Eltern-Kind-Verhältnisses allererst erworben werden müssen. Andere Rechte kommen Kindern zwar zu, dürfen von Eltern aber legitimerweise eingeschränkt werden. Eltern dürfen ihren Kindern etwa die Verfügung über eigene finanzielle Mittel einräumen, sie aber auch einschränken oder suspendieren, Kinder ohne deren Einwilligung zur Erfüllung von Pflichten im Haushalt heranziehen, sie in einem bestimmten Maße physischen und psychischen Gefahren und Herausforderungen aussetzen, um so die Bildung von Charakter und Persönlichkeit zu fördern usf. Zu beachten bleibt aber, dass der normative Maßstab für Eingriffe in die Rechte von Kindern durch ihre Eltern im Wohl der Kinder bestehen muss. Freiwillig eingegangene Zumutungen der Eltern an ihre Kinder im Dienst höherer Güter zugunsten Dritter (etwa die Wohnsitznahme der Familie in einem Bürgerkriegsgebiet, um dort der Zivilbevölkerung beizustehen) müssen ihre Grenze an der verpflichtenden Abwehr von Bedrohungen von Wohl und Rechten der Kinder durch die Eltern (etwa durch die Unterlassung einer solchen Wohnsitznahme) finden.

Staat wie Eltern verfügen mithin über legitime Autorität, die sie dazu berechtigt, auch in bestehende Rechte von Bürgern bzw. Kindern einzugreifen. Die Beziehung von Gott zu seinen Geschöpfen wird nun in der theistischen Tradition nicht zufällig mit Metaphern charakterisiert, die sich aus den Sphären von Staat und Familie ableiten: Gott ist der souveräne Herrscher über seine Schöpfung, die in jedem Augenblick auf sein erhaltendes Handeln angewiesen bleibt, und er ist der liebende Vater, der sich um das Wohl seiner Geschöpfe sorgt, mit ihnen aber gleichzeitig auch ambitionierte Pläne verfolgt, die im Kern darauf abzielen, sie zu einer unbegrenzten Gemeinschaft mit Gott im Jenseits zu befähigen. Aus der Perspektive der Geschöpfe übersteigt das Maß an Abhängigkeit von Gott das derjenigen vom Staat und selbst von der Familie bei weitem: Gott hat jedes Geschöpf ins Leben gerufen, erhält es und kann dieses Leben im Diesseits zu jedem Zeitpunkt auch beenden, sogar im Jenseits kann er es einem weiteren Prozess etwa der Reinigung (*Purgatorium*) unterwerfen etc.

Diese Rolle Gottes als ein „super-carer" stellt nun aus Sicht vieler theistischer Philosophen die Grundlage dafür dar, ihm das Recht auf eine Einschränkung von Rechten seiner Geschöpfe in der Wahrnehmung dieser Rolle zuzubilligen. Richard Swinburne etwa konstatiert eine Korrelation zwischen der Reichweite von Pflichten eines „carers" und der Reichweite seiner Rechte, nämlich zu Eingriffen in die Rechte derjenigen, denen seine Fürsorge gilt: „The greater the duty to care, the greater (if the duty is fulfilled) the consequent rights" (Swinburne 1998: 224). Gottes Verantwortung gegenüber seinen Geschöpfen übersteigt in der Tat die des Staates gegenüber seinen Bürgern und die der Eltern gegenüber ihren Kindern bei weitem. Swinburnes Kernidee besteht nun darin, dass Gott, insofern er diese enorme Verantwortung angemessen wahrnimmt, auch enorme Autorität zuwächst, in die Rechte seiner Geschöpfe einzugreifen. Auch Swinburne hält dabei ausdrücklich daran fest, dass es durchaus Rechte gibt, in die einzugreifen selbst Gott verboten ist (vgl. Sterba/Swinburne 2024: 60). In seiner Rolle als „super-carer" sieht Swinburne Gott jedoch lediglich an zwei Bedingungen gebunden, die erfüllt sein müssen, um sein Handeln selbst dann als das eines vollkommen guten Wohltäters verstehen zu können, wenn durch dieses Handeln Rechte seiner Geschöpfe eingeschränkt werden:

> I suggest that the two conditions, both necessary for God to be a perfectly good benefactor, are that he remains in balance a benefactor during the lives of those he creates (GBC I), and that he

only causes or helps to cause an evil state if it is not logically possible that he can cause a comparable state (for the sufferer or someone else) in any other morally permissible way (GBC II). (Sterba/ Swinburne 2024: 41)

Bemerkenswerterweise beinhalten beide Bedingungen konsequentialistische Gesichtspunkte: Die zweite Bedingung ist keine andere als die, die Swinburne zufolge für Gottes Handeln insgesamt gilt. Die entsprechende Handlung muss logisch notwendig dafür sein, ein entsprechendes höheres Gut (oder geringeres Übel) zu ermöglichen. Nur die erste Bedingung nimmt explizit Bezug auf die Person, deren Rechte durch ein solches göttliches Handeln eingeschränkt werden. Sie entspricht der oben bereits genannten Bedingung, dass Gott qua Wohltäter dafür Sorge tragen muss, dass das Leben eines jeden Geschöpfs (und damit auch des Geschöpfs, dessen Rechte eingeschränkt werden) insgesamt gut für dieses Geschöpf bleiben muss (vgl. a. Swinburne 1998: 227). Doch würde man von einem vollkommen guten Wohltäter nicht mehr verlangen, zumal wenn er über göttliche Allmacht verfügt? Gerade die Allmacht Gottes lässt jedoch fraglich werden, ob es sich hierbei überhaupt um eine sinnvolle Anforderung handelt, die an Gott gestellt werden kann. Dann Gott kann jedes beliebig gute Leben in Hinsicht auf dessen Wohlfahrt noch etwas besser machen. Hier eine Grenze zu ziehen, bis zu der eine solche Verbesserung von Gott verlangt werden kann, ab der sie aber für Gott nicht mehr verpflichtend, sondern allenfalls erlaubt wäre, erscheint als unmöglich. Die Frage hingegen, ob ein Leben insgesamt so schlecht entlang der prudentiellen Dimension des Wohlergehens verläuft, dass es besser für die Person, die dieses Leben führt, wäre, überhaupt kein solches Leben zu führen bzw. gar nicht erst geboren worden zu sein, mag eine objektive Antwort erlauben, die dann auch für Gott eine von ihm zu respektierende Grenze zieht.

Solange er die beiden genannten Bedingungen respektiert, verfügt Gott nun Swinburne zufolge über unbegrenzte legitime Autorität zur Einschränkung von Rechten seiner Geschöpfe. Dies kann, wie erläutert, auch furchtbare Übel für ein einzelnes Geschöpf beinhalten, wenn diese Übel über die Dauer von dessen gesamtem Leben (im Diesseits wie im Jenseits) so kompensiert werden, dass es insgesamt noch ein positives Vorzeichen mit Blick auf seinen prudentiellen Gesamtwert trägt.

Gesichtspunkte einer Schwellendeontologie[92] greifen dabei bei Gott von vornherein nicht: Anders als endliche Wesen steht Gott nicht unter dem Zwang, Rechtsverletzungen in Kauf nehmen zu müssen, um dadurch furchtbare Konsequenzen zu vermeiden (etwa indem ein Bataillon Soldaten zur Abwehr eines Angriffs auf eine Nuklearanlage geopfert wird). Gott stünde es als Schöpfer und Er-

---

92 Zur Erläuterung dieses Begriffs vgl. o. S. 140.

halter aller Dinge frei, eine Welt zu schaffen, die solche Einschränkungen von Rechten wie das der Soldaten auf ihr Leben nie erforderlich macht. Seine Wahl ist, in der Formulierung McNaughtons, die zwischen „a good world, with no very great evils, and creating a world with those evils and some great goods" (McNaughton 2002: 271). Die aktuelle Schöpfung zeigt, dass sich Gott für eine Option der letzteren Art entschieden hat. Eine Schöpfung der ersteren Art hingegen erscheint etwa Swinburne als ein „moral kindergarten" bzw. eine „toy world" (Sterba/ Swinburne 2024: 59) – und dies bemerkenswerterweise sogar dann, wenn sie etwa die Bildung eines mäßig guten (also nicht heroisch guten) Charakters durch herausfordernde Entscheidungsspielräume ermöglicht, dabei aber ganz ohne die Zufügung von furchtbaren Übeln auskommt (vgl. ebd.: 61). Das entscheidende Kriterium für Gottes anspruchsvolles konsequentialistisches Kalkül liegt für Swinburne dabei nicht etwa darin, eine etwa nach ästhetischen Maßstäben möglichst grandiose Schöpfung zu ermöglichen, sondern darin, freien Wesen so weitreichende Entscheidungsspielräume und Verantwortlichkeiten (und damit auch die Möglichkeit zu deren Missbrauch, der den Opfern eines solchen Missbrauchs furchtbare Übel einträgt) einzuräumen, dass diese Wesen zur Heiligkeit befähigt werden – wobei Heiligkeit selbst wiederum in konsequentialistischer Perspektive als höchster Wert aufgefasst wird, dem es in Konkurrenz mit Werten anderer Art schon aus Gründen der Rationalität den Vorzug zu geben gilt (vgl. ebd.: 61, 65).

Tritt man an dieser Stelle einen Schritt zurück und fragt sich nach den Implikationen der Rolle Gottes als „super-carers" für die Frage nach seinen deontologischen Verpflichtungen gegenüber seinen Geschöpfen, fällt die Antwort mit Blick auf Swinburnes entsprechende Theorie ernüchternd aus: Gottes Autorität legitimiert ihn zu einer Verfolgung seiner eigenen höheren Ziele, wie sie nur durch eine einzige deontologische Beschränkung limitiert wird, nämlich die Ermöglichung eines insgesamt prudentiell guten Lebens für jedes Geschöpf.

Ein solches Modell erweist sich indes aus drei Gründen als inadäquat:

Erstens blendet es aus, dass einem „super-carer" im Vergleich zu „carern" wie Eltern oder dem Staat nicht nur größere Rechte, sondern auch größere Pflichten zuwachsen. Dies gilt namentlich für die Pflicht, nicht nur selber den anvertrauten Personen keinen Schaden sogar im Dienste höherer Güter zuzufügen, sondern auch deren Schädigung durch Dritte abzuwehren. Wenn etwa ein anderes Kind das eigene Kind im Dienste der Charakterbildung von ersterem in Gefahr bringt, dann ist es die Aufgabe der Eltern des Kindes, diese Gefahr selbst auf Kosten des höheren Gutes der Charakterbildung des fremden Kindes (unterstellt man, dass die Gefahr gering und die so ermöglichte Verbesserung des Charakters erheblich ausfällt) abzuwenden. Analoges gilt aber auch in Bezug auf Gott als den „super-carer": Heiligkeit mag nur erreichbar sein durch heroische Entscheidungen angesichts von großen Gefahren, etwa für das Leben von unbeteiligten Dritten wie im Fall des

Angriffs auf eine Nuklearanlage. Doch verletzt Gott nicht gerade als „super-carer" seine Pflichten zur Schadensabwehr, wenn er die reale Möglichkeit einer nuklearen Katastrophe zulässt, um solche heroischen Entscheidungssituationen zu ermöglichen? Der Verweis auf den überragenden Wert von Heiligkeit kommt hier, wie es scheint, ebenso zu spät wie der Verweis auf den höheren Wert der Charakterbildung für das fremde Kind gegenüber etwa dem bald abheilenden physischen Schaden einer Verletzung des eigenen Kindes.

Entscheidend ist, dass die Rolle des „carers" eben Schutzpflichten beinhaltet, die z. B. unbeteiligten Dritten nicht zukommen. Ein solcher Dritter mag in dem beschriebenen Szenario die Gefährdung des einen Kindes im Dienste der Charakterbildung des anderen auch dann legitimerweise zulassen, wenn dies den Eltern des Kindes nicht erlaubt ist. Gott als „super-carer" kann aber in Bezug auf seine eigene Schöpfung qua Voraussetzung nie die Rolle eines solchen unbeteiligten Dritten einnehmen. Zu seinen Pflichten als „super-carer" gehören plausiblerweise die Pflichten, (i) die Achtung grundlegender Rechte seiner Geschöpfe (auch gegenüber Eingriffen durch andere Geschöpfe) zu garantieren und (ii) auch über die Garantie eines insgesamt prudentiell guten Lebens hinaus die Zufügung von furchtbaren Übeln zu verhindern – sofern diese nicht im Sinne der oben diskutierten Zusatzbedingungen selber die konstitutiven Bedingungen für die Realisierung höherer Güter durch denjenigen, der sie erleidet, darstellen und als solche von ihm rückblickend bejaht werden. Auch hier bleibt Gott aber einem Risiko ausgesetzt: Unterstellt man einen libertarianisch freien Willen, kann nicht einmal Gott wissen, ob eine solche Zustimmung tatsächlich erfolgen wird. Ob ihn das nicht gerade als „super-carer" dazu zwingen müsste, furchtbare Übel, die nur unter der antizipativen Annahme einer solchen nachträglichen Zustimmung für ihn zulässig sein könnten, von vornherein auszuschließen, ist zumindest eine offene Frage.

Zweitens bleibt zweifelhaft, ob Gott beliebig ambitionierte Ziele mit seinen Geschöpfen verfolgen darf, solange nur die Garantie eines insgesamt positiven prudentiellen Werts jedes einzelnen Lebens bestehen bleibt. Swinburnes Gott erinnert an den Hochleistungscoach eines ehrgeizigen Sportverbandes, für den bloß gute Leistungen kaum relevant sind – einzig Medaillen bei internationalen Wettkämpfen zählen. Analog ergeben sich aus Swinburnes Sicht die von Gott gesetzten Regeln der Schöpfungsordnung aus der Ermöglichung von Heiligkeit durch heroisches Handeln. Ein solcher ambitionierter Perfektionismus mag bewundernswert sein, wird aber genau dann fraglich, wenn er von denen geteilt wird, die Fürsorgepflichten für die Betroffenen besitzen. Eltern, die ihre Kinder nicht zu guten Leistungen ermutigen, sondern ihnen eine „Exzellenz-oder-Nichts-Logik" aufzwingen, müssen sich zu Recht kritischere Fragen gefallen lassen als selbst der Hochleistungscoach des Sportverbandes. Umso mehr gilt dies für Gott als „super-carer", zumal die Konkurrenzsituation von großen Verantwortungsspielräumen, die Missbrauch auf Kosten unbeteiligter Dritter zulassen, in der Schöpfung insgesamt eine noch viel schärfere ist als im Fall des Sports: Im Spitzensport können zumindest nur die verlieren, die sich auf den Wettbewerb einlassen. Die Opfer einer nuklearen Katastrophe jedoch, die durch das Zusammenspiel von Akteuren ermöglicht wird, die in schwierigen Entscheidungssituationen an der heroischen Wahl scheitern, die sie dem Ideal der Heiligkeit näherbringen würde, mögen zwar durch den Tod (der nur einem bestimmten Lebensabschnitt, nämlich dem im Diesseits ein Ende setzt) selbst nicht stark geschädigt und für das erlittene Leid des Sterbens und die dadurch verstellten Perspektiven im Jenseits kompensiert werden – dennoch stellt sich hier die Frage, ob sie nicht in unzulässiger Weise instrumentalisiert werden, und dies zumal durch einen Schöpfer, der allen seinen Geschöpfen gegenüber gleichermaßen als „super-carer" in der Pflicht steht.

Swinburne verschleiert die Dringlichkeit dieser Frage, indem er eine weitere Kategorie prudentiellen Werts postuliert, nämlich die des „being of use" (vgl. dazu die Diskussion o. S. 115): Ihr zufolge wird das Leben selbst der Opfer von durch Menschen herbeigeführten Katastrophen dadurch prudentiell besser, dass sie etwa dem Verbrecher die Möglichkeit zu einer Unterlassung einer Tat mit solchen katastrophalen Konsequenzen ermöglicht haben (auch wenn dieser von ihr keinen Gebrauch gemacht hat) – oder nach der Katastrophe anderen die Option tätiger Hilfe oder auch nur mitfühlender Empathie eröffnen. Swinburne spricht explizit davon, dass ein solches Von-Nutzen-Sein einen prudentiellen „benefit which lessens the evil of their suffering" (Sterba/ Swinburne 2024: 53) darstellen würde. Nun mag ein Übel tatsächlich die logische Bedingung für höhere Güter darstellen – Mitleid setzt konstitutiv Leid voraus. Warum aber das Leid dadurch *ipso facto* zu einem prudentiellen Gut für den Leidenden werden sollte, bleibt zumindest fraglich. Hier drohen Paradoxien: Sollte derjenige, der tätiges Mitleid übt, vielleicht darauf verzichten, das Leid vollständig zu beseitigen, auch wenn er es könnte – weil das Leid ja insofern auch für den Leidenden gut ist, als es Haltungen wie Mitleid ermöglicht? Es ganz zu beseitigen würde dann sowohl das Wohlergehen des dann nicht mehr Leidenden mindern wie auch die Realisierung von höheren Gütern wie der Tugend des Mitleids durch Dritte unmöglich machen. Wenn Gott aber einem Geschöpf nicht schon dadurch selbst einen prudentiellen Dienst erweist, dass er es durch das Erleiden von Übeln zum Teil seines ambitionierten Schöpfungsplans macht, der (wenigen) Geschöpfen die Realisierung eines anspruchsvollen Ideals der Heiligkeit ermöglicht, dann stellt sich für ihn als „super-carer" nur mit umso größerer Dringlichkeit die Frage, ob ihn nicht eben diese Rolle zur Verfolgung einer weniger ambitionierten Agenda verpflichtet.

Drittens schließlich bleibt zu fragen, was ein Gott, dem das Attribut der Allgüte zukommt und dem eine Grundhaltung der Liebe gegenüber seinen Geschöpfen zugeschrieben wird, als solcher seinen Geschöpfen moralisch schuldig ist. Bei der

Beantwortung dieser Frage gibt es keinen Grund, konsequentialistische Pflichten gegen deontologische auszuspielen. Es spricht aber auch alles dafür, dass sich die eine Art von Pflichten nicht auf die andere reduzieren lässt: Gott hat *pace* Swinburne eben nicht nur eine basale Wohltätigkeitspflicht, allen Geschöpfen ein insgesamt prudentiell gutes Leben zu garantieren. Auch nach Erfüllung einer solchen basalen Pflicht bestehen für Gott deontologische Beschränkungen für die Verwirklichung seiner Pläne: Dazu gehört etwa, jedem dazu befähigten Wesen die Möglichkeit zur Charakterbildung einzuräumen – und sei dies im Jenseits, falls diese Möglichkeit im Diesseits durch natürliche Übel oder durch moralische Verfehlungen von anderen verstellt wurde. Für vernünftige Geschöpfe, die die Fähigkeit zu selbstbestimmtem Handeln erworben haben, gilt zudem ein allgemeines Instrumentalisierungsverbot selbst für Gott: Keine solche Person darf zum bloßen Material für die Erbringung von moralischen Höchstleistungen anderer Personen degradiert werden. Umgekehrt bestehen für Gott aus den bereits diskutierten Gründen ganz erhebliche Verpflichtungen, die sich aus konsequentialistischen Gesichtspunkten speisen: Gottes Wohlfahrtspflicht etwa bleibt anders als bei Menschen keine unvollkommene Pflicht, der aufgrund knapper Ressourcen etc. kein entsprechendes Recht auf Seiten derjenigen, denen ihre Erfüllung zugutekommen würde, entspräche. Jedem Geschöpf kommt sehr wohl gegenüber Gott das Recht zu, nicht nur, wie selbst von Swinburne zugestanden, die Garantie eines insgesamt prudentiell guten Lebens zu verlangen,[93] sondern auch darüber hinaus etwa die Verhinderung furchtbaren Übels, mit dem eine rückblickende Versöhnung unmöglich bleibt und das allenfalls durch mit ihm unverbundene Wohltaten aufgewogen, aber nicht besiegt werden kann.

3.5.3 Gottes Pflichten: Chancen für die Bewältigung des Theodizeeproblems

Die bisher angestellten Überlegungen könnten nahelegen, dass die notwendige Anerkennung einer eigenständigen deontologischen Dimension des Theodizeeproblems ausschließlich zu einer *Verschärfung* des Problems für den Theisten führt: Im Sinne eines additiven Modells treten aus dieser Sicht neben konsequentialistische Pflichten Gottes in Bezug auf das Wohlergehen seiner Geschöpfe auch solche anderer Art wie etwa der Respekt vor Rechten, die durch das Zulassen von Übeln eingeschränkt oder missachtet werden könnten. Ein solcher Eindruck

---

93 Zu möglichen Einschränkungen dieser Bedingung, die etwa eine Beendigung der Existenz eines Wesens, das sich endgültig der Gemeinschaft mit Gott aus freien Stücken verweigert, erlauben würden, vgl. die Diskussion o. S. 126 f.

verkennt jedoch, dass die Anerkennung dieser Dimension zugleich auch Spielräume eröffnet, die es dem Theisten *erleichtern*, seine Position angesichts der Herausforderungen des Theodizeeproblems zu verteidigen.[94]

Die deontologische Tradition beruht ja gerade entscheidend auf der Intuition, dass es Fälle geben kann, in denen die Handlung, die absehbar die bestmöglichen Folgen nach sich zieht, nicht nur nicht geboten, sondern nicht einmal erlaubt sein mag. Das gegebene Versprechen bleibt z. B. gültig und insgesamt verpflichtend selbst dann, wenn sein Bruch etwas bessere Folgen nach sich gezogen hätte als seine Einhaltung. In einem solchen Fall ergibt sich also eine Einschränkung der konsequentialistischen *pro tanto*-Pflicht zur Wohltätigkeit durch die hier normativ ausschlaggebende *pro tanto*-Pflicht, das einmal abgegebene Versprechen zu halten. Auch ein Verbot paternalistischen Handelns impliziert eine solche Einschränkung: Die Eltern eines erwachsenen Kindes, das sich weiterhin an ihren Vorgaben orientiert, mögen tatsächlich besser wissen als es selbst, welches Ernährungsverhalten zu seinem Wohl beiträgt. Dennoch haben sie *all things considered* die Pflicht, eine entsprechende Beeinflussung ihres Kindes zu unterlassen, insofern sie damit dessen Autonomie missachten würden. Gerade aus einer solchen deontologischen Perspektive sind sie also verpflichtet, ein Übel (hier das der Fehlernährung) zuzulassen, das sie mühelos hätten beseitigen können.

Neben solchen deontologischen Einschränkungen bzw. Restriktionen gibt es zudem auch sog. Prärogativen, die von der Verpflichtung zu Handlungen mit den absehbar besten Folgen entlasten, und zwar sogar dann, wenn dies keineswegs notwendig ist, um *pro tanto*-Pflichten anderer Art (wie eben das Einhalten eines Versprechens oder die Achtung der Autonomie) zu erfüllen. Zeit für die Verfolgung eigener Hobbys, Leidenschaften etc. aufzubringen, erscheint selbst dann als erlaubt, wenn diese Zeit dafür hätte aufgebracht werden können, etwa durch das Engagement in einer NGO die Welt zu einem deutlich besseren Ort zu machen als dies durch die Bereicherung des eigenen Lebens, wie sie sich aus der Verfolgung solcher Hobbys, Leidenschaften etc. ergeben mag, der Fall ist. In diesem Sinne charakterisiert etwa Samuel Scheffler Prärogativen wie folgt:

> *Agent-centered prerogative:* „an agent-centered prerogative would have the function of denying that one ought always to do what would have the best outcome overall. It would deny that people ought to devote energy and attention to their projects and commitments in strict proportion to the weight from an impersonal standpoint of their doing so." (Scheffler 1984: 17)

---

[94] Eric Reitan spricht in diesem Zusammenhang sogar von einer „deontological theodicy", als einer Theodizee, die sich ihrerseits auf deontologische Gesichtspunkte stützt, anstatt diese als Teil des zu bewältigenden Problems zu verstehen, vgl. Reitan (2014).

Restriktionen hingegen sollen im Folgenden wie folgt verstanden werden:

Agent-centered restriction: „an agent is bound by an agent-centered restriction in a situation if and only if and because the agent is able to minimize her pro tanto duty violations only by bringing about a state of affairs that is less than the best state of affairs she is able to bring about in that situation." (Mooney 2019: 445)

Beide Kategorien eröffnen dem Theisten gegenüber einer rein konsequentialistischen Strategie, die Übel allein durch ihren notwendigen Beitrag zu höheren Gütern rechtfertigt, zusätzliche Optionen. Auch für Gott kann es nämlich moralisch verboten sein, eine Handlung zu vollziehen, selbst wenn sie die besten Folgen unter den ihm zur Verfügung stehenden Optionen hat – und zwar dann, wenn er einer entsprechenden Restriktion unterliegt. Umgekehrt kann Gott verpflichtet sein, ein Übel zuzulassen, das er nur um den Preis der Missachtung einer Restriktion verhindern könnte. Ein solches Übel zuzulassen, stellt also nicht nur nicht seine Allgüte in Frage, sondern bildet deren adäquaten Ausdruck.

Im Zentrum der Theodizeedebatte und zwar insbesondere dann, wenn diese sich an deontologischen Gesichtspunkten orientiert, steht traditionell die Frage, ob Gott bestimmte Rechte verletzt, insofern er ein Übel zulässt, namentlich die Rechte dessen, dem er ein solches Übel zumutet, um etwa ein größeres Gut für Dritte zu ermöglichen. Außer Betracht bleibt so aber die Frage, ob Gott in Bezug auf bestimmte Übel nicht nur das Recht, sondern sogar die Pflicht haben könnte, sie zuzulassen. Restriktionen wie das Paternalismus-Verbot eröffnen ja nicht die Wahl zwischen zwei gleichermaßen zulässigen Optionen, nämlich einem paternalistischen Handeln, das ein Übel (etwa das der Fehlernährung in dem obigen Beispiel) abstellt, einerseits, und der Unterlassung eines solchen Handelns, das das Übel fortbestehen lässt, aber eben durch den so ausgedrückten Respekt vor der Autonomie einer Person insgesamt erlaubt wäre, andererseits. Vielmehr verlangen Restriktionen wie die in Bezug auf Paternalismus die Unterlassung entsprechender Handlungen. Natürlich ist Gott dann auch berechtigt, Handlungen, gegenüber denen solche Restriktionen bestehen, zu unterlassen – nämlich in dem Sinne, dass jemand *eo ipso* immer auch das Recht hat, das zu tun oder zu unterlassen, was zu tun oder zu unterlassen er verpflichtet ist.

Vor dem Hintergrund einer angemessenen Berücksichtigung der moralischen Bedeutung von Restriktionen wird gerade der Theist von der Notwendigkeit entlastet, das Zulassen von Übeln ausschließlich im Rahmen einer Logik des so ermöglichten größeren Guten rechtfertigen zu müssen – und dabei unvermeidlich die Frage aufzuwerfen, ob Gott damit nicht gegen die Rechte derjenigen verstößt, die diese Übel erleiden. Restriktionen gehören demselben normativen Register an wie Rechte, nämlich dem deontologischen. Und genau aus diesem Grunde erscheinen sie in vielen Fällen als geeigneter, Vorbehalten, die sich aus der Berufung auf solche Rechte ergeben, angemessen zu begegnen. Swinburne etwa betrachtet es als zulässig, dass Gott Handelnden die Möglichkeit eröffnet, ihren Opfern furchtbare Übel zuzufügen, weil er den Wert von Verantwortung bzw. von bedeutsamer Wahl als besonders hoch einschätzt und er ihm zufolge in einer evaluativen Perspektive den Unwert der entsprechenden Übel überwiegt (wenn auch nicht notwendig für das einzelne Opfer solcher Übel – dann greifen die oben diskutierten Zusatzbedingungen).

Völlig außer Betracht bleibt hier aber die Frage, ob Gott nicht ohnehin verpflichtet ist, eine solche Möglichkeit zu eröffnen, und zwar ganz unabhängig von der Frage, ob sich aus ihrer Gewährung insgesamt bessere Folgen ergeben als daraus, sie gar nicht erst zuzulassen. Insofern nämlich vernünftige Geschöpfe zu selbstbestimmtem Handeln in der Lage sind, könnte es deren Würde von Gott verlangen, die von ihnen in freier Verantwortung getroffenen, bedeutsamen Wahlen zu respektieren. Eltern, die die Restriktion des Paternalismus-Verbots ernst nehmen, sollten etwa gar nicht erst darüber nachdenken, ein wie großer Gewinn oder Verlust an Wohlergehen ihres erwachsenen und zur Selbstbestimmung befähigten Kindes durch das Unterlassen eines paternalistischen Eingriffs zu erwarten ist – sie sollten schlicht aus Respekt vor ihrem Kind einen solchen Eingriff gar nicht erst in Betracht ziehen (natürlich könnten für Eltern schwellendeontologische Gesichtspunkte greifen: Wenn etwa schwere Gesundheitsschäden zu befürchten sind, könnte ein paternalistischer Eingriff im Sinne der Vermeidung eines gewaltigen Übels sehr wohl erlaubt oder sogar gefordert sein).

Worin genau Restriktionen für Gott bestehen könnten, stellt eine Frage dar, die weit über die Grenzen der Theodizeedebatte hinausweist. Dass solche Restriktionen bestehen, lässt sich aber kaum bestreiten. Insofern Gott sich frei entschieden hat, autonome Wesen zu schaffen, die an Gründen orientierte Entscheidungen zu fällen in der Lage sind und im Zuge solcher Entscheidungen einen Charakter erwerben, für den sie Verantwortung tragen und der entsprechende reaktive Einstellungen (Lob, Tadel, Scham etc.) rechtfertigt, scheint Gott in der Tat auch dazu verpflichtet zu sein, solche Wesen als die zu respektieren, die sie im Zuge ihrer freien Entscheidungen geworden sind. Einem freien Wesen, das etwa den Weg der Depravierung beschritten hat, indem es verwerfliche Entscheidungen fällt, die sich zu Lastern verfestigen etc., die Möglichkeit zu bedeutsamen Entscheidungen im Interesse einer Vermeidung der aus ihnen erwachsenden Übel zu beschneiden oder ganz zu nehmen (und damit natürlich auch die Möglichkeit zu einer allmählichen Besserung des eigenen Charakters), würde ohne Zweifel einen Mangel an Respekt ihm gegenüber zum Ausdruck bringen. Den Rechten der Opfer von Übeln, die Gott als Ausdruck dieses Respekts zulässt, stehen eben auch Rechte der Täter gegenüber. Die Restriktion Gottes, Handlungen zu erlauben, die solche Übel nach sich ziehen, impliziert im Übrigen keineswegs eine Restriktion oder auch nur die Erlaubnis, sie unbestraft zu lassen:

> Die Verletzung, die dem Verbrecher widerfährt [sc. durch die Strafe], ist nicht nur *an sich* gerecht [...], sondern sie ist auch ein *Recht an den Verbrecher* selbst, d.i. in seinem *daseienden* Willen, in seiner Handlung *gesetzt*. (Hegel, *Rechtsphilosophie* § 100)

In einer Perspektive wie der Hegels bildet die Strafe gerade den Ausdruck des Respekts vor dem, was der Verbrecher mit seiner Handlung gesetzt hat – und stellt damit (nur scheinbar paradox) das gute Recht des Verbrechers dar. Eine göttliche Intervention, die dem Verbrecher von vornherein die Möglichkeit vorenthält, bedeutsame Entscheidungen zu treffen, würde ihm hingegen genau diesen Respekt verwehren (und ihn im Grenzfall nicht anders behandeln als unzurechnungsfähige Wesen wie tollwütige Hunde, die schlicht davon abgehalten werden dürfen und müssen, Schaden anzurichten).

Das Beispiel des Straftäters macht freilich auch deutlich, dass Restriktionen sehr wohl im Licht konkurrierender Rechte eingeschränkt werden können: Wer weiterhin eine Gefährdung für das Wohl anderer darstellt, mag auch nach Verbüßung seiner Strafe zu Recht Kontrollauflagen wie regelmäßiger Überwachung, Meldepflicht etc. unterworfen werden. Eine globale Restriktion Gottes, nach der Schaffung freier Wesen deren Handeln aus Respekt schlicht hinzunehmen, ganz unabhängig davon, welche Übel daraus erwachsen, lässt sich daher auf keinen Fall begründen – und damit auf dieser Grundlage auch keine globale Theodizee formulieren, die zumindest alle Übel abdecken würde, die aus freiem Handeln erwachsen. Dies umso weniger, als auch unkontroverse Restriktionen wie die des Respekts vor der Autonomie im Rahmen der Wahrnehmung von Rollen und der damit verbundenen Pflichten ihrerseits eingeschränkt oder ganz aufgehoben werden können. Eltern in der Wahrnehmung ihrer Rolle als solcher haben offensichtlich nicht die Pflicht zur Unterlassung paternalistischer Handlungen – die Ausübung der Rolle dient ja dazu, allererst das Heranreifen mündiger Subjekte zu ermöglichen, die dann in der Tat den Schutz vor paternalistischem Eingriffen in ihr Handeln verlangen dürfen. Von Eltern wird man zudem erwarten, dass sie ihre Kinder in einer Weise vor der Zufügung von Übel durch Dritte beschützen, wie dies für Dritte nicht gilt (vgl. die Diskussion oben S. 154).

Gott findet sich jedoch nie in der Rolle eines außenstehenden Dritten – ihm sind als Schöpfer alle seine Geschöpfe gleichermaßen anvertraut. Damit wachsen ihm aber eben auch Schutzpflichten für jedes dieser Geschöpfe zu, die mit den Restriktionen konfligieren können, die sich aus dem Respekt vor deren Autonomie ableiten. Nun mag es – in einem von Richard Swinburne diskutiertem Beispiel – in der Tat zulässig sein, dass Eltern von Geschwisterkindern das eine Kind Gefahren durch ein anderes Kind aussetzen, um dessen Fähigkeit zu verantwortlichem Handeln oder dessen Charakterbildung zu fördern, etwa indem das eine Kind die Beaufsichtigung des anderen bei einem Ausflug übernimmt und dadurch lernt, sich gegenüber Ablenkungen auf die ihm anvertraute Aufgabe zu fokussieren, Gefahren für das ihm anvertraute Kind zu erkennen und zu vermeiden etc. Dazu müssen reale Übel in Kauf genommen werden. Dennoch liegen gerade in solchen Beispielen die Verpflichtungen auf der Hand, die sich für die „care-takers" ergeben, den in Kauf genommenen Übeln nach besten Kräften Grenzen zu setzen – oder, wenn dies nicht möglich ist, sogar auf entsprechen Gelegenheiten der Förderung ganz zu verzichten. Einem älteren Kind, das sich bisher als leicht ablenkbar und wenig empathisch gegenüber den Bedürfnissen anderer Menschen erwiesen hat, ohne Überwachung die Aufsicht über ein anderes Kind an einem Flussufer zu übertragen, könnte tatsächlich ein großes Gut (wie das der Einsicht in und die bewusste Übernahme von einer solch großen Verantwortung) ermöglichen, wäre aber klar unzulässig.

Anders als Restriktionen eröffnen Prärogativen Optionen dafür, Handlungen zu unterlassen, die das Gute maximieren, selbst dann, wenn dies nicht durch deontische Gesichtspunkte, aus denen entsprechende Restriktionen erwachsen, gefordert sein sollte. Wiederum liegt auf der Hand, warum sich mit der Anwendung einer solchen Kategorie auf das Verhältnis von Gott zu seiner Schöpfung für das Theodizeeproblem zusätzliche Optionen ergeben: Wenn es nämlich schlicht eine göttliche Prärogative darstellen würde, eine besonders schöne oder eine durch die Einräumung großer Verantwortung (und deren Missbrauch) besonders bedeutsame Welt zu erschaffen, dann könnte es Gott sogar dann erlaubt sein, solche Welten zu schaffen, wenn diese Welten insgesamt durch die zu ihrer Ermöglichung in Kauf genommenen Übel (z.B. eine heroische Fehlentscheidung auf Kosten Dritter) schlechter wären als weniger schöne und weniger bedeutsame Welten, die aber weniger solche Übel beinhalten würden. Analog wäre auch eine Welt, in der jeder darauf verzichten würde, seine Hobbys zu kultivieren, und stattdessen einen Beitrag zur Erfüllung der Grundbedürfnisse aller Menschen leisten würde, möglicherweise eine insgesamt bessere Welt sein als eine, in der Hobbys kultiviert werden – ohne dass dies etwas an der Prärogative ändern würde, den eigenen Hobbys nachzugehen.

Die Begründung für solche göttliche Prärogativen ist dabei allerdings nicht in den Begrenzungen menschlicher Akteure zu sehen, die für Gott gerade nicht gelten, also etwa darin, dass Hobbys notwendig sind, um wieder Motivation und Kraft zu schöpfen für den Dienst an anderen Menschen. Sogar dann, wenn dies nicht notwendig wäre, erscheinen solche Prärogativen jedoch im Falle menschlicher Akteure als gerechtfertigt, insofern sie Dimensionen von Personsein ermöglichen, die sich einer konsequentialistischen Logik entziehen. Nur wenn Freiräume für Hobbys oder ganz allgemein für persönliche Projekte aller Art bestehen, wird es überhaupt möglich, sowohl eine ganz bestimmte Persönlichkeit zu kultivieren (anstatt ein bloßes Vollzugsorgan der Maximierung des Guten darzustellen), als auch das eigene Leben in einer Weise als sinnvoll zu erfahren, die nicht aus der bloßen Maximierung des Guten bzw. der Minimierung des Übels geschöpft werden kann.

Doch lassen sich solche Rechtfertigungen auch auf Gott anwenden? Nicht nur bedarf Gott keiner Erholungsphasen für die Verfolgung seiner Pläne etc., womit alle instrumentellen Begründungen für Prärogativen entfallen, es ist auch nicht zu sehen, inwiefern es bei Gott Raum gäbe für die Kultivierung von persönlichkeitsstiftenden Idiosynkrasien. Der eigentliche Ort für die Prärogativen Gottes liegt indes auf einer anderen Ebene als bei seinen Geschöpfen: Nämlich bei der Entscheidung, überhaupt eine Welt zu schaffen, und daraus folgend bei der Entscheidung für eine bestimmte Art von Welt. Hier könnte tatsächlich Raum bleiben für die göttliche Prärogative, eine Schöpfungsordnung vorzusehen, die durch ein allmächtiges Wesen durchaus vermeidbare Übel zulässt. Auch wenn Gottes Allmacht bei den freien Entscheidungen seiner Geschöpfe an logische Grenzen stößt, könnte er ja die Umstände jeweils so ändern, dass er Entscheidungen mit besonders furchtbaren Folgen von vornherein verhindert (z. B. dadurch, dass er seine eigene Präsenz ausreichend stark spürbar werden lässt, oder auch nur dadurch, dass er situative Anreizstrukturen und *nudges* bereitstellt, die dies zumindest mit hoher Wahrscheinlichkeit sicherstellen). Selbst dann hätte Gott aber zu akzeptieren, dass sein regelmäßiges Eingreifen in solchen Fällen den Wert freier Entscheidungen seiner Geschöpfe reduziert und damit zu einer Welt führt, die in dieser Hinsicht an Wert verliert. Was aber, wenn dieser Verlust an Wert durch die Vermeidung von Übeln mehr als kompensiert werden würde, den solche Eingriffe Gottes nach sich ziehen? Hat Gott dann immer noch eine Prärogative, auch eine solche schlechtere Welt zu schaffen? Oder bleibt (wie etwa Mooney (2019: 456) annimmt) seine Prärogative an die konsequentialistische Bedingung gebunden, dass die Welt, die ohne solche Eingriffe auskommt, insgesamt besser sein muss als eine, die sie beinhaltet? Damit wären allerdings die Prärogativen Gottes erneut an konsequentialistische Bedingungen gebunden – und es würden sich zudem all die Probleme stellen, die oben im Zusammenhang mit dem Begriff der besten Welt diskutiert worden sind (vgl. o. Kap. 3.3).

Verschärft werden die Beweislasten für eine Theodizee, die Gott Prärogativen bei der Wahl seiner Schöpfung auf Kosten seiner Geschöpfe einräumen möchte, zusätzlich dadurch, dass von ihm als Gott, der seine Geschöpfe liebt, erwartet werden darf, dass er Prärogativen selbst dann nicht in Anspruch nimmt, wenn sie ihm, ausschließlich in seiner Rolle als Schöpfer betrachtet, sehr wohl zukommen mögen. Diese Erwartung findet ihrer Grenze einzig an Restriktionen, die sogar für einen liebenden Gott gelten – analog zu liebenden Eltern, von denen wir erwarten würden, dass sie Übel für ihre Kinder selbst dann zu verhindern helfen, wenn sie dazu in keiner Weise verpflichtet sind, außer jedoch, sie würden damit gegen Restriktionen wie etwa mangelndem Respekt vor den Kindern und ihren sich entwickelnden Fähigkeiten zu autonomem Handeln verstoßen. In einem solchen Fall würde die Kategorie der Prärogative jedoch in Bezug auf Gott leerlaufen, da er entweder aus Gründen der Liebe zu seinen Geschöpfen keinen Gebrauch von ihr zu deren Lasten machen würde oder aber es ihm nicht lediglich im Sinne einer Prärogative freistünde, Übel nicht zu verhindern, sondern er vielmehr im Sinne einer Restriktion verpflichtet wäre, sie nicht zu verhindern.

Literatur

Adams, Marilyn McCord/Adams, Robert M. (Hrsg.) (1990a): *The Problem of Evil*, New York: Oxford University Press.
Adams, Marilyn McCord (1990b): „Horrendous Evils and the Goodness of God", in: Marilyn McCord Adams/Robert M. Adams (Hrsg.), *The Problem of Evil*, Oxford u. New York: Oxford University Press, 209–221.
Adams, Marilyn McCord (1992): „God and Evil: Polarities of a Problem", in: *Philosophical Studies*, 69, Nr. 2, S. 167–186.
Adams, Marilyn McCord (1999): *Horrendous Evils and the Goodness of God*, Ithaca, New York u. London: Cornell University Press.
Adams, Marilyn McCord (2004): „The Metaphysical Size Gap", in: *Swansea Theological Review*, 47, S. 129–144.
Adams, Marilyn McCord (2008): „Plantinga on 'Felix culpa': Analysis and Critique", in: *Faith and Philosophy*, 25, S. 123–140.
Adams, Robert M. (1987): „Must God Create the Best?", in: Robert M. Adams (Hrsg.), *The Virtue of Faith and Other Essays in Philosophical Theology*, New York u. Oxford: Oxford University Press, 51–64.
Alston, William P. (1991): „The inductive argument from evil and the human cognitive condition", in: *Philosophical Perspectives*, 5, S. 29–67.
Alston, William P. (1996): „Some (Temporarily) Final Thoughts on Evidential Arguments from Evil", in: Daniel Howard-Snyder (Hrsg.), *The Evidential Argument from Evil*, Bloomington u. Indianapolis: Indiana University Press, 311–332.
Anscombe, G. E. M. (1958): „Modern moral philosophy", in: *Philosophy*, 33, S. 1–19.
Aquin, Thomas von (2009): „Über Gottes Vermögen. De potentia Dei", in: *Quaestiones Disputatae*. Vollständige Ausgabe der Quaestionen in deutscher Übersetzung, Bd. 7–9, Rolf Schönberger (Hrsg.), Hamburg: Felix Meiner Verlag. (= De potentia Dei)
Aquin, Thomas von (1933–1977): *Summa theologiae*, die deutsche Thomas-Ausgabe. Vollständige, ungekürzte dt.-lat. Ausgabe der Summa theologiae. Übersetzt und kommentiert von Dominikanern und Benediktinern Deutschlands und Österreichs, 36 Bde., Graz, Wien u. Köln: Verlag Styria. (= Summa theologiae)
Aristoteles (2020): *Nikomachische Ethik*, übersetzt und herausgegeben von Ursula Wolf, Hamburg: Rowohlt Verlag. (= NE)
Augustinus, Aurelius (1911–16): „De civitate dei. Zweiundzwanzig Bücher über den Gottesstaat", in: *Des heiligen Kirchenvaters Aurelius Augustinus zweiundzwanzig Bücher über den Gottesstaat*. Aus dem Lateinischen übers. von Alfred Schröder, 1. Reihe, Bde. 1, 16, 28, Bibliothek der Kirchenväter (Hrsg.), Kempten u. München: Kösel. (= De civitate dei)
Augustinus, Aurelius (1961): „Über den Wortlaut der Genesis. De Genesi ad litteram libri duodecim", Der große Genesiskommentar in zwölf Büchern. Zum ersten Mal in deutscher Sprache von Carl Johann Perl, in: *Aurelius Augustinus' Werke in deutscher Sprache*, Bd. 1, Paul Simon et alii (Hrsg.), Paderborn: Verlag Ferdinand Schöningh. (= Genesis)
Balthasar, Hans Urs von (1984): *Gott und das Leid*, Freiburg: IBK.
Bayle, Pierre (2003): *Historisches und kritisches Wörterbuch. Eine Auswahl*, übersetzt und hrsg. von Günter Gawlick/Lothar Kreimendahl, Hamburg: Felix Meiner Verlag.
Beckermann, Ansgar (2013): *Glaube*, Berlin: De Gruyter.

Bergman, Michael (2009): „Skeptical Theism and the Problem of Evil", in: Thomas P. Flint/Michael Rea (Hrsg.), *The Oxford Handbook of Philosophical Theology*, Oxford: Oxford University Press, 374–400.

Bergman, Michael (2012): „Commonsense Skeptical Theism", in: James C. Kelly/Michael Rea (Hrsg.), *Reason, Metaphysics and Mind*, New York: Oxford University Press, 9–30.

Brachtendorf, Johannes (2002): „Kants Theodizee-Aufsatz", in: *Kant-Studien*, 93, S. 57–83.

Brentano, Franz (1978): *Grundlegung und Aufbau der Ethik*, nach den Vorlesungen über ‚Praktische Philosophie' aus dem Nachlaß hrsg. von Franziska Mayer-Hillebrand, Hamburg: Felix Meiner Verlag.

Chisholm, Roderick M. (1990): „The Defeat of Good and Evil", in: Marilyn McCord Adams/Robert M. Adams (Hrsg.), *The Problem of Evil*, Oxford u. New York: Oxford University Press, 53–68.

Dormandy, Katherine (2019): „Ein Zugang zum Problem des Leids", in: Romy Jaster/Peter Schulte (Hrsg.), *Glaube und Rationalität: Gibt es gute Gründe für den (A)theismus?*, Paderborn: Mentis, 31–60.

Dougherty, Trent (2008): „Epistemological Considerations Concerning Skeptical Theism", in: *Faith and Philosophy*, 25, S. 172–176.

Dougherty, Trent (2011): „Further Epistemological Considerations Concerning Skeptical Theism", in: *Faith and Philosophy*, 28, S. 332–340.

Dougherty, Trent/Walls, Jerry T. (2013): „Arguments from Evil", in: Charles Taliaferro et alii (Hrsg.), *The Routledge Companion to Theism*, New York u. London: Routledge, 369–382.

Dougherty, Trent (2014a): „Skeptical Theism", in: Edward N. Zalta (Hrsg.), *The Stanford Encyclopedia of Philosophy*, https://plato.stanford.edu/archives/spr2014/entries/skeptical-theism/ (Stand: 31.12.2023).

Dougherty, Trent (2014b): *The problem of animal pain*, Basingstoke: Palgrave Macmillan.

Epikur (1983): *Von der Überwindung der Furcht. Katechismus. Lehrbriefe. Spruchsammlung. Fragmente*, eingeleitet und übertragen von Olof Gigon, München: Deutscher Taschenbuch Verlag.

Ewing, A. C. (1973): *Value and Reality. The Philosophical Case for Theism*, London u. New York: G. Allen & Unwin u. Humanities Press.

Fletcher, Guy (2016): *The Philosophy of Well-Being. An Introduction*, London u. New York: Routledge.

Gale, Richard M. (1996): „Some Difficulties in Theistic Treatments of Evil", in: Daniel Howard-Snyder (Hrsg.), *The Evidential Argument from Evil*, Bloomington u. Indianapolis: Indiana University Press, 206–218.

Geach, Peter (1973): „Omnipotence", in: *Philosophy*, 48, S. 7–20.

Gelinas, Luke (2009a): „The Problem of Natural Evil I: General Theistic Replies", in: *Philosophy Compass*, 4, Nr. 3, S. 533–559.

Gelinas, Luke (2009b): „The Problem of Natural Evil II: Hybrid Replies", in: *Philosophy Compass*, 4, Nr. 3, S. 560–574.

Gesang, Bernward (1997): *Angeklagt: Gott*, Tübingen: Attempto.

Goodman, Lenn E. (2017): „Judaism and the Problem of Evil", in: Chad Meister/Paul K. Moser (Hrsg.), *The Cambridge Companion to the Problem of Evil*, Cambridge: Cambridge University Press, 193–209.

Griffin, David Ray (1976): *God, power, and evil: A process theodicy*, Philadelphia Penn: The Westminster Press.

Halbig, Christoph (2013a): *Der Begriff der Tugend und die Grenzen der Tugendethik*, Berlin: Suhrkamp.

Halbig, Christoph (2013b): „Über die Möglichkeit teuflischen Handelns", in: Frank Brosow/T. Raja Rosenhagen (Hrsg.), *Moderne Theorien praktischer Normativität. Zur Wirklichkeit und Wirkungsweise des praktischen Sollens*, Münster: Mentis, 75–93.

Halbig, Christoph (2020): „The Place of Subjectivity. On the Metaethics of Prudential Value", in: *Grazer Philosophische Studien*, 97, S. 253–273.

Halbig, Christoph (2025): „Objektive Glückstheorien", in: Vuko Andric/Bernwarnd Gesang (Hrsg.), *Handbuch Utilitarismus*, Stuttgart (i.Ersch.): Springer.

Hasker, William (1992): „The Necessity of Gratuitous Evil", in: *Faith and Philosophy*, 9, S. 23–44.

Hasker, William (2004): *Providence, Evil, and the Openness of God*, London: Routledge.

Hegel, G.W.F. (1989): „Grundlinien der Philosophie des Rechts oder Naturrecht und Staatswissenschaft im Grundrisse, mit Hegels eigenhändigen Notizen und den mündlichen Zusätzen", in: *Gesammelte Werke*, Bd. 7, Eva Moldenhauer/Karl Markus Michel (Hrsg.), Frankfurt a. M.: Suhrkamp Verlag. (= Rechtsphilosophie)

Hick, John (1978): *Evil and the God of Love*, New York: Harper & Row.

Hoerster, Norbert (1985): „Zur Unlösbarkeit des Theodizee-Problems", in: *Theologie und Philosophie*, 60, S. 400–409, zitiert nach ND in: Alexander Loichinger/Armin Kreiner (Hrsg.) (2010), *Theodizee in den Weltreligionen*, Paderborn: Schöningh, 13–27.

Hoerster, Norbert (2017): *Der gütige Gott und das Übel: Ein philosophisches Problem*, München: C.H. Beck.

Hohfeld, Wesley (1913): „Some Fundamental Legal Conceptions as Applied in Judicial Reasoning", in: *Yale Law Journal*, 23, S. 16–59.

Howard-Snyder, Daniel (1996): *The Evidential Argument from Evil*, Bloomington u. Indianapolis: Indiana University Press.

Howard-Snyder, Daniel/Howard-Snyder, Frances (1999): „Is Theism Compatible with Gratuitous Evil?", in: *American Philosophical Quarterly*, 36, S. 115–130.

Howard-Snyder, Daniel (2013): „The Logical Problem of Evil: Mackie and Plantinga", in: Justin P. McBrayer/Daniel Howard-Snyder (Hrsg.), *The Blackwell Companion to the Problem of Evil*, Malden u. Oxford: Blackwell, 19–33.

Huemer, Michael (2001): *Skepticism and the Veil of Perception*, London: Rowman & Littlefield.

Hume, David (2013): *Ein Traktat über die menschliche Natur*, auf der Grundlage der Übersetzung von Theodor Lipps neu hrsg. von Horst D. Brandt mit einer Einführung von Reinhard Brandt, 2 Bde., Hamburg: Felix Meiner Verlag. (= Traktat)

Hume, David (2021): *Dialogues Concerning Natural Religion*, dt.: *Dialoge über natürliche Religion*, übersetzt, eingeleitet und mit Anmerkungen herausgegeben von Lothar Kreimendahl, Hamburg: Felix Meiner Verlag. (= Dialoge)

Hurka, Thomas (2014): *British Ethical Theorists from Sidgwick to Ewing*, Oxford: Oxford University Press.

Inwagen, Peter van (1988): „The Magnitude, Duration, and Distribution of Evil: A Theodicy", zitiert nach ND in: Peter van Inwagen (Hrsg.) (2004), *Christian Faith and the Problem of Evil*, Grand Rapids: Wm. B. Eerdmans, 96–122.

Inwagen, Peter van (1995): *God, Knowledge and Mystery*, Ithaca u. London: Cornell University Press.

Inwagen, Peter van (2001): „The Problem of Evil, the Problem of Air, and the Problem of Silence", in: William L. Rowe (Hrsg.), *God and the Problem of Evil*, Oxford u. Malden (Mass.): Blackwell.

Inwagen, Peter van (2006): *The Problem of Evil*, Oxford: Oxford University Press.

Jäger, Christoph (2018): „Molina und das Problem des theologischen Determinismus", in: Ders. (Hrsg.), *Luis de Molina. Göttlicher Plan und Menschliche Freiheit*, Hamburg: Felix Meiner Verlag, 13–178.

Janssen, Hans-Gerd (1993): *Gott, Freiheit, Leid: das Theodizeeproblem in der Philosophie der Neuzeit*, Darmstadt: WBG.

Jaster, Romy/Schulte, Peter (Hrsg.) (2019): *Glaube und Rationalität*, Paderborn: Mentis.

Jonas, Hans (1984): „Der Gottesbegriff nach Auschwitz: Eine jüdische Stimme", in: Otfried Hofius (Hrsg.), *Reflexionen finsterer Zeit*, Tübingen: J.C.B. Mohr, 61–86.

Kahane, Guy (2011): „Should We Want God to Exist?", in: *Philosophy and Phenomenological Research*, 82, S. 674–696.

Kant, Immanuel (1911): „Grundlegung zur Metaphysik der Sitten", in: *Kant's gesammelte Schriften*, Bd. III, hrsg. von der Königlichen Preußischen Akademie der Wissenschaften, Berlin: Georg Reimer Verlag. (= GMS)

Kant, Immanuel (1913): „Kritik der praktischen Vernunft", in: *Kant's gesammelte Schriften*, Bd. V, hrsg. von der Königlichen Preußischen Akademie der Wissenschaften, Berlin: Georg Reimer Verlag, 1–163. (= KpV)

Kant, Immanuel (1932): „Über das Mißlingen aller philosophischen Versuche in der Theodicee", in: *Kant's gesammelte Schriften*, Bd. VIII, hrsg. von der Königlichen Preußischen Akademie der Wissenschaften, Berlin u. Leipzig: Walter de Gruyter & Co, 255–271. (= Theodizee)

Kasper, Walter (1978): „Das theologische Problem des Bösen", in: Walter Kasper/K. Lehmann (Hrsg.), *Teufel, Dämonen, Besessenheit*, Mainz: Matthias-Grünewald-Verlag, 41–96.

Katkov, Georg (1937): *Werttheorie und Theodizee*, Brünn, Wien u. Leipzig: Rohrer.

Kauppinen, Antti (2012): „Meaningfulness and Time", in: *Philosophy and Phenomenological Research*, 84, S. 345–377.

Kenny, Anthony (1979): *The God of the Philosophers*, Oxford: Clarendon Press.

Kodaj, Daniel (2021): „Who Is Almighty?", in: *Religious Studies*, 57, S. 317–332.

Kraay, Klaas (2013): „Can God Satisfice?", in: *American Philosophical Quarterly*, 50, S. 399–410.

Kreiner, Armin (1997): *Gott im Leid. Zur Stichhaltigkeit der Theodizee-Argumente*, Freiburg, Basel u. Wien: Herder.

Kretzmann, Norman (1966): „Omniscience and Immutability", in: *Journal of Philosophy*, 63, S. 409–421.

Kutschera, Franz von (1990): *Vernunft und Glaube*, Berlin u. Boston: Walter de Gruyter.

Kutschera, Franz von (2000): *Die großen Fragen: Philosophisch-theologische Gedanken*, Berlin u. Boston: Walter de Gruyter.

Laktanz (1919): „Vom Zorne Gottes (*De ira dei*)", in: *Des Lucius Caelius Firmianus Lactantius Schriften*. Aus dem Lateinischen übersetzt von Aloys Hartl, 1. Reihe, Bd. 36, Bibliothek der Kirchenväter (Hrsg.), München.

Leibniz, Gottfried Wilhelm (1710): *Essais de théodicée sur la bonté de Dieu, la liberté de l'homme et l'origine du mal*, Amsterdam: Isaac Troyel.

Leibniz, Gottfried Wilhelm (1996): „Versuche in der Theodicée über die Güte Gottes die Freiheit des Menschen und den Ursprung des Übels", übersetzt und mit Anmerkungen versehen von Artur Buchenau, in: *Philosophische Werke in vier Bänden*, in der Zusammenstellung von Ernst Cassirer, Bd. 4, Ernst Cassirer/Artur Buchenau (Hrsg.), Hamburg: Felix Meiner Verlag. (= Theodizee)

Lemos, Noah M. (1994): *Intrinsic Value*, Cambridge: Cambridge University Press.

Luebbe, Hermann (1986a): „Theodizee und Lebenssinn", in: M. M. Olivetti et alii (Hrsg.), *Teodicea oggi?*, Padova: CEDAM, 407–426.

Luebbe, Hermann (1986b): *Religion nach der Aufklärung*, Graz, Wien u. Köln: Wissenschaftliche Buchgesellschaft.
Mackie, John L. (1955): „Evil and Omnipotence", in: *Mind*, 64, S. 200–212.
Mackie, John (1982): *The Miracle of Theism*, Oxford: Oxford University Press.
Mann, Thomas (1990): „Joseph und seine Brüder. Die Geschichten Jakobs, Der junge Joseph", in: *Thomas Mann Gesammelte Werke in 13 Bänden*, Bd. 4, Frankfurt a.M.: Fischer Taschenbuchverlag.
Marquard, Odo (1990): „Schwierigkeiten beim Ja-Sagen", in: Willi Oelmüller (Hrsg.), *Theodizee – Gott vor Gericht?*, München: Wilhelm Fink, 87–102.
McBrayer, Justin P. (2009): „CORNEA and Inductive Evidence", in: *Faith and Philosophy*, 26, S. 77–86.
McBrayer, Justin P. (2010): „Skeptical Theism", in: *Philosophy Compass*, 5, Nr. 7, S. 611–623.
McCann, H. J. (2009): „Pointless suffering? How to make the problem of evil sufficiently serious", in: *Oxford Studies in Philosophy of Religion*, 2, S. 161–184.
McCann, H. J. (2012): *Creation and the Sovereignty of God*, Bloomington: Indiana University Press.
McNaughton, David (1995): „The Problem of Evil: A Deontological Perspective", in: Alan G. Padgett (Hrsg.), *Reason and the Christian Religion: Essays in Honour of Richard Swinburne*, Oxford: Oxford University Press, 329–351.
McNaughton, David (2002): „Is God (almost) a consequentialist? Swinburne's moral theory", in: *Religious Studies*, 38, S. 265–281.
Mobini, Mohammad A. (2013): „Earth's Epistemic Fruits for Harmony with God: An Islamic Theodicy", in: Justin P. McBrayer/Daniel Howard-Snyder (Hrsg.), *The Blackwell Companion to the Problem of Evil*, Malden u. Oxford: Blackwell, 296–308.
Mooney, Justin (2019): „How to Solve the Problem of Evil: A Deontological Strategy", in: *Faith and Philosophy*, 36, S. 442–462.
Moore, G. E. (1903): *Principia Ethica*, revised edition with ‚Preface to the second edition' and other papers, T. Baldwin (Hrsg.), Cambridge: Cambridge University Press.
Moore, G.E. (1912): *Ethics*, New York u. London: Oxford University Press.
Murphy, Mark C. (2011): „God Beyond Justice", in: Michael Bergman et alii (Hrsg.), *Divine Evil? The Moral Character of the God of Abraham*, New York: Oxford University Press, 150–167.
Murphy, Mark C. (2017): *God's Own Ethics: Norms of Divine Agency and the Argument from Evil*, Oxford: Oxford University Press.
Murray, Michael J. (2008): *Nature Red in Tooth and Claw: Theism and the Problem of Animal Suffering*, Oxford: Oxford University Press.
Nagasawa, Yujin (2024): *The Problem of Evil for Atheists*, Oxford: Oxford University Press.
Neiman, Susan (2002): *Evil in Modern Thought: An Alternative History of Philosophy*, Princeton: Princeton University Press.
Nida-Rümelin, Julian (1993): *Kritik des Konsequentialismus*, München: R. Oldenbourg Verlag.
O'Connor, David (1988): „In Defense of Theoretical Theodicy", in: *Modern Theology*, 5, S. 61–74.
Oderberg, David (2020): *The Metaphysics of Good and Evil*, London: Routledge.
Ooi, Daryl (2022): „Theistic Arguments form Horrendous Evils", in: *Philosophy Compass*, 17, Nr. 8, S. 1–12.
Pannenberg, Wolfhart (1991): *Systematische Theologie*, Bd. 2, Göttingen: Vandenhoeck.
Peterson, Michael L. (2018): *God and Evil. An Introduction to the Issues*, New York u. London: Routledge.
Phillips, D. Z. (1977): „The Problem of Evil", in: Stuart C. Brown (Hrsg.), *Reason and Religion*, Ithaca: Ithaca University Press, 103–121; 134–139.

Phillips, D. Z. (2001): „Theism without Theodicy", in: Stephen T. Davis (Hrsg.), *Encountering Evil*, Louisville u. Westminster: John Knox Press, 145–180.
Phillips, D. Z. (2004): *The problem of evil and the problem of God*, London: SCM Press.
Plantinga, Alvin (1967): *God and other minds. A study of the rational justification of belief in God*, Ithaca: Cornell University Press.
Plantinga, Alvin (1974): *God, Freedom, and Evil*, New York: Harper.
Plantinga, Alvin (2004): „Supralapsarianism, or 'O Felix Culpa'", in: Peter van Inwagen (Hrsg.), *Christian Faith and the Problem of Evil*, Grand Rapids MI: Wm. B. Eerdmans, 1–25.
Pröpper, Thomas (1983): „Warum gerade ich? Zur Frage nach dem Sinn von Leiden", in: *KatBl*, 108, S. 253–274.
Pröpper, Thomas (1993): „Fragende und Gefragte zugleich. Notizen zur Theodizee", in: Tiemo M. Peters (Hrsg.), *Erinnern und Erkennen: Denkanstöße aus der Theologie von Johann Babtist Metz*, Düsseldorf: Patmos Verlag, 61–72.
Reichenbach, Bruce R. (1979): „Must God Create the Best Possible World?", in: *International Philosophical Quarterly*, 19, S. 203–212.
Reitan, Eric (2000): „Does the Argument from Evil Assume a Consequentialist Morality?", in: *Faith and Philosophy*, 17, S. 306–319.
Reitan, Eric (2014): „A Deontological Theodicy: Swinburne's Lapse and the Problem of Moral Evil", in: *Faith and Philosophy*, 31, S. 181–203.
Rice, Hugh (2000): *God and Goodness*, Oxford: Oxford University Press.
Rohs, Peter (2001): „Die Stimmigkeit des Gottesbegriffs in der Theodizeefrage", in: *Berliner Theologische Zeitschrift*, 18, S. 114–126.
Ross, W. D. (1930): *The Right and the Good*, Oxford: Oxford University Press.
Rowe, William L. (1979): „The Problem of Evil and Some Varieties of Atheism", in: *Philosophical Quarterly*, 16, S. 335–341.
Rudavsky, T.M. (2013): „A Brief History of Skeptical Responses to Evil", in: Justin P. McBrayer/Daniel Howard-Snyder (Hrsg.), *The Blackwell Companion to the Problem of Evil*, Malden u. Oxford: Blackwell, 377–395.
Scheffler, Samuel (1984): *The Rejection of Consequentialism*, Oxford: Oxford University Press.
Scheler, Max (1980): *Der Formalismus in der Ethik und die materiale Wertethik*, 6. Auflage, Bern: Francke.
Schlesinger, George (1977): *Religion and Scientific Method*, Dordrecht u. Boston: Springer.
Schneider, John (2014): „Trent Dougherty, The Problem of Animal Pain: A Theodicy for All Creatures Great and Small", in: *Notre Dame Philosophical Reviews*, https://ndpr.nd.edu/reviews/the-problem-of-animal-pain-a-theodicy-for-all-creatures-great-and-small/ (Stand: 27.09.2024).
Schoenberger, Rolf (1998): „Die Existenz des Nichtigen: Zur Geschichte der Privationstheorie", in: Friedrich Hermanni/Peter Koslowski (Hrsg.), *Die Wirklichkeit des Bösen: Systematisch-theologische und philosophische Annäherungen*, München: Fink, 15–48.
Schopenhauer, Arthur (1878): *Parerga und Paralipomena*, Leipzig: Brockhaus.
Schulte, Christoph (1991): *Radikal böse*, 2. Auflage, München: Fink.
Scott, Michael (1996): „The Morality of Theodicies", in: *Religious Studies*, 32, S. 1–13.
Senor, Thomas D. (2013): „Skeptical Theism, CORNEA, and Common Sense Epistemology", in: Justin P. McBrayer/Daniel Howard-Snyder (Hrsg.), *The Blackwell Companion to the Problem of Evil*, Malden u. Oxford: Blackwell, 426–443.

Shatz, David (2013): „On Constructing a Jewish Theodicy", in: Justin P. McBrayer/Daniel Howard-Snyder (Hrsg.), *The Blackwell Companion to the Problem of Evil*, Malden u. Oxford: Blackwell, 309–325.
Shearn, Samuel (2013): „Moral Critique and Defense of Theodicy", in: *Religious Studies*, 49, S. 439–458.
Siep, Ludwig (2004): *Konkrete Ethik*, Frankfurt a. M.: Suhrkamp.
Simpson, Robert Mark (2009): „Moral Antitheodicy: Prospects and Problems", in: *International Journal for the Philosophy of Religion*, 65, S. 153–169.
Sovik, Atle Ottesen (2008): „Why almost all moral critique of theodicy is misplaced", in: *Religious Studies*, 44, S. 479–484.
Sovik, Atle Ottesen (2015): „A critique of Samuel Shearn's moral critique of theodicies", in: *Religious studies*, 51, S. 261–270.
Spaemann, Robert (1977): „Über den Sinn des Leidens", in: Robert Spaemann (Hrsg.), *Einsprüche: christliche Reden*, Einsiedeln: Johannes Verlag, 116–134.
Spaemann, Robert (1986): „Die christliche Sicht des Leidens", in: Willi Oelmüller (Hrsg.), *Leiden*, Paderborn: Schöningh, 104–110.
Sterba, James/Swinburne, Richard (2024*)*: *How Could a Good God Allow So Much Suffering?*, Oxford: Oxford University Press.
Stewart, Melville Y. (1993): *The Greater-Good Defence: An Essay on the Rationality of Faith*, New York: Palgrave Macmillan.
Stosch, von Klaus/Nitsche, Bernhard/Tatari, Muna (2017): *Gott – jenseits von Monismus und Theismus?*, Paderborn: Brill Academic Publishers.
Stosch, Klaus von (2018): *Theodizee*, Stuttgart: UTB.
Streminger, Gerhard (1992): *Gottes Güte und die Übel der Welt*, Tübingen: Mohr.
Stump, Eleonore (1985): „The Problem of Evil", in: *Faith and Philosophy*, 2, S. 392–423.
Stump, Eleonore (1986): „Dante's Hell, Aquinas's Moral Theory, and the Love of God", in: *Canadian Journal of Philosophy*, 16, S. 181–198.
Stump, Eleonore (2012): *Wandering in Darkness*, Oxford: Oxford University Press.
Surin, Kenneth (1983): „Theodicy?", in: *Harvard Theological Review*, 76, S. 225–247.
Surin, Kenneth (1986): *Theology and the Problem of Evil*, Oxford: Blackwell.
Swinburne, Richard (1996): „Some Major Strands in Theodicy", in: Daniel Howard-Snyder (Hrsg.), *The Evidential Argument from Evil*, Bloomington u. Indianapolis: Indiana University Press, 30–48.
Swinburne, Richard (1998): *Providence and the Problem of Evil*, Oxford: Clarendon Press.
Swinburne, Richard (2001): *Epistemic Justification*, Oxford: Oxford University Press.
Swinburne, Richard (2002): „Response to my commentators", in: *Religious Studies*, 38, S. 301–315.
Thompson, Michael (2004): „What is it to wrong someone? A puzzle about justice", in: R. Jay Wallace (Hrsg.), *Reason and Value*, Oxford: Oxford University Press, 333–384.
Tilley, Terence W. (1991): *The Evils of Theodicy*, Washington: Georgetown University Press.
Tooley, Michael (1991): „The Argument from Evil", in: *Philosophical Perspectives*, 5, S. 89–134.
Trakakis, N.N. (2013): „Antitheodicy", in: Justin P. McBrayer/Daniel Howard-Snyder (Hrsg.), *The Blackwell Companion to the Problem of Evil*, Malden u. Oxford: Blackwell, 363–376.
Trakakis, N. N. (2017): „Anti-Theodicy", in: Chad Meister/Paul K. Moser (Hrsg.), *The Cambridge Companion to the Problem of Evil*, Cambridge: Cambridge University Press, 124–143.
Vallicella, William F. (2023): „Divine Simplicity", in: Edward N. Zalta (Hrsg.), *The Stanford Encyclopedia of Philosophy*, https://plato.stanford.edu/archives/win2023/entries/divine-simplicity/ (Stand: 28.09.2024).

Vitale, Vince R. (2020): *Non-Identity Theodicy*, Oxford: Oxford University Press.
Voltaire (2016): *Kandid oder die beste Welt. Candide ou l'Optimisme*, übersetzt von Adolf Ellissen und hrsg. von Karl-Maria Guth, Berlin: Hofenberg .
Weidemann, Christian (2003): „Allwissenheit und Freiheit", in: Sibille Mischer et alii (Hrsg.), *Auf Freigang: Metaphysische und ethische Annäherungen an die menschliche Freiheit*, Münster: LIT, 143–173.
Weidemann, Christian (2007): *Die Unverzichtbarkeit natürlicher Theologie*, Freiburg u. München: Karl Alber.
Wessling, Jordan (2020): *Love Divine*, Oxford: Oxford University Press.
Wielenberg, Erik J. (2004): „A morally unsurpassable God must create the best", in: *Religious Studies*, 40, S. 43–62.
Winter, Timothy (2017): „Islam and the Problem of Evil", in: Chad Meister/Paul K. Moser (Hrsg.), *The Cambridge Companion to the Problem of Evil*, Cambridge: Cambridge University Press, 230–248.
Wykstra, Stephen J. (1984): „The Humean Obstacle to Evidential Arguments from Suffering: On Avoiding the Evils of 'Appearance'", in: *International Journal for Philosophy of Religion*, 16, S. 73–93.
Wykstra, Stephen J. (1996): „Rowe's Noseeum Arguments from Evil", in: Daniel Howard-Snyder (Hrsg.), *The Evidential Argument from Evil*, Bloomington u. Indianapolis: Indiana University Press, 126–150.

Personenregister

Adams, Marilyn McCord   6, 11, 16, 22, 78, 102, 119–122, 124 f., 131, 138, 141
Adams, Robert M.   6
Alston, William P.   69
Anscombe, G. E. M.   6
Aquin, Thomas von   36, 91–93
Aristoteles   108
Augustinus, Aurelius   55, 102 f., 135

Bayle, Pierre   42, 143
Beckermann, Ansgar   69, 75
Bergman, Michael   77, 80, 83 f., 89
Brachtendorf, Johannes   41 f.
Brentano, Franz   100

Chisholm, Roderick M.   102, 122
Cleanthes   75

Descartes, René   13, 58, 128
Ditlevsen, Tove   148
Dougherty, Trent   6, 78, 84 f., 131, 136

Epikur   12
Ewing, A. C.   98–100, 125

Fletcher, Guy   100

Gale, Richard M.   76, 84
Geach, Peter   54
Gesang, Bernward   19, 40, 69
Goodman, Lenn E.   4
Griffin, David Ray   56
Guerre, Martin   40

Halbig, Christoph   34, 65 f., 146
Hegel, G. W. F.   161
Hick, John   103, 110–113, 116, 125 f., 131
Hiob   3, 19, 31, 46 f., 78 f., 91
Hirst, Damien   92 f.
Hoerster, Norbert   10, 69
Hohfeld, Wesley   146
Howard-Snyder, Daniel   68 f.
Huemer, Michael   85

Hume, David   75–78
Hurka, Thomas   100 f.

Inwagen, Peter van   7, 69, 114, 136

Jäger, Christoph   60
Janssen, Hans-Gerd   5
Jonas, Hans   55 f.

Kahane, Guy   118
Kant, Immanuel   42–48, 65, 108, 139, 147 f.
Katkov, Georg   100, 106
Kauppinen, Antti   100
Kenny, Anthony   53
Kodaj, Daniel   54
Kraay, Klaas   94 f.
Kreiner, Armin   57, 113, 125
Kretzmann, Norman   59
Kutschera, Franz von   38, 53, 58 f.

Laktanz   12
Leibniz, Gottfried Wilhelm   6 f., 14, 37, 39–42, 47, 90 f., 147 f.
Lemos, Noah M.   16
Luebbe, Hermann   20

Mackie, John L.   68–72, 74
Mann, Thomas   51
Marquard, Odo   4, 15
McBrayer, Justin P.   82
McCann, H. J.   126, 141
McNaughton, David   141, 154
Milton, John   141
Mobini, Mohammad A.   4
Mooney, Justin   159, 163
Moore, G. E.   98, 100 f., 105
Murphy, Mark C.   52, 118, 142–145
Murray, Michael J.   128, 132 f., 135, 137

Nagasawa, Yujin   2, 5
Neiman, Susan   5
Nida-Rümelin, Julian   138

O'Connor, David 32
Oderberg, David 64

Pannenberg, Wolfhart 103
Peterson, Michael L. 71f.
Phillips, Dewi Zephaniah 27
Philo 75–77
Plantinga, Alvin 7f., 74, 106, 118–120, 123
Platon 56
Pröpper, Thomas 19

Reichenbach, Bruce R. 94
Reitan, Eric 22, 158
Rembrandt 92f.
Rice, Hugh 141
Rohs, Peter 49, 52, 57f.
Ross, W. D. 16, 88, 139
Rowe, William L. 80–83
Rudavsky, T. M. 78

Scheffler, Samuel 158
Scheler, Max 16
Schlesinger, George 92
Schneider, John 136
Schönberger, Rolf 63
Schopenhauer, Arthur 96
Schulte, Christoph 43
Scott, Michael 38
Senor, Thomas D. 82
Shatz, David 4

Shearn, Samuel 34
Siep, Ludwig 135
Simpson, Robert Mark 31, 33
Sovik, Atle Ottesen 32
Spaemann, Robert 11, 124
Sterba, James 152–154, 156
Stewart, Melville Y. 13, 140
Stosch, Klaus von 4, 38, 51, 63
Streminger, Gerhard 102
Stump, Eleonore 7, 11, 48, 65, 92, 124
Surin, Kenneth 27, 38
Swinburne, Richard 22f., 83f., 99, 107–110, 112–116, 130–134, 148f., 152–157, 160f.

Thompson, Michael 144f.
Tilley, Terence W. 27, 32
Tooley, Michael 80
Trakakis, N. N. 27

Vallicella, William F. 48
Vitale, Vince R. 119, 121–124
Voltaire 37, 39, 41

Walls, Jerry T. 6
Weidemann, Christian 47, 60, 93
Wessling, Jordan 126
Wielenberg, Erik J. 95
Winter, Timothy 4
Wykstra, Stephen J. 81f.

Sachregister

Abraham   11, 51, 146
Achtung   31, 127, 155, 158
ad hoc   10, 33, 51 f., 58, 61, 63, 78, 83, 91
– *ad hoc*-Annahme   10, 52, 61, 63
– *ad hoc*-Manöver   51, 78
– *ad hoc*-Strategie   58
Agnostizismus   4, 18, 78
Akteurskausalität   105
Attribut, All-Attribut   2, 5, 8 – 13, 18, 43, 48 – 61, 68, 72 f., 86, 90, 141 f., 145, 156
Allgüte   1 – 3, 6 f., 10 – 16, 18, 22, 24 f., 42, 46, 48 – 52, 54, 56 – 59, 62, 68, 70 – 74, 77, 80, 83 – 85, 88, 90 f., 94 f., 105, 111, 113, 121, 124, 129 f., 141 f., 156, 159
Allmacht   1 – 3, 6 f., 9 f., 12 – 15, 18, 24 f., 42, 46, 48 – 50, 52 – 60, 62, 68, 70 – 75, 77, 80, 84 f., 90 f., 94, 96 – 98, 105 f., 109 – 111, 124, 130, 133, 147, 153, 163
– Abschwächungen der Allmacht   9, 12 f., 39, 49, 51 f., 55, 57 f., 60, 75
– Avancierte Allmacht   58
– Retardierte Allmacht   58
Allwissenheit   1 – 3, 6 f., 10, 12 – 15, 18, 24 f., 42 f., 46, 48, 50 f., 56, 59 – 62, 68, 71, 77, 80, 84 f., 90 f., 94, 105, 111, 124, 130, 135, 142
Analogie-Lehre   50
Anthropomorphismus   131
apokatastasis panton   125
aporetisch   5 f., 8
Ästhetik   21, 23
Atheismus   4, 7, 10, 18 f., 32, 78
Autonomie   80, 147, 158 f., 161
Autorität   151 – 154
Axiologie   2 f., 8, 22 f., 70, 79, 85, 87, 89, 95 – 100, 103 f., 107, 111, 113, 115 – 118, 121, 131 f.
– Axiologisches Missverhältnis   2 f., 8
– Axiologie der Freiheit   103 f., 107, 111
– Monistische Axiologie   96 f.
– Pluralistische Axiologie   96, 116

Bestmögliche Welt   90 f., 94 – 96, 116
Beweis der Nicht-Existenz Gottes   17, 68, 118
Bewusstsein   128, 136

Böse   64 f.
Brückenannahme   7, 11, 17 f., 69
Bund zwischen Gott und Menschen   11, 24, 144 f.

chaos-to-order-These   137
Charakter   9, 26, 28 f., 31, 33, 35, 53, 85, 104 f., 109 – 112, 116, 122 f., 125, 130, 139, 142, 149, 151, 154 f., 157, 160, 162
Christentum   4, 9 f., 12, 55, 57, 103, 120, 125
– Christliche Anthropologie   11
– Christliche Gotteslehre   11
common sense   78, 84, 126, 138
condition humaine   45, 124
CORNEA-Prinzip   82 – 84
creatio ex nihilo   56

Dankbarkeit   2 f.
Daseinskontingenz   20
deontisch   31, 144 f., 162
Deontologie   (vgl. deontologisch)
– Schwellendeontologie   140, 153, 160
deontologisch   6, 21, 23, 31, 36, 52, 66, 70, 88 f., 117, 120 f., 137, 139 – 144, 146, 149, 154, 157 – 159
Determinismus   61, 104 – 106
Diesseits   46, 50, 120, 126, 148 f., 152 f., 156 f.
Dualistische Konzeptionen von Gott   55

Eltern und Kinder   20, 65, 88, 90, 119, 122, 139, 148 f., 151 f., 154 f., 158, 160 – 162, 164
Empathie   23, 35, 156
Endlichkeit   1, 6, 14, 43 – 46, 49, 69, 75, 80, 83, 89, 94, 96, 118 f., 142, 153
Engel   91 f., 105, 110, 129
Erkenntnistheorie   21, 29, 33, 51, 62, 81 – 84, 86
Erlösung, Erlösungshandeln   10 f., 38, 118, 124 f., 129
Eschatologie   11
esse est percipi   29 f., 86
Ethik   6, 13, 21, 31, 36, 51 f., 94, 138

Sachregister

Evolution 2, 76, 86, 110, 113, 127–129, 131, 135 f.
Explikation 53, 57, 80

Folter 16, 65, 67, 86, 88, 121, 125, 140–142
Freiheit 15, 23, 60 f., 70, 103–107, 109–113, 116 f., 132, 134, 136
- Inkompatibilistische Theorien der F. 61, 104
- Kompatibilistische Theorien der F. 61, 104–106, 111 f.
- Libertarianismus 104
Funktionalistisches Religionsverständnis 20

Gebot 12, 31, 37, 43, 66, 129, 138, 142, 145, 147, 158
Glaube 3, 11, 19 f., 37, 40, 43 f., 47, 58, 78, 103, 111, 125
Glückseligkeit 44–46
Glückswürdigkeit 45 f.
Gott 1–3, 5–8, 10–19, 21–23, 25, 28, 31–33, 36–62, 64, 68–86, 88–98, 102 f., 105 f., 109–113, 117–127, 129 f., 133–138, 141–147, 149 f., 152–157, 159–164
- Einfachheit Gottes 48 f.
- Elaborierte Konzeptionen Gottes 9 ff, 118, 129
- Generische Konzeptionen Gottes 3, 9–12, 24, 28
- Pflichten Gottes 137, 141, 144 f., 157
- *super-carer* 152, 154–156
- Wohltäter 152 f.
Gottesbeweis 3, 17, 19, 42, 46, 71, 74, 84, 91
- Teleologischer 84, 86
Gotteskonzeptionen 4, 8–10, 12, 17, 24, 38, 62, 68
- Nicht-orthodoxe theistische Gotteskonzeptionen 9
- Nicht-theistische Gotteskonzeptionen 4, 8, 11
- Orthodoxe theistische Gotteskonzeptionen 9, 12, 25 f, 49, 62, 71
Gotteslehre 11, 13, 42, 45 f, 50, 57
Göttliche Trinität 119 f.
Große Kette der Wesen 135 f.
Gründe
- Gottes Gründe 4, 7, 8, 11, 31, 36, 39–41, 56, 64, 70, 73–75, 77 f., 82–83, 85–86, 97, 142–144, 164

- Ästhetische Gründe 37
- Epistemische Gründe 30, 39
- Moralische Gründe 27, 36, 39
- Prudentielle Gründe 27
- Raum der Gründe 44
Güter (s.a. Werte) 4, 15 f., 22–24, 36 f., 47, 66 f., 70, 75, 77, 79 f., 82, 84–89, 95–98, 101 f., 107, 117–122, 124 f., 127, 132, 134–139, 148, 151 f., 154–156, 159
- *being of use* 115, 156
- *bonum progressionis* 100, 136
- Höchstes Gut 44–46
- Oberstes Gut 45
Gutes Leben 1, 22, 65, 67, 70, 148–150, 153–155, 157

Handlungstheorie 21, 112
Hedonisches Paradies 96, 106, 112, 117
Hedonismus 96 f.
Heiligkeit 49, 51, 154–156
Heiligung 131 f.
Hermeneutik 13, 49, 102, 142
Heroismus 119, 131, 151, 154–156, 162
Hölle 124, 126
Holocaust 55 f.
Homerische Epen 24

Inkarnation 10 f., 38, 118–120, 145
Instrumentalisierung 115, 119, 121, 147, 156
Islam 4, 9 f., 12

Jenseits 10, 46, 50, 125, 140, 149, 152 f., 156 f.
Judentum 4, 9 f., 12, 24

Kategorischer Imperativ 147
Konsequentialismus 13, 21 f., 31 f., 36, 66, 70, 87–89, 94, 133, 137–142, 149, 153 f., 157–159, 162 f.
- Handlungs-Konsequentialismus 87, 138
- *maximizing consequentialism* 91, 94 f., 116, 119, 162 f.
- *satisficing consequentialism* 94

Laster 9, 29, 33–35, 66, 75, 105, 109, 113–116, 160
Lebewesen 1 f., 23, 64, 116, 127–132

Leid 2, 4, 10, 19, 23 f., 28 f., 31, 33 – 35, 37 f., 47, 50, 64 f., 67, 90 f., 96, 103, 113, 118 – 120, 125, 127 – 131, 133, 136 f., 148 f., 156
Logik 5, 7 f., 13, 17, 22, 41, 47, 50, 53 f., 58, 60, 69 – 74, 75, 77, 87, 90, 94, 97 f., 109, 111 f., 117, 134, 141 f., 149, 153, 155 f., 159, 162
Lust 92, 96 f., 116 f., 121, 125, 148

Manichäismus 55
Metaphysik 2 f., 15 f., 18, 21, 51 f., 55 f., 77, 118, 134, 136, 143
Mitleid 23, 31, 103, 156
Moral 6, 8 f., 13, 15, 21 – 23, 25, 27 f., 30 – 37, 42, 44 – 49, 52, 54, 56, 61, 64 – 66, 73, 79 f., 83, 85 – 89, 93 – 95, 107 – 109, 111 – 113, 115 – 120, 125, 130 f., 133 f., 136, 138, 140, 142, 145, 150, 154, 156 f., 159
Moralpsychologie 112
Mündigkeit 151, 161

Naturalismus 3 f., 18, 36, 66, 77
Naturgesetz 1, 114, 132 – 135
Naturkonstante 135 f.
Nominalismus 13
Norm 1, 6, 138, 140, 142
Normativität 13, 49, 87, 89 f., 93 – 95, 123, 137 f., 140, 142, 144 – 147, 150 f., 158 f.
noseeum-Argumente 81 f.

Optimismus 2, 91
Organische Einheit 80, 98 – 102, 122
Orthodoxie 9 f., 12, 125

Paradies 110, 112, 129
Partikularität 27
Paternalismus 139, 151, 158 – 161
Person 1, 4, 19, 23, 27, 29 – 35, 50, 52, 54, 60, 64 f., 67, 82, 84, 86 – 88, 94, 99, 101, 108 f., 114 – 116, 118 – 121, 123, 126, 131, 133 f., 139 f., 143, 147 – 151, 153 f., 157, 159
Personale Identität 46, 93, 131, 148
Pflicht 13, 21, 31, 33 f., 43 – 45, 52, 70, 88, 103, 113, 120 f., 133, 139, 141 – 143, 145, 147, 149, 151 f., 154 – 159, 161
– *all things considered*-Pflicht 36 f., 140, 158
– Bipolare Pflicht 145, 149
– Kompensationspflicht 149

– *pro tanto*-Pflicht 139, 143, 158 f.
– Rollenpflicht 88, 130, 151, 161
– Schutzpflicht 155, 161
– Unterlassungspflicht 134, 140, 143, 146
Postulatenlehre 46, 48
Prärogative 70, 158, 162 – 164
Primaten 127 f.
Problem des Übels 2, 5, 17, 43, 68 f., 80
– Evidentielles Problem des Übels 17
– Existenzielles Problem des Übels 5, 17
– Logisches Problem des Übels 17, 22, 68, 71
Prozesstheologie 56 f., 62
Psychologischer Eudämonismus 45

Quietismus 32, 36

Rationalismus 41
Rechte 4, 21, 28, 30 – 33, 39, 52, 66, 78, 82, 88, 103, 138 – 141, 143 – 155, 157, 159 – 161
– Anspruchsrechte 146 f.
– Menschenrechte 146 f.
– Privilegienrechte 146
Religiöse Praxis 9, 13, 18 – 20, 25, 37, 39, 43, 50 f., 56 – 58, 78 f., 83, 118
Restriktionen 158 – 164

Schmerz 1, 15 f., 29 f., 62 – 66, 79, 85 – 87, 92, 96 f., 107 f., 114, 116, 121, 127 f., 132
Schönheit 96 f., 102 f., 135, 141
Schöpfer 14, 21, 56 f., 59, 88, 93, 103, 107, 126, 129 f., 141, 143, 147, 153, 156, 161, 163
Schöpfung 2, 6, 13 – 15, 17 f., 21, 23, 50, 52, 56 f., 70, 76, 79, 83, 88, 90 – 93, 95, 97, 102, 105, 107, 110 f., 116, 119 – 121, 126, 129 f., 134, 136, 138, 141 – 148, 152 – 157, 160 – 164
Schwellendeontologie 140, 153, 160
Seelenbildung 110 – 112, 116, 122, 125, 131
Selbstbeherrschung 108
Skeptizismus 84 – 87, 89
– Axiologischer Skeptizismus 87, 89
Solidarität 23
Soteriologie 11
Staat 115, 147, 150 – 152, 154
Strafe 4, 14, 50, 73, 101, 129, 135, 161
Substanzdualismus 128
Sühne 24, 118 – 120
Suizid 148

Sünde 50, 102 f., 118 f., 135
Sündenfall 105, 110, 129
Supererogation 95

Täuschung 29, 133 f., 136
Theismus 3–5, 9–12, 22, 25 f., 39, 43, 49, 61 f., 66, 69–71, 74–79, 82–85, 87–89, 95, 117 f., 127, 129, 138
– Orthodoxer Theismus 9–10, 12, 25 f., 49, 62, 71
– Skeptischer Theismus 69 f., 78 f., 82–89, 95, 117
Theodizee 3–8, 20, 28, 30–47, 66, 70, 77, 89, 91, 93, 95 f., 103 f., 111, 116, 118 f., 124, 131, 137, 148, 158, 161, 163
– Antitheodizee 27, 30 f.
– Authentische Theodizee 43–45
– Deontologische Theodizee 141
– Doktrinale Theodizee 43 f., 47
– Metatheodizee 21
Theodizeeproblem 1–15, 17–35, 38 f., 41, 45–52, 54, 57–59, 61–64, 68, 75, 81, 86, 90, 92, 97 f., 102–104, 109 f., 113, 117, 119, 121 f., 125 f., 141, 148, 157 f., 162
– Aporetisches Theodizeeproblem 5, 8
– Atheistisches Theodizeeproblem 5–8, 12, 14, 68
– Vermeidungsstrategie 12, 25, 28, 49, 51, 58, 63, 68
Theologie 9, 11–13, 19 f., 38, 50, 52, 56–58, 113, 115, 126, 146
– Stoische Theologie 58
Theophanie 3, 79, 91
Tier 113, 128–132, 135–137, 143
Trinität 119 f.
Tod 46, 48, 67, 79, 124, 126 f., 131, 148, 156
Tugend 9, 29, 31, 34 f., 45, 101, 103, 108–115, 117, 119, 123, 127, 130 f., 133–136, 156
– Einheit der Tugend 34
– Wohltätigkeit 34, 102, 115, 133 f., 142 f., 157 f.
Tugendethik 31, 35 f., 66, 89

Übel 1–8, 11–20, 22–26, 28–43, 47, 49, 54–58, 61–91, 95–98, 101–103, 106 f., 110 f., 113 f., 117, 119–138, 140 f., 143 f., 148–150, 153–164
– Aufwiegen von Übeln 16, 98, 102, 121, 149
– Besiegen von Übeln 98, 102 f., 121–125, 114, 137, 157
– Furchtbare Übel 2, 16, 19, 22 f., 28, 39, 56 f., 67, 70, 73, 83, 85 f., 117, 119–127, 141, 149, 153–155, 157, 160, 163
– *inscrutable evil* 80, 82
– Metaphysisches Übel (*malum metaphysicum*) 14 f.
– Moralisches Übel (*malum morale*) 6, 15, 43, 61, 64, 66, 75, 119 f., 122, 127, 129 f.
– Natürliches Übel (*malum naturale*) 15, 61, 64, 70, 113, 117, 120, 122, 127–137, 157
– Privationstheorie des Übels 63 f.
– Privatives Übel 64
– Religiöses Übel 23, 124
– Sinnloses Übel 15 f., 28, 47, 67, 74, 80, 91
– Sinnvolles Übel 15
Unrecht 19, 66, 88, 93, 144 f., 150
Unwert 16, 97, 99, 109, 113–115, 117, 160

Verantwortung 8, 43, 54–57, 61, 64, 97 f., 105 f., 110 f., 113, 116, 120, 122, 130, 152, 160, 162
Verehrung 9, 11, 49, 142
Vernunft 36, 40, 43–48, 52, 58, 88, 91, 138 f., 143, 145, 157, 160
– Praktische Vernunft 45–48
Versprechen 87 f., 139 f., 142, 147, 158
Versuchung 50, 98 f., 108, 111, 129
Verteidigung Gottes 7, 43, 59, 70, 89, 91, 93, 137

Wahl 60, 71, 88, 91, 93, 107, 112, 133–135, 138, 154, 156, 159 f., 163
Wahrscheinlichkeitstheorie 21
Welt, bestmögliche 90 f., 94, 96
Weltreligionen 12, 18, 25, 51
Weltzustand 22, 138
Werte 1, 21–24, 63, 80, 86, 97–101, 103, 106–119, 126 f., 130, 133–137, 143 f., 154–156, 160, 163
– Hedonische Werte 24, 97 f., 114
– Intrinsische Werte 63, 96, 109, 126, 130, 136 f., 143 f.
– Instrumentelle Werte 63, 130, 136
– Moralische Werte 22 f., 109–111, 113–115, 133

– Prudentielle Werte   23, 66, 107, 109, 111, 114 f., 155 f.
– Religiöse Werte   111, 117–119
Wiedergutmachung   133 f., 139, 142
Willensfreiheit   15, 46, 48, 91, 107 f., 127, 155
– *free will-defense*   61
Wohlergehen   23, 27, 34, 37, 65 f., 93, 100, 142 f., 145–147, 149–151, 153, 156 f., 160

Zoroastrismus   55
Zustimmung (Einwilligung)   24, 27, 36, 123, 125 f., 140, 150 f., 155
– Nachträgliche Zustimmung   125, 127, 155
Zwecke   7, 11, 47, 67, 88, 96, 99, 111, 118 f., 124, 137, 139, 144, 147

www.ingramcontent.com/pod-product-compliance
Lightning Source LLC
Chambersburg PA
CBHW052059230426
43662CB00036D/1697